A HARMORNIOUS SYMPHONY OF CULTURAL RELICS
BETWEEN ANCIENT AND MODERN TIMES

A Collection of Newly Found Immovable Cultural Relics in Qingdao during the Third National Cultural Relics Survey

今古和声

青岛市第三次全国文物普查新发现辑录

青岛市文物局 编

中国文化遗产
China Cultural Heritage

文物出版社

编纂委员会
Editorial Committee

前　言

Preface

青岛地区历史悠久，人文荟萃，文化遗产十分丰富。1994年，青岛市被国务院批准公布为国家历史文化名城。青岛市委、市政府历来高度重视文化遗产保护工作，自1982年以来，先后公布了九批市级文物保护单位，并积极推荐申报省级文物保护单位和全国重点文物保护单位，各区（市）政府也分别公布了多批区（市）级文物保护单位。截至目前，全市共有全国重点文物保护单位10处（含300余个文物单体），山东省文物保护单位30处，青岛市文物保护单位105处，区（市）级文物保护单位312处。这些文物保护单位反映了地方历史文化的丰厚积淀，既是历史演进的重要物证，亦是文化传承的基本载体，延续着今古文脉，为丰富城市文化内涵、完善城市文化形象发挥着不可替代的重要作用。

为全面落实科学发展观，促进社会主义先进文化建设，提高我国文化遗产的保护、利用与管理水平，2007年，国务院启动了第三次全国文物普查。这是继1956年和1981年之后开展的第三次全国文物普查，历时五年，普查范围包括我国境内地上、地下、水下的不可移动文物，以调查、登录新发现的不可移动文物为重点，同时对已登记的各级文物保护单位进行复查，是一项重大的国情国力调查，也是我国历史上规模最大的一次文物普查。对此，市委、市政府高度重视，按照《国务院关于开展第三次全国文物普查的通知》、《山东省人民政府关于落实国发〔2007〕9号文件精神　认真做好第三次文物普查工作的通知》和《青岛市人民政府关于开展第三次全市文物普查的通知》的统一部署与要求，成立了青岛市第三次全国文物普查领导小组，在市文物局设立了文物普查办公室，从2007年到2011年，分为组织培训、实地调查、数据整理三个阶段展开了浩大的文物普查行动，对全市范围内的不可移动文物资源进行了全方位调查。在国家、山东省文物普查领导小组的领导和指导下，各区（市）政府和有关市直部门（单位）大力支持配合，全市普查机构、人员、经费、设备、培训迅速到位，各级文化、文物行政部门和广大文博工作者努力工作，社会各界积极参与，文物普查工作有序展开并顺利完成，共普查文物点计1897处，其中新发现1246处，复查651处，较为全面地掌握了我市不可移动文物的性质、数量、类型、分布、特征、保存现状、环境状况等基本信息，运用了先进科技手段，采集了大量的文物标本，拍摄了丰富的图像与音像资料，获得了翔实的实测数据，查阅了浩繁的文献资料，为准确判断文物保护形势、科学制定文物保护政策和规划提供了依据。青岛市的文物普查工作得到了各方面的高度评价，2010年6月，设在市文物局的青岛市文物普查办公室普查指导组被国务院第三次全国文物普查领导小组办公室授予突出贡献集体奖。朝连岛灯塔入选“第三次全国文物普查百大新发现”，琅琊台大台基等十二处文物点入选山东省第三次文物普查“百大新发现”，一大批具有重要历史、科学和艺术价值的文化遗产被发现和认知，它们交相辉映，展现了一条内蕴深厚、精彩纷呈的文化廊道。

经过五年的艰苦努力，全市文物普查工作取得了令人满意的成果。在肯定成绩的同时，我们也应当清醒地认识到，完成文物普查并不代表普查工作大功告成，目前所取得的成果只是阶段性的，特别是普查的数据质量还有待进一步提高，个别地方还存在着登记情况不尽合理等问题，特别是对新发现不可移动文物的保护还存在着一些具体困难，诸多问题有待下一步的工作中予以解决，今后的任务依然十分繁重。通过本次文物普查，有效丰富了文物品类，大幅度增加了不可移动文物的数量，这对今后的文化遗产保护与管理提出了新的要求，做好文化遗产保护工作任重而道远。

在新的历史时期，进一步整合文物资源，切实加强文化遗产保护工作，更好地发挥文物在建设社会主义先进文化、促进经济社会全面协调可持续发展中的重要作用，具有重大的现实意义和深远的历史意义。为了充分展示和巩固我市第三次全国文物普查所取得的成果，进一步宣传文化遗产保护理念，让越来越多的人更加热爱和理解文化遗产，更加关心和支持文物保护工作，营造全社会关注文物普查、关注文物保护的良好氛围，市文物局对全市文物普查新发现不可移动文物资料进行了全面的梳理和汇总，按照“古遗址、古墓葬、古建筑、石窟寺及石刻、近现代重要史迹及代表性建筑、其他”六大类进行了科学分类和系统整理，从前五大类中遴选出500余项新发现不可移动文物进行了重点介绍，对其文物名称、历史年代、地理位置、分布范围、文化属性、基本结构、主要特征等方面做出了比较科学的界定和比较详细的说明，并就其中所包含的一些重要命题给出了较为有力的阐释，古今兼备，图文并茂，编纂成《今古和声——青岛市第三次全国文物普查新发现辑录》一书。

正如本书书名“今古和声”所揭示的，青岛是一座博古通今的文化名城，我们既需要对近代开埠以来的城市文化个性有深刻的认识，亦需要对数千年以来的历史文化积淀有全面的把握，如此方能激活城市的深厚底蕴、博大之气和兼容之德，从而实现真正的文化自觉和文化创造。从这一角度，我们也可以更好地理解文物保护工作的意义所在，沟通今古，成就未来，这是一份崇高的人文使命。我想，全市的文博工作者正是怀着这样一份使命感而投身于文物普查工作之中的。几度春秋，在历史长河中只是短暂的一瞬，却要有着铭感天地的热情和包容万古的视野，以对历史负责的精神来完成这项繁重的工作，求真务实，义不容辞。五年来，他们风餐露宿，顶风冒雨，上山入海，探古察今，穿越了一重重历史时空，走遍了全市十二区市的大街小巷和乡野村镇，进行了艰苦细致的田野调查，从文物保护的专业角度来认识和发现历史，在此基础上展开了深入细致的研究整理工作，付出了辛勤的劳动，取得了丰硕的成果。可以说，文物普查过程本身就是与历史对话的过程，同时也是人生历练的过程，在这一过程之中，文博工作者的职业精神得以进一步熔铸，全市的文物保护工作水平也因此而得以有效提升。作为迄今为止我市规模最大、门类最全、涵盖面最广、包含项目最多的一部文化遗产结集，本书凝聚着全市各级文物普查工作人员的辛劳与智慧，既是第三次全国文物普查成果的一次集中展示，亦是对青岛古代和近现代文化遗产的一次系统性的研究整理，青岛会通今古、涵容中西的文化形象缘此而得以比较充分地展现出来，对于完整把握青岛的历史脉络、深刻认识城市文化内涵具有积极作用。希望通过本书的刊行，进一步凝聚社会各界的文物保护共识，让公众进一步了解、走近文物普查和文物保护工作，在全社会掀起“保护文化遗产、守护精神家园”的新热潮，不断开创全市文物保护工作新局面，为推进文化青岛建设、打造文化强市，推动社会主义文化大发展大繁荣做出新的更大的贡献。

中共青岛市委宣传部副部长
青岛市文化广电新闻出版局党委书记、局长 姜正轩
2011年12月

编纂说明

The Compilation Explanation

《今古和声——青岛市第三次全国文物普查新发现辑录》为文物普查成果的结集，我们从新发现不可移动文物中择取了500余处予以重点介绍，其中绝大多数为一项一名，部分内容采取了组合介绍的方式，并以列表的形式载录了全部新发现不可移动文物。经过本次文物普查，摸清了青岛地区不可移动文物的类型、存量、年代、分布与特征，在对全市范围内具有历史、科学与艺术价值的文化遗产进行全方位调查的基础上，按照第三次全国文物普查的要求，其中的1246处登记为新发现不可移动文物。由于种种原因，仍有一部分内容未列入新发现当中，有待今后的工作中予以补充完善。

本书所重点介绍的新发现不可移动文物，包括古遗址、古墓葬、古建筑、石窟寺及石刻、近现代重要史迹及代表性建筑等五大类，为了对同一性质的不可移动文物点形成比较观照并方便查阅，本书对古遗址、古建筑、近现代重要史迹及代表性建筑等三大类进行了细分，具体类别的名称按照文物的一般分类方法并结合青岛市的具体情况而确定。文物类别中，古墓葬分为“帝王陵寝”“名人或贵族墓”“普通墓葬”及“其它古墓葬”诸项，本书所介绍的古墓葬大致分属“名人或贵族墓”及“普通墓葬”两项，但一部分新发现文物点具体属于哪一项，尚需经过科学的考古发掘之后才能确定，本书中暂不做区分，因而“古墓葬”类下未做分项。石窟寺与石刻部分，考虑到存在着石窟与石刻合一的情况，因而也未作分项。在大类和分项之下，按照年代先后排序，个别之处由于排版需要等原因而做了微调，对跨时代、跨年代者则在其初始年代排序的前提下，根据延续年代的前后来排序，如古遗址中不少聚落址的文化内涵以龙山文化为主，并延续至后来的不同文化时期，本书中涉及这一部分的内容，按“龙山文化、龙山文化～岳石文化、龙山文化～周、龙山文化～汉”这一起始年代相同、延续年代先后的序列来介绍。古墓葬中汉代墓葬所占比例很高，其中有的经过考古发掘或者根据文物标本判断，其年代可明确界定为“西汉”或者“东汉”，本书按照“西汉、汉、东汉”先后排序。近现代重要史迹及代表性建筑中，按照具体年代、年代段、历史分期先后排序，如建于20世纪30年代的建筑，先按照公历纪年如1930年、1931年、1932年等依次排序，然后是可界定为“20世纪30年代”的建筑，一部分尚不能落实具体年代或年代段的建筑，其年代标为“民国”，置于20世纪40年代建筑之后予以介绍。在青岛分布着大量的近现代住宅类建筑，它们中的一部分属于“名人故居、旧居”，但考虑到名人故居、旧居的界定尺度等问题，本书暂不做界定，新发现不可移动文物中具体哪些属名人故居、旧居，需要在今后核定文物保护单位时进行更为严格的科学论证，着眼于此，本书将近现代住宅中的大部分统合为“名人故居（旧居）及其他住宅”一项。青岛的不少名人寓所以前多称“故居”，按照本次文物普查的要求，人物出生地或幼年居住地的寓所称之为“故居”，其他寓所则应称为“旧居”。本书“青岛市第三次全国文物普查新发现总目”为新发现不可移动文物列表，在“古遗址、古墓葬、古建筑、石窟寺与石刻、近现代重要史迹及代表性建筑、其他”六大类下，按照区域分布排列，同一区域的同一大类，按年代先后排序。关于新发现不可移动文物的年代、性质、分布范围等方面的数据，是以现场勘查为基础，进行标本分析或风格比较，参照原始档案、史志或其他文献资料来确定的，我们力求做到准确无误，但由于认识角度、标本欠缺、风格模糊或资料匮乏等原因，其中的部分数据可能会有所偏离，这一点需要特别指出，我们将在以后的调查研究中予以更深入的稽考和更准确的界定。

现在，呈现在大家面前的这本书，是一个结点，也是一个新的起点。

恭賀佳節全家福
喜迎新春滿堂歡

目　录

Contents

中国文化遗产
China Cultural Heritage

【古遗址】
Ancient Heritage Sites

【古墓葬】
Ancient Tombs

【古建筑】
Ancient Buildings

【石窟寺及石刻】
Buddhist Grottoes and Stone Inscriptions

【近现代重要史迹及代表性建筑】
Historic Sites and Buildings in Modern Times

古遗址

Ancient Heritage Sites

肖家庄西遗址

旧石器时代　莱西市河头店镇肖家庄村西北

石器标本

肖家庄西遗址位于莱西市河头店镇肖家庄村西北的高岗上，周边山丘起伏，河套绵延。

我们看到的是一处旧石器时代文化遗址，距今已有万年以上的历史存在。遗址边长约60米，总面积约3600平方米，周围无断层可利用。遗址范围内随处可见石器碎块，其中既有加工好的成型石器，也有打制过程中剩下的石屑，有的还与石英混杂在一起。普查过程中，采集到大量石器标本，石材多为本地出产的青黑色片麻岩，以小石器居多，大件石器较为少见，有的石片长度仅有2～3厘米。石器的加工制作技术较为先进，采

肖家庄西遗址

用间接打击法和压制法，亦可见从劈裂面向背面用力的迹象。器形主要包括四类，第一类是砍砸器（图1），为打制石器，器形不规则，厚2.8～3.2厘米不等，有砍砸的痕迹；第二类是刮削器（图2），分二式，其中的Ⅰ式又可分为Ia 式和Ib 式，Ia 式1件，长17厘米，宽12.6厘米，厚1.5厘米。Ib 式1件，长14厘米，宽10.5厘米，厚2厘米。两式外形基本相同，上部窄平，刃部呈半圆状，Ia 式作简单修整，Ib 式刃部双面磨制，较为锋利；Ⅱ式1件，长25厘米，宽17.5厘米，厚3厘米，呈

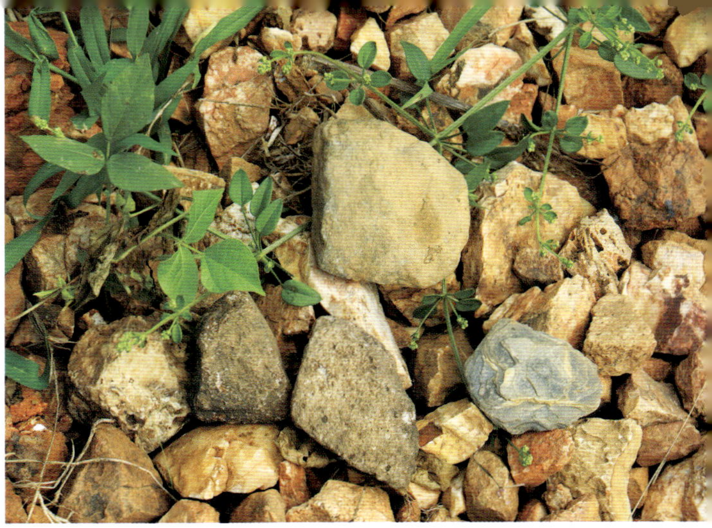

石堆

肖家庄西遗址发现的石器

图1 砍砸器

图2 刮削器

图3 尖状器

图4 石簇

上宽下窄的舌状，刃部有磨制痕迹；第三类是尖状器（图3），为压制石器，长5～8厘米，厚1.5～2厘米不等。第四类是石镞（图4），压剥法制成，有修整痕迹，呈箭簇状，长5～8厘米，厚0.3～0.5厘米不等。石镞的出现，说明当时的人们虽然仍以采集和渔猎生活为主，但狩猎水平已有了实质性的提高。据目前所发现的情况并结合同类遗址进行比较分析，判断这是一处旧石器时代中晚期文化遗址。

面对肖家庄，时间仿佛形成了回流，所见场景充满了深沉的历史气氛，俨如远古时代的一个石器加工场。这里地理环境优越，四周均有小山包隆起而形成环抱之势，山下为小盆地构造，山涧水冲刷形成的古河套自西北向东南汇入洙河。遗址与其东南方的门家疃古生物化石区属于同一个地理板块，水冲沟发育相当完备，植被良好，森林茂密，实为远古人类的一个理想栖息地。从这里，可以感受到那古老的创造力正在集结，他们探索

长刮器

肖家庄南山谷

的足音回荡在文明史的某一段地平线上。

肖家庄西遗址的发现引起了考古学界的高度重视，有待进行科学的考古勘探发掘，其文化面貌将更清晰地展现在世人面前。迄今为止，这是青岛地区发现的惟一的一处旧石器时代文化遗址。缘此，我们触摸到了那悠远、绵长而雄奇的文明史地平线，感到古老的起源与今天并不遥远，而历史与未来正在共同聚焦，形成交响，持久，辽阔，深沉……

肖家庄西遗址局部

肖家庄西遗址全景

西陆戈庄遗址

西陆戈庄遗址

大汶口文化 即墨市田横镇西陆戈庄村东南

西陆戈庄遗址位于即墨市田横镇西陆戈庄村东南的高台地上，四周略低，西有小河环绕。

遗址现为耕地，南北长约100米，东西宽约300米，总面积约3万平方米。文化堆积层厚约0.15～3米，采集到蛤皮、陶片、残石刀刃等标本。根据文物标本的特征分析，属大汶口文化遗址。

烟台前遗址

大汶口文化 即墨市环秀街道烟台村北

烟台前遗址位于即墨市环秀街道烟台村北的三级阶梯状台地上，南望驯虎山，北临石棚水库。

遗址南北长约100米，东西宽约200米，分布面积约2万平方米。文化层堆积厚0.2～3米，出土和采集到了罐、钵、鼎、盘等陶器残片及石锛、石斧等石器。根据文物标本的特征分析，属大汶口文化遗址。

烟台前遗址

咸家屯遗址

大汶口文化　莱西市马连庄镇咸家屯村东南

咸家屯遗址位于莱西市马连庄镇咸家屯村东，这里是咸家屯东河的一级台地。遗址东、南、西三面均有大型水冲沟，北部为一拦河坝，西南地带当地俗称“老母猪壃”。

遗址南北长约300米，东西宽约200米，总分布面积约6万平方米。有多处可利用的断崖，南部可见明显的地层。采集到了鼎足、器物残片、红烧土块等器物标本，鼎足为夹砂、夹滑石和夹云母的红褐陶，呈锥足状。从标本特征看，这是一处新石器时代的大汶口文化遗址。另外，在南部断崖处还发现了部分东周时期的陶片，说明咸家屯遗址的历史延续性很强，从大汶口文化时期延续到了战国时代。

肖家庄北遗址

大汶口文化~龙山文化　莱西市河头店镇肖家庄村北

肖家庄北遗址位于莱西市河头店镇肖家庄村北，为河岸台地，北高南凹，背风向阳，西部有河谷。

遗址分布在一个南北长约120米、东西宽约60米的范围内，总面积约7200平方米。借助河岸断崖处可见有0.5～1.2米不等的文化层，内夹杂红烧土和陶器残片。采集标本多为龙山文化陶片，均为轮制，器形可辨的有鼎、罐、钵、豆的残片，陶质有夹砂和泥质之分，个别掺有滑石沫和云母，陶色有灰、黑和红褐陶等，纹饰以附加堆纹为主，另有弦纹和压印纹，少量陶片具有龙山文化早期的特色，推断其主要文化内涵为龙山文化，向前可追溯至大汶口文化向龙山文化过渡时期。

咸家屯遗址

肖家庄北遗址

挪庄遗址

大汶口文化~汉 胶南市珠海街道挪庄村北

挪庄遗址位于胶南市珠海街道挪庄村北，处于挪庄、肖家庄和王家楼村三个村庄的中间地带，肖家庄西河从遗址中部呈南北向穿过。

遗址分布于一片临河台地上，南北长约700米，东西向呈南宽北窄分布，南端宽约450米，北端宽约100米，总分布面积约20万平方米。地表和河床上随处可见文化堆积分布，采集到的标本有大汶口文化、龙山文化和汉代的陶器残片，呈现延续叠压关系。据采集文物标本的特征分析，挪庄遗址的主要文化内涵为大汶口文化晚期，并经龙山文化而延续至汉代。

挪庄遗址标本

挪庄遗址

营后北遗址

营后北遗址

龙山文化　胶南市琅琊镇营后村北

营后北遗址位于胶南市琅琊镇营后村北，当地称“墩子前”处，为河旁台地，中部隆起形成龟盖形浅丘漫岗，一条南北向公路和一条东西向生产路从遗址中部交叉穿过，将其分为四片。

遗址分布范围南北长约350米，东西宽约250米，总面积8.75万平方米，文化层厚约1米。地表采集具有龙山文化特征的石斧、夹砂黑陶、泥质黑陶、灰陶及褐陶片，器形有罐、鼎、盆等，另有部分汉代特征的陶器残片。据采集标本分析，属龙山文化至汉代文化时期聚落址，系延续叠压关系，以龙山文化为主。

大小河子遗址

龙山文化　平度市明村镇大小河子村东

大小河子遗址位于平度市明村镇大小河子村东。

遗址南北长约50米，东西宽约30米，总分布面积约1500平方米，中心位置文化层堆积厚2～3米。农事耕作中曾多次发现网坠、斧、镰、锛等磨制钻孔石器及黑、红、白色陶器。地表采集到罐口、鼎足、鬶足、盆沿、碗足、杯口、豆碗等陶片标本，均具有典型的龙山文化特征，据此推断为龙山文化遗址。

大小河子遗址标本

大小河子遗址

双河北遗址

龙山文化 胶南市海青镇双河村北

双河北遗址位于胶南市海青镇双河村北，当地人称“后墩子”处，为河旁台地，中部隆起形成龟盖状浅丘漫岗。南侧和西侧为断崖，东临小河，北接竹园。

遗址南北长约150米，东西宽约150米，总分布面积约2.25万平方米，文化层厚约1.5米。断崖上随处可见文化堆积分布，采集有夹砂陶片等实物。根据标本分析，属新石器时代龙山文化聚落址。

小北沟西北遗址

龙山文化 胶南市张家楼镇小北沟村西北

小北沟西北遗址位于胶南市张家楼镇小北沟村西北，当地俗称“晒金坪”，为山坡高地。

遗址南北长约350米，东西宽约150米，总分布面积约5.25万平方米。遗址中部和北部各有一条生产路呈东西向穿过，将遗址分成了四个部分。地表采集到龙山文化时期的灰陶片等文物标本。根据标本特征分析，属新石器时代龙山文化聚落址。

双河北遗址

小北沟西北遗址

前北葛遗址

前北葛遗址

龙山文化　即墨市龙山街道前北葛村南

前北葛遗址位于即墨市龙山街道前北葛村南，为河旁平原台地，东北临墨水河。

遗址南北长约200米，东西宽约100米，分布总面积约2万平方米。文化层堆积厚0.1～2.5米，出土有罐、盆等陶片。据采集标本的特征分析，属于新石器时代龙山文化聚落遗址，并延续至汉代。

黔陬遗址

龙山文化　胶州市铺集镇黔陬村东

黔陬遗址位于胶州市铺集镇黔陬村东，东北临王吴水库，近西黔陬古城遗址。

遗址分布面积约5000平方米。从断崖处发现的灰坑看，文化层距地表较浅。遗址范围内采集到的标本主要有红色夹砂陶片和黑色夹砂陶片，另有少量灰褐色陶片。据标本特征分析，为龙山文化遗址。

黔陬遗址

前疃遗址

前疃遗址标本

前疃遗址

龙山文化　平度市明村镇前疃村南

前疃遗址位于平度市明村镇前疃村南，邻胶莱河。

遗址南北长40米，东西宽30米，分布面积1200平方米，文化层堆积厚达2～4米。当地群众在农耕过程中多次捡到网坠、斧、镰、锛等磨制石器以及黑、红、白色陶器。地表采集到的陶片标本有罐口、鼎足、鬶足、盆沿、碗足、杯口、豆碗等，其中有一仿竹节式陶杯，壁薄且轻，胎质细腻，釉质光亮，看上去十分精美。据陶片标本分析，该遗址器物的器型、质地和纹饰均具有典型的龙山文化特征。

南郭家遗址

龙山文化　平度市明村镇南郭家村西

南郭家遗址位于平度市明村镇南郭家村西，南临胶莱河，是一处河旁高地。

遗址南北长150米，东西宽75米，面积约1.125万平方米，文化层堆积厚达3～4米。采集到的遗物有罐口、鼎足、人骨、兽骨、鬶足、盆沿、碗足、杯口、豆碗等，陶质、器型和纹饰具有典型的龙山文化风格。

南郭家遗址标本

南郭家遗址

泥湾头遗址

龙山文化 莱西市河头店镇泥湾头村东北

泥湾头遗址

泥湾头遗址位于莱西市河头店镇泥湾头村东北，为一片缓岗丘陵，地势北高南低。

遗址平面呈长方形，南北长约250米，东西宽约160米，总面积约4万平方米。遗址可利用的断层主要是地边水沟，可看到清晰的地层现象，裸露着红烧土和陶片等包含物。采集到陶片主要有鼎足和绞索状白陶把手，而罐、豆、盘、缽的残片也是数量众多，陶质以夹砂灰黑陶和红褐陶为主。从造型看，以扁凿形和扁圆形上划1～3条竖纹装饰的鼎足最具典型性，纹饰有附加堆纹、弦纹、划纹等。此外，还采集到了石凿、石铲等石器。综合分析上述标本的器型和纹饰等基本特征，推知泥湾头遗址的主要文化内涵应为龙山文化，在时代上要比当地已发现的一般的同时期文化遗存略早一些，属龙山文化早期聚落遗址。

泥湾头遗址石器标本

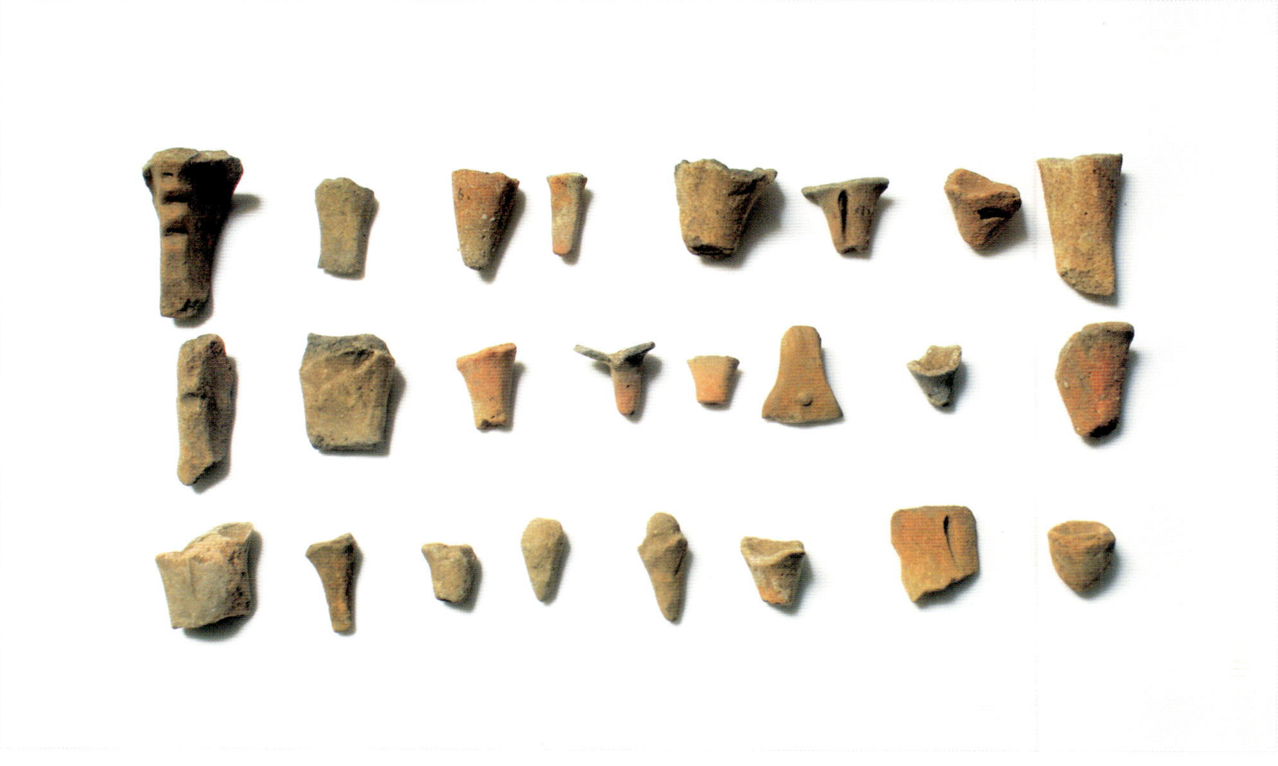
泥湾头遗址鼎足标本

甲瑞遗址

龙山文化 莱西市沽河街道甲瑞村南

甲瑞遗址位于莱西市沽河街道甲瑞村南，是一片疏阔的平原地带，现为农田。

遗址东西较长，南北略短，总面积约7200平方米。未找到断层，村民挖坑栽树时暴露出一些灰土、红烧土和黑灰色陶片。采集陶片以黑陶为主，次为灰陶，陶质有夹砂和泥质之分，纹饰有附加堆纹、绳纹和弦纹。从陶质、陶色和纹饰分析，为单纯的龙山文化遗址。

甲瑞遗址标本

甲瑞遗址

河崖遗址标本

河崖遗址

龙山文化~岳石文化 莱西市马连庄镇河崖村北

河崖遗址位于莱西市马连庄镇河崖村北，为河畔高台地，一条小河自夭山屯至河崖村环绕流过。

遗址整体上呈长方形布局，西部与西北部较高，东至东南方向略凹，南北长约300米，东西宽约200米，总面积约为6万平方米。遗址西部的地层清晰可见，文化层堆积约0.5～1米不等。文物普查过程中，采集到具有明显龙山文化特征的鼎足和器物残片，另外还采集到一件可复原的尊形器，则显示了清晰的岳石文化特征。从器物标本的造型、质地、色泽和纹样分析，可知该遗址含有龙山文化和岳石文化两重内涵，对研究龙山文化与岳石文化的传承与过渡关系有着重要价值。

花沟遗址

龙山文化~东周　胶南市六汪镇花沟村北

花沟遗址位于胶南市六汪镇花沟村北。

遗址南北长约32米，东西宽约170米，分布总面积约5440平方米。中部隆起，形成龟盖形浅丘漫岗。东、北断崖上可见文化堆积分布，地表采集到龙山文化的夹砂黑陶绳纹鬲足、黑陶纺轮及东周时期的部分标本。根据文物标本分析，为龙山文化至东周的聚落址。

花沟遗址

东众水遗址标本

东众水遗址

龙山文化~战国　莱西市李权庄镇东众水村东北

东众水遗址位于莱西市李权庄镇东众水村东北，现为一插花地。这是莱西市东南边陲唯一发现的一处古文化遗址。

遗址南北长200米，东西宽约150米，总面积约3万平方米。地势平坦，可利用断层主要是地沟地堰。地表多见红烧土块，采集到的陶片标本较多，从新石器时代到战国时期皆有所见，属新石器时代的有鼎足、罐、钵的口沿和陶祖，属战国时期的主要是灰陶豆残片。

东众水遗址

海崖遗址

海崖遗址

龙山文化~汉 胶南市滨海街道海崖村东南

海崖遗址位于胶南市海崖街道海崖村东南，俗称“大城子”处，为临河台地，四周为断崖。

遗址平面呈新月形，总面积约2000平方米。断崖处可见文化堆积分布，采集到黑陶罐、灰陶罐、豆柄、带孔梯形石器、鹿角化石及石凿等，陶质有夹沙和泥质两种，陶色为红褐色、黑褐色、青灰色等。属龙山文化至汉代聚落址，系延续叠压关系，以龙山文化为主。

大郤家沟遗址

龙山文化~汉 胶州市杜村镇大郤家沟村东

大郤家沟遗址位于胶州市杜村镇大郤家沟村东，为河旁高台地，三面环河。

遗址原先面积较大，近几十年来由于取土原因而缩小。整地时曾出土陶器、青铜剑、刀币等器物。从遗址周边断崖看，文化层距地表0.7～2米不等，断崖处发现灰坑，采集到夹砂红褐陶和灰陶的残片。从陶片标本分析，为新石器时代龙山文化至汉代遗址。

大郤家沟遗址

邓家村遗址

龙山文化~汉　胶州市洋河镇邓家村西南

邓家村遗址位于胶州市洋河镇邓家村西南，为河旁高台地，地势较为平坦，南侧为河流，河北岸为断崖。

遗址分布面积约7万平方米。河流断崖处发现有灰坑多处，散见龙山文化时期的陶片，颜色呈黑色和红褐色，质地为夹砂陶，其中一个灰坑中有碳化物痕迹。河北岸高台地上发现汉代豆柄两个及陶片若干。根据采集标本的特征判断，该遗址应为新石器时代的龙山文化遗址，并延续至汉代。

邓家村遗址

上泊遗址标本

上泊遗址

龙山文化~汉　即墨市移风店镇上泊村东北

上泊遗址位于即墨市移风店镇上泊村东北，现为耕地，一条公路把遗址分为东西两区。

遗址东西长约500米，南北宽约300米，总面积约15万平方米。地表采集到的标本有口沿、豆柄、器底等陶片以及石纺轮等石器残块，东区遗物以龙山文化时期和周代为主，西区遗物则以汉代为主。

上泊遗址

西水道遗址

龙山文化~汉　莱西市望城街道西水道村西北

西水道遗址标本之一

西水道遗址标本之二

西水道遗址位于莱西市望城街道西水道村西北，北临洙河。

遗址为河旁台地，南北长约200米，东西宽约250米，总面积约5万平方米。文化层堆积厚1～2米不等，内含有红烧土和多种陶器的残片。其中，器形可辨的有泥质灰褐色陶豆、夹砂灰陶罐和宽沿盆等，根据其特征分析，为东周时期的遗物。在遗址北部地表，采集到了罐口沿和扁凿形、扁圆形鼎足，以及石斧和残石凿等龙山文化遗物。另外，还采集到子母口菱纹砖，应为汉代墓葬用砖。由此可见，遗址的文化内涵十分丰富，从新石器时代一直延续至汉代，表现出很强的序列性。

西水道遗址

西河遗址标本

西河遗址

岳石文化~东周　平度市明村镇西河村西北

西河遗址位于平度市明村镇西河村西北，西邻胶莱河。

遗址南北长500米，东西宽200米，总面积10万平方米，文化层堆积厚2～3米。地表采集到一个具有典型的岳石文化特征的石斧残件，另采集到大量陶鼎足、罐口沿、豆柄、豆盘残片，多为夹砂灰陶，纹饰有绳纹、划纹等，部分陶片具有东周时期的特征。据标本推断，为岳石文化遗址，并延续至东周时期。

徐家阳召遗址

岳石文化~东周　平度市崔家集镇徐家阳召村西南

徐家阳召遗址位于平度市崔家集镇徐家阳召村西南，西邻胶莱河。

遗址平面呈方形，周长200米，总面积约4万平方米，文化层堆积厚2～3米。采集到双孔石刀残件和大量的灰夹沙陶、灰陶片，器形有鼎足、罐沿等，纹饰有绳纹、划纹等，陶片标本具有明显的岳石文化风格，另采集到少量东周时期的陶片。据此推断，该遗址主要文化内涵为岳石文化，并延续至东周时期。

徐家阳召遗址标本

徐家阳召遗址

戴家窑遗址

戴家窑遗址

周~汉 胶南市理务关镇戴家窑村西北

戴家窑遗址位于胶南市理务关镇戴家窑村西北，为河旁台地。

遗址南北长约400米、东西宽约440米，总面积约17.6万平方米。南部有排水沟形成了断崖，其上随处可见文化层堆积，地表采集到的标本有周代和汉代的陶器残片，陶色有褐色和青灰色。据采集标本分析，为周代至汉代聚落址，以周代为主。

茔子口遗址

周 胶南市珠海街道茔子口村北

茔子口遗址位于胶南市珠海街道茔子口村北，为一处临河台地。

平面呈不规则状，分布总面积约12万平方米。地表随处可见文物堆积分布，采集到的标本有周代的罐、盆、壶、瓦等陶器残片，纹饰有环形纹、网状纹等。根据文物标本特征分析，该遗址属周代聚落址。

茔子口遗址

孙家遗址

周　即墨市移风店镇孙家村西南

孙家遗址位于即墨市移风店镇孙家村西南，西邻大沽河，所在地为河畔冲积平原，地势平坦。

遗址分布范围比较大，南北长约500米，东西宽约1000米，总面积约50万平方米。近年，对遗址的东北部进行了局部发掘，从清理出的一座墓葬和出土器物看，其地下文化堆积层较为单一，为周代文化遗址。

团彪遗址

西周　即墨市龙山街道团彪村西

团彪遗址位于即墨市龙山街道团彪村西。

遗址东西长约100米，南北宽约100米，分布总面积约1万平方米。1983年曾对该遗址进行过考古调查，出土了壶、罐、盆、豆、簋等陶器残片。根据采集标本的特征分析，应为西周时期的聚落址。

孙家遗址

团彪遗址

青山西遗址

东周　即墨市集镇青山西村西北

青山西遗址位于即墨市店集镇青山西村西北，海拔30米高的台地上，地势由北向南逐渐降低，东南方有莲阴河，河南岸畔矗立着青山山脉。

遗址南北长约120米，东西宽约160米，分布总面积约1.92万平方米。文化堆积厚2～3米不等，曾出土有盆、罐、豆等陶器残片。据采集标本的特征判断，属东周时期的聚落遗址。

青山西遗址

西王村遗址

东周~汉　即墨市王村镇西王村西

西王村遗址位于即墨市王村镇西王村西，王村镇工业园内。

遗址平面呈长方形，南北长约150米，东西宽约200米，总面积约3万平方米，地势西高东低。文化堆积层厚0.1～0.6米不等，地表暴露有不少陶片、陶砖及大量红烧土块。据采集陶片标本分析，这是一处东周时期延续至汉代的聚落遗址。

西王村遗址

宋家马坪遗址

东周~汉　即墨市店集镇宋家马坪村西南

宋家马坪遗址位于即墨市店集镇宋家马坪村西南的高台地上，西望山岭，东望莲阴河，南临小河。

遗址东西长约250米，南北宽约300米，分布总面积约7万5000平方米。文化层堆积厚约2～3米，采集到的标本有罐、盆、碗、豆等陶片，另有少量东周及汉代的陶砖。据采集标本的特征分析，该遗址为东周至汉代的聚落遗址。

宋家马坪遗址

黄土台遗址

黄土台遗址

东周~汉　莱西市姜山镇黄土台村

黄土台遗址位于莱西市姜山镇黄土台村，是一处湿地分布区，东北有保驾山丘陵为依托，富产玄武岩。

遗址包括村内、村外两部分，分布总面积约4万平方米。村内有高大封土台，相传为秦始皇东巡时所筑望仙台，台上曾有大型建筑物，现尚残存石础，台北侧亦曾有建筑群，出土大量回纹、斜方格纹铺地砖。在村北，村民整地时曾发现两座陶圈水井和齐法化、齐之法货刀币数枚，村东侧还有古道迹象。在村西北角水沟旁发现有文化层，从采集标本特征分析，应属春秋战国时期。黄土台的传说在当地流传甚广，与即墨故城的传说如出一辙。对此，民国《莱阳县志》曾有记载。

西朱毛遗址

战国~汉　莱西市日庄镇西朱毛村村北

西朱毛遗址位于莱西市日庄镇西朱毛村北，北临小沽河河套。

遗址平面呈长方形，南北长约200米、东西宽约400米，总面积约8万平方米，文化层厚约2~3米。地表采集到灰色和灰褐色布纹板瓦以及菱形纹、盘肠纹和鹿纹子母口砖。遗址北部发现一处陶圈水井，陶圈饰绳纹，外灰内黑，夹粗砂。出土一件木井梓，长2米，中间1米有板槽相扣，推测水井年代为战国至汉代。据地表暴露出的遗迹遗物，结合其历史传说分析，西朱毛一带历史上曾有过辉煌时期，其文化性质独特，当年或曾是一处繁荣的河岸码头和商贸驿站。

西朱毛遗址

东王延庄遗址

战国~汉 胶州市马店镇东王延庄南

东王延庄遗址位于胶州市马店镇东王延庄南，东望大沽河。

遗址平面呈长方形，南北长约300米，东西宽约200米，总面积约6万平方米，胶济铁路从其中部偏北位置穿过。遗址范围内发现有灰坑、灰沟等遗迹，地表散见部分泥质绳纹灰陶片及红褐陶片。遗址发现后，山东省文物考古研究所、青岛市文物局、胶州市博物馆联合对其进行了考古发掘，共布5米×5米探方9个，实际发掘面积144平方米。经发掘确认，文化层厚约0.3～0.6米，共分4层，出土遗物多为陶器，另有少量的铜、铁、石、骨器。从遗址文化层堆积和灰坑、灰沟、水井等遗迹内出土陶器的形制分析，并结合“半两”铜钱等时代特征较明显的遗物判断，其时代上限为战国时期，下限为汉代早期。

东王延庄遗址出土陶片

东王延庄遗址发掘现场

卧龙遗址

汉 胶南市琅琊镇卧龙村东

卧龙遗址位于胶南市琅琊镇卧龙村东，为一处河旁台地。

遗址平面基本呈正方形，边长约100米，总面积约1万平方米。断崖处可见文化层堆积，地表采集到有汉代陶片若干，据此推断为汉代聚落址。

夏河城前遗址

汉 胶南市琅琊镇夏河城前村南

夏河城前遗址位于胶南市琅琊镇夏河城前村南，为临河台地，当地俗称“金盆底”。

遗址平面呈长方形，南北长约500米，东西宽约150米，总面积约7.5万平方米。地表散见文化堆积分布，采集到汉代陶片若干，根此推断为汉代聚落址。

卧龙遗址

夏河城前遗址

口上遗址

汉　胶南市泊里镇口上村东南

口上遗址位于胶南市泊里镇口上村东南，西部紧邻海洋。

遗址平面呈不规则形状，分布总面积超过10万平方米。为临海台地，中部隆起，四周略低，北、南、西三面均延伸至断崖，断崖之外即为海洋。文化堆积丰富，地表采集到陶片若干，器形、色彩、纹饰等均具汉代特征。据此推断，为汉代聚落址。

口上遗址

台头东遗址

汉　黄岛区辛安街道台头村东南

台头东遗址位于黄岛区辛安街道台头村东南，南望徐山，北临龙雀山。

遗址分布在南辛安前河的河床底部，现河道宽约50米，深约5米。经河水的长久冲刷，河床下暴露出一些陶片。根据陶片特征分析，推断为汉代遗址，与坐落于台头村西侧的台头遗址相距约500米。

台头遗址

杜家遗址

汉 即墨市丰城镇杜家村南

杜家遗址位于即墨市丰城镇杜家村以南的台地上，地势东南高西北低。它处于群山环绕之中，东、南、西三方远望豹虎山和长岭山。

遗址东西长约200米，南北宽约100米，分布总面积约2万平方米。出土有盆、罐、钵、板瓦、筒子瓦等陶片，具汉代特征。据此分析，为汉代聚落遗址。

凤凰埠遗址

汉 即墨市华山镇凤凰埠村西北

凤凰埠遗址位于即墨市华山镇凤凰埠村西北，北部临水塘。

遗址平面呈正方形，边长约400米，分布总面积达16万平方米。文化层堆积厚约2.5米。地表散见盆、大板瓦等陶片，均为灰陶，具汉代特征。据此分析，这是一处汉代聚落遗址。

杜家遗址

凤凰埠遗址

索戈庄遗址

索戈庄遗址

汉 即墨市灵山镇索戈庄村北

索戈庄遗址位于即墨市灵山镇索戈庄村北，地势平坦，现为农田。

遗址平面呈长方形，南北长约80米，东西宽约100米，分布总面积约8000平方米。1983年，在遗址范围内曾清理了一座竖穴墓，出土汉代铜镜一面。据此判断，属汉代文化遗址。

刘家官庄遗址

汉 即墨市龙山街道刘家官庄村东

刘家官庄遗址位于即墨市龙山街道刘家官庄村东，东北方向为一列低缓丘陵，西为墨水河。

遗址平面基本呈正方形，边长约100米，分布总面积约1万平方米。文化堆积层厚0.5～2米。地表散见灰陶残片若干，器形和纹饰具汉代特征。据此推断，这是一处汉代聚落遗址。

刘家官庄遗址

孙贾城遗址标本

孙贾城遗址

汉　莱西市武备镇孙贾城村西

孙贾城遗址位于莱西市武备镇孙贾城村西，紧邻小沽河，属冲积平原，区域内多沙丘。

2009年夏秋之交，根据地名线索发现了这处古城废墟。遗址平面呈长方形，南北长约300米，东西宽约200米，分布总面积达6万平方米，文化层厚约1～2米。遗址范围内发现有古井、建筑基址等遗迹现象，采集到的标本多为汉代遗物，其中包括花纹砖和石磨。遗址的东北方有一片墓葬区，当地俗称"沙埠顶"，出土有子母口菱形乳钉纹砖。

山口遗址

汉　莱西市武备镇山口村西北

山口遗址位于莱西市武备镇山口村西北角，西望小沽河，北依岘沽南山。

遗址平面呈长方形，南北长约400米，东西宽约150米，总面积约4万平方米。西部自然沟中可见清晰的文化层，厚1～2米不等，内含大量陶片、板瓦和砖块。陶片均为灰陶和红褐陶，纹饰有布纹和弦纹等，器形可辨者有卷沿瓮、罐和板瓦，另外还采集到铁犁、灰陶缸和五铢钱等标本。从器物特征看，为汉代聚落遗址。

山口遗址

徐家寨遗址

西汉　莱西市日庄镇徐家寨村北

徐家寨遗址位于莱西市日庄镇徐家寨村北，为湖畔台地，东、南面临莱西湖。

遗址平面呈正方形，边长约300米，总面积约9万平方米。文化层厚1～3米不等，内可见红烧土、瓦砾、陶器残片。陶片分泥质、夹砂两类，红陶、灰陶和灰褐陶皆有所见，纹饰有素面绳纹和瓦楞纹等。此外，尚采集有五铢钱范和"大泉五十"钱、"千秋万岁"瓦当以及大量板瓦。据采集标本分析，其年代应为西汉时期。

徐家寨遗址

八亩地遗址

汉~唐 胶州市张应镇高家庄村北

八亩地遗址位于胶州市张应镇高家庄村北，东北临小河。

遗址总面积约2.5万平方米，从西侧水沟断崖看，文化堆积层距地表约0.6米，夹杂大量陶片。地表散见不同时期建筑构件，其中有不少汉代瓦砾碎片和菱形纹砖，另见釉面红陶，具唐代特征。据上述迹象推断，为汉代至唐代的聚落址。当地称此处为“八亩地”，与“河南瓦岗寨”传说有关，遗址上原有石碑一通，上刻“大德”字样，后落入井底不可见。

八亩地遗址

郭家屋夼遗址

宋 胶州市洋河镇河西郭村西南

郭家屋夼遗址位于胶州市洋河镇河西郭村西南，北濒河流，西、南两面为丘陵坡地。

遗址呈长方形分布，总面积约3600平方米。遗址范围内散落着很多碎砖石，从中拣选出了宋代酱釉碗碗底瓷片。东面有沟壑形成断崖，发现有用青砖和石块堆砌的墙基遗迹，青砖较薄，其造型和质地均具有明显的宋代特征。遗址上现存一件大型石臼，应是古村落遗留之物。据了解，这里原为宋代河西郭村所在地，约在元末明初之际，迁至现在的河西郭村，原址辟为耕地。

郭家屋夼遗址

青岛市第三次全国文物普查新发现

古 遗 址

城 址

莒国都城遗址

西周　胶州市三里河街道南城子村

莒国都城遗址断崖文化层

莒国都城遗址位于胶州市三里河街道南城子村，南临三里河，向东500米即为全国重点文物保护单位三里河遗址，南部有一处断崖。

都城遗址分布面积逾2万平方米，大部分已被今南城子村和三里河小学所占压。实地勘察过程中，发现地表和断崖处分布着不少陶片。

追溯三千年以上，此为西周古国莒国国都所在地。史载，周武王在位期间，少昊氏的后裔兹舆期被分封为“莒子”，为莒国的国君，都城设在计，所在地也就是今城子村。约当周平王时，莒都南迁至今莒县境。南迁以后，旧都属地归入了介国，其国君介葛卢曾在此建亭望海，史称“介亭”。为纪念这一历史旧事，清初重建了介亭，遂成古胶州八景之一的“介亭春树”，一时成为探幽访古之佳境，现已无迹可寻。

莒国都城遗址

莒国都城遗址全景

邹卢城址

东周~汉　莱西市梅花山街道古城庄村北

邹卢城址位于莱西市梅花街道古城庄村北，西临洙河，南近七星河，西北望梅花山，东北方向绵亘着一条很大的丘陵地带，古城址正处于丘陵带前的一片平原高台地上，距今莱西市区约5.2公里。

莱西古称邹卢，汉时，为胶东名县邹卢县的治所，缘此而有了这处历尽沧桑的古城遗迹。邹卢城的历史可远溯至两千年以上。初，为齐灵公灭莱子国后所筑，时为公元前567年。汉文帝时设邹卢县，属胶东国，《汉书·地理志》记邹卢为胶东八县之一，城池弥固。隋文帝开皇十六年（596年），邹卢城址被设为乡县治，唐贞观元年（627年）裁撤，所在区域逐渐演变为杂姓自然村落，被称为“古城里”，即今之古城庄。1935年版《莱阳县志》则以“传齐侯灭莱时筑”一语表述了其历史记忆，游弋于模糊与精确之间。

在20世纪30年代，古城的规模和轮廓尚清晰可辨，城垣为夯土筑成，最高处近4米，平面呈方形，边长约500米，总分布面积约25万平方米。外围分布着三条水沟，呈东西走向和南北走向，疑为护城河。当时，地表随处可见残砖断瓦，亦曾有刀币、铜镜、铜剑、各式陶器以及大型纹饰砖等遗物出土。现在，城址尚有部分遗留，但标本早已很难采集到。城址被中间的一条水泥路分隔成了南北两段，北段有一段长约150米、宽约2米的“城墙”保存得比较好。西城墙南段已成为古城庄居民的进出通道，因频遭车辆的重压，看上去已与一般的道路无甚差别。

作为肇创于东周时期的一座古城，邹卢城的历史存在绵久而深沉，凝集着莱西地区古代历史文化的诸多密码，见证了周汉之际胶东半岛的历史变迁轨迹，值得深入研究并善加保护。

邹卢城址

东黔陬城址

东黔陬城址

秦~汉　胶州市杜村镇赵家城献村西

东黔陬城址位于胶州市杜村镇赵家城献村西，现为农田，东西地势较平坦，北部丘岭起伏，西面和南面有河流沿遗址流过，河南岸又见山岭。

史载，秦始皇统一全国后推行郡县制，将今山东地区划为临淄郡、济北郡、胶东郡、东海郡、琅琊郡等五郡，黔陬县归属琅琊郡。西汉，仍为黔陬县。东汉光武帝十三年（37年），改黔陬县为黔陬侯国，设都黔陬，史籍称此时的黔陬城为黔陬东城或黔陬古城。西晋太康十年（289年），城阳郡治所迁黔陬县，即指东黔陬城。元康六年（296年）改城阳郡为高密国，初设都黔陬，亦指东黔陬城。

遗址地表零星散布汉代陶片。据史料记载及采集陶片形制分析，推断其考古年代应为秦代至汉代。

西黔陬城址

汉　胶州市铺集镇黔陬村东北

西黔陬城址位于胶州市铺集镇黔陬村东北。因王吴水库的修建，其大部分区域已被淹没。

西部断崖处可见文化层堆积，陶片分布密集，有瓦砾、菱形纹砖、陶器残片等，具汉代特征。先前开掘水渠时曾有青铜剑、青铜器皿、陶罐等器物出土。从标本和历史继承关系分析，西黔陬城在汉代即已存在，其规模应比东黔陬城大得多。史载，西晋元康六年（296年）夏，城阳郡改为高密国，其国都初设黔陬（东黔陬城），当年即迁往位于今铺集镇西北的胶水西，史称“黔陬西城”。西晋后期，战乱频仍，郡制混乱，黔陬县归属不定，治所亦常加变换。隋大业元年（605年），撤黔陬县，并入胶西县。

西黔陬城址

板桥镇遗址

唐~宋　胶州市阜安街道

出土定窑残瓷盘

出土残碑

板桥镇遗址位于胶州市阜安街道，为胶州老城区的繁华地段，南到云溪河南岸的徐州路，北至胶州路，东至湖州路，西至惠州路。遗址周边多丘岭与河流，东南距胶州湾约15公里，云溪河穿过遗址与胶州湾相通。

板桥镇于唐武德六年（623年）设置，隶属密州，渐成海舶孔道。北宋时期，由于登、莱闭港，板桥镇兴旺起来，发展成为全国五大口岸之一，一时车船辐辏，贸易繁盛。这期间，尤以宋元祐三年（1088年）设置板桥市舶司为标志，这里同时也成为了胶西县治所，兼领临海军使。市舶司是北宋王朝管理内外航务和海上贸易的机构，板桥镇为全国八大市舶司之一，也是北方唯一的一处市舶司，海运贸易出现空前的繁荣景象。对此，《宋史》及后世典籍中多有记载。作为唐宋时期全国五大通商口岸之一，它扼南北海路交通之咽喉，水路交通四通八达，是当时两广、福建、浙江、河南、河北等地商品的集散地，控制了东南海道，海运一度胜过杭州和宁波；同时，海外交通也十分发达，是联系高丽、新罗及日本的要津，同阿拉伯和南洋亦有交往，航线远达中东地区，在板桥镇码头出土的宋代瓷片中，发现有的带有阿拉伯数字和文字，便是有力的证明。金朝占领板桥

板桥镇遗址考古发掘现场

镇以后，这里依旧是沟通南北的桥头堡。元明以降，随着云溪河、胶莱河、大沽河等河流的淤积，海岸线外移，导致板桥镇航路不畅，逐渐让位于它的外港塔埠头。后来，城池逐渐湮埋于地下，唐宋名府板桥镇便从世人的目光中神秘地消失了。

随着历史变迁与城市建设，板桥镇遗址被后起的城市占压。2009年，山东省文物考古研究所、青岛市文物保护考古研究所对遗址进行过抢救性考古发掘，发现其文化堆积深达7～8米，距地表3～3.5米深处为宋代文化层，从中揭露出多组建筑基址，规模宏大，并有砖砌排水沟、庭院、水井、灶址、东西大道等与之相联系，是布局相对规整的北宋时期城市建筑遗迹。同时，还出土了各类遗物600余件，其中包括可复原陶瓷器500余件（有40余件带有铭文）、佛像残件、残石刻、铭文砖、文房及日常生活用品等，出土瓷器基本上包括了当时全国各大窑系，尤以景德镇湖田窑、浙江越窑瓷器为多，体现出板桥镇在当时是作为瓷器外贸中转的重要口岸。出土建筑构件若干，其中板瓦、滴水、兽面瓦当和鸱吻等皆有所见。另外，还出土了宋徽宗时期的铁钱累计40余吨以及数以万计的各时代瓷片标本。大部分出土文物的时代集中于宋金元时期，与板桥镇的兴盛年代一致。板桥镇遗址的发现和发掘，不仅为研究胶州的沿革、青岛地区港口的兴替提供了大量极为珍贵的第一手考古实物，而且对古代城市、海事交通、中外关系等方面的研究无不具有十分重要的价值。

出土时已锈蚀在一起的大量铁钱

板桥镇的路和房子

布满车辙痕迹的甬道

礓碴道

房屋的砖铺地面

板桥镇遗址出土器物

兽首瓦当

瓷器残件

大观通宝铜币

建筑构件

铜镜

建筑构件

“天会八年”铭文砖

胶州城墙及护城河

明~清 胶州市阜安街道龙州路

古城墙地基部分

胶州城墙及护城河位于胶州市阜安街道龙州路，自常州路护城河桥至胶州西路与龙洲路交会处。

明清时期的胶州城规模较大，绵亘于今胶州老城区一带。城墙分内外两重，均有护城河。如今，内城墙已不复存在，内护城河也已被改造成暗渠而沉眠于地下。外城墙和外护城河尚存遗址，俗称“围子”和“围子河”。胶州城外城墙兴建于明代，延续至清代，墙基及内部为夯土堆筑，外立面则砌以青砖，设有四门，均为高大的拱形城门，城墙顶端取城碟式结构。城墙外侧为护城河，两侧河堤系以本地出产的花岗石堆筑，厚重坚固，是一座典型的古代高级别州县城池，其气势之雄伟令20世纪初看到它的欧洲人为之惊叹。1949年以后，城墙主体被拆除，墙基明显高于两侧地面。旧城改造过程中，城墙被辟为道路，即今之龙州路，宽约10米，长约2000米。现仅在古城墙的南、西面残存一部分夯土墙基。护城河经过绿化，成为一条观光休闲地带。

胶州城墙与护城河遗址

琅琊台大台基

秦~汉 胶南市琅琊镇台东头村东

琅琊台大台基位于胶南市琅琊镇台东头村东200米处，西接陆地，三面环海。这里具有十分独特的天文与地理特征，是周秦汉文化的一个结穴处。

今所见大台基遗址分布在一个东西南北约100米见方的范围内，总面积约1万平方米，台基最高处达16米。原先大台基是一个严密的整体，由于长久的海蚀、风化以及耕作取土等原因，已被分割成了大大小小的几个部分，不过整体的文化关系并未丧失。大台基是由层层叠压的黄土夯筑而成的，其断面夯土层清晰可辨，每层厚6～15厘米不等。台基总体上呈梯形，由不同颜色的质密沉淀物组成，填土当中还发现有少量东周时期的陶片。这些陶片表明，秦汉时期修建土台时，应该是从附近的某一处或几处东周遗址取用了大量土料。从台基的剖面上可以清楚地看到，夯土层之间水平摆放有铁质管状物，每根间隔30厘米。它们是否被当做“铁骨”以起到固合夯土墙的作用？尚待考证。

琅琊台大台基的规模之大、夯土堆积之厚在全国沿海地区都是十分罕见的，而它所透现的历史景深引人瞩目。大台基遗址与其东北方现已列为重点文物保护单位的琅琊台相距约200米，它们之间必然存在着极为密切的关系，很可能原先就是作为一个整体而存在的。北魏

琅琊台大台基远景

郦道元的《水经注》对琅琊台的整体规模有着很明确的记载，原文是："台孤立特显，出于众山上，下周二十里，傍滨巨海，台基三层，层高三丈，上级平敞，方二百余步，高五里。"从这里的记载中，可知琅琊台原来的规模远远要大于先前已知的琅琊台，今作为景点的琅琊台应只是其整体的一部分，所谓"琅琊三台"之说实际上指的就是一个整体的三部分，也就是《水经注》所讲的"台基三层"。本次所发现的大台基遗址可能就是其第一层，这也可以获得地理地貌上的佐证，从遗址所在的西南面朝向位于其东北面的琅琊台望过去，可以看到它们之间的相互关系，地势渐次升高，恰呈三阶状。这一地貌与历史记载的琅琊台的地理结构是吻合的，存在着明确的逻辑关系。

大台基遗址以沧桑的形象矗立在海边，部分与整体在彼此相望，构成了一个非时间性的对称体系。这是充满历史感的事物，穿越两千载光阴之后，更具一种深沉的文化震撼力，一处古遗址所特有的震撼力。透过它残存的面目，不难想见两千年前那历史性的壮观与宏阔。作为秦汉之际一项独一无二的海上工程，其宗教祭祀、军事与航海属性无不隐含着深刻的历史秘密，而其构筑工艺也反映了古代此类建筑的成就，其功能与作用值得深入研究，这对研究本地区乃至更大范围内东周至秦汉时期的诸多历史现象具有重要的意义。

台基局部

夯土层

夯土层

从大台基遗址到琅琊台的南视图

从大台基遗址朝向海洋的视图

不其明堂遗址

西汉　城阳区流亭街道女姑山社区

不其明堂遗址位于城阳区流亭街道女姑山社区。

女姑山是坐落于胶州湾东北岸的一座小山，海拔高程仅有59.2米，面积0.5平方公里，然其境势之卓荦与形态之周正可谓天赋异禀，缘此而成为一座历史名山。从古地质环境看，它是一处沉静的火山口，山顶状若平台，四维均衡延展，胶州湾绵亘于前，金黄色沙滩在山脚呈扇形展开，白沙河自其东南和西北入海，遂成水环海抱、山海交融之势。望之，它就像矗立海边的一座神工夯筑的高丘，传达出一种特有的稳固、端正与敦厚之感。这是秦汉高台建筑所崇尚的地理境界，合于明堂辟雍所传示的人地关系，这是一种天然的吻合。

明堂是中国古代规格最高的皇家礼制建筑，肇始于黄帝，兼有祭祀、布政和论学等多重功能，很神圣，一向为历史所重，古代帝王几乎无不心向往之。女姑山上的不其明堂为汉武帝时期全国仅有的三处明堂之一（另两处在长安南郊和泰山脚下），隐含着一段历史的大秘密。太始四年（公元前93年）夏四月，泰山封禅之后，

西南向视图

以崂山为背景的女姑山视图

汉武帝东巡琅琊郡不其县，在此求仙祭神，宣明政教，瞩望天际，畅想海外，留下了一部颇富传奇色彩的历史长歌。此一事在《史记》和《汉书》等正史中均有十分明确的记载，后世典籍亦屡加转述，代不绝书。当时的明堂其实很简单，属意于内在的启示性而非外观的壮丽感，远非后世所想象的那么复杂，无非一座充满光明的屋宇而已。它是木结构建筑，很容易被损毁，经不住历史的沧桑变乱。自汉武肇创以来，可能到了东汉时，不其明堂已不复旧观，追魏晋以迄隋唐，终成迷津，其历史真容显得有些扑朔迷离。后世复思之，不间断地发出了探寻之音，于是历史视野指向了海边的这座小山。“女姑山，在县西南三十八里，其山北旧有墓。古老相传云：‘此为明堂’。……不其城，西南有七神，号曰女姑，即此是也。”（《太平寰宇记》）明万历版《即墨县志》载有女姑山上的明堂遗址，言：“女姑山，县西南四十里，有明堂遗址。相传汉武帝所建。”其实，汉武帝建不其明堂，并非所谓“相传”之事，而是见诸正史的确凿无疑的史实。《汉书·地理志》中的具体记载是：“不其，有太一、仙人祠九所，及明堂。武帝所起。”至此，基本可澄清这处古遗址的渊源所自。

追溯两千载以上，明堂为天地间的光明之屋，充满神奇而素朴的启示之光。自那时起，女姑山即标举明堂之意，为祭祀圣地和出海口，形成了深厚的历史积淀。汉不其的文化禀赋缘此而确立，在成为当时那场规模宏大的海上求仙运动中心的同时，也成为了一个更稀有的古文化标本——太一崇拜的中心，这种信仰源出上古，当汉武之际达到了巅峰，发生了意味深长的灵光一闪，尔后逐渐式微。所以，汉时与明堂同在的，还有太一祠。而且还不仅如此，应当就在不远处，汉朝还建有一座国家级宫殿，这就是久已堙没不闻的交门宫，也正是在这里，汉武帝写下了他的《交门之歌》。这样，我们看到了一幕独一无二的的历史图景，汉武帝视不其为一大东方秘境，神人相遇之地，在此创设明堂，祭拜太一神，建造交门宫，以表征“汉帝国的东方之门”。缘此，不其之地就显得悠远而厚重，历史性地成为了古代知识、信仰与海洋文化的一个结穴处。

慧炬院遗址

东晋~隋　城阳区惜夏庄街道华阴社区

近景

慧炬院遗址位于城阳区夏庄街道华阴社区，背倚凤凰崮，前临石柱涧，山水交融，环境幽雅。

慧炬院是一座历史悠久的佛教名刹，久为教内外所重。原名石柱庵，肇创于东晋。概当其时，得高僧法显登陆不其牢山（崂山）之殊胜法缘，演为海内弥勒信仰的初传地之一，见证了中古佛教史上的一段史迹。隋开皇十二年（592年）重建，易名“慧炬院”，以示传灯之旨。今院内尚存仆碑两通，其一即为隋开皇年所立，另一为元大德年重修碑，明成化及清乾隆、同治年间亦曾重修。明万历二十三年（1595年），海印寺沙门憨山因佛道之争而罹获“私创寺院”罪，发配雷州，所有的海印旧物，包括旃檀佛像、《大藏经》等经卷法器以及憨山部分手稿等悉数移藏慧炬院，后转至华严寺。明末清初，本地硕儒胡峄阳在此度过了一段读经岁月。

1939年庙宇尚存，后渐倾圮，1966年被全部拆除。今基址尚在，周边存有一口古井及龟趺等遗物，残垣断壁掩蔽于草丛之中。千载古刹已不复旧观，然古意深邃而境势卓越，犹可想见当年之盛况。

慧炬院遗址远眺

靖林寺龟趺

靖林寺遗址

靖林寺遗址

北齐　莱西市院上镇院上村

靖林寺遗址位于莱西市院上镇院上村，西有南朴路，水院公路从遗址的中心东西穿过。

历史上，靖林寺曾长期为胶东半岛的一个显赫的佛教圣地，初创于北齐时期，历代增益而渐成宏大规模。民国时期，在毁寺建校运动中，寺院被毁弃，原有的石造像、石刻等文物都被抛入了河套底下。遗址所在地现为村庄，其中包括居民区和商业区，分布在一个200米见方的范围内，总面积达4万平方米。今院上村一位周姓村民的庭院中尚存有“重修靖林寺”碑的龟形碑趺一座，碑为明代所立，碑趺原位保存，现已埋入地下。重修碑记由明万历进士张嗣诚撰，在清朝《莱阳县志》中有载录。附近的白蟒河内，还有一座大型石龟，亦为靖林寺旧物。作为古代名刹，靖林寺的历史之悠久与规模之庞大都是十分罕见的，对研究本地区的佛教文化渊源及相关历史问题具有十分重要的价值。

潮海院遗址

南北朝～宋　崂山区沙子口街道栲栳岛社区东

潮海院遗址位于沙子口街道栲栳岛村东，登瀛湾西侧。

潮海院亦名石佛寺，原祀释迦牟尼佛。传始建于南北朝，应不迟于宋朝，清际入禅宗临济派，与法海寺、华严寺并称崂山三大佛刹。后渐倾圮，唯千年古银杏树参天垂荫，见证历史沧桑。2000年，依庙堂之意，原址建起了现有屋宇。庭院主入口门楣上，嵌有湛山寺方丈明哲法师所题“潮海院”石匾。

所在的栲栳岛区域是一处重要的佛教与海上丝绸之路纪念地。东晋隆安三年（399年），高僧法显赴天竺取经，历时十三载，于义熙八年（412年）海路归国，在长广郡牢山（崂山）南岸登陆。对此，法显本人所著《法显传》（亦名《佛国记》）有明确记载：“即便西北行求岸，昼夜十二日到长广郡界牢山南岸。”一般认为，栲栳岛即法显登陆处。

古银杏

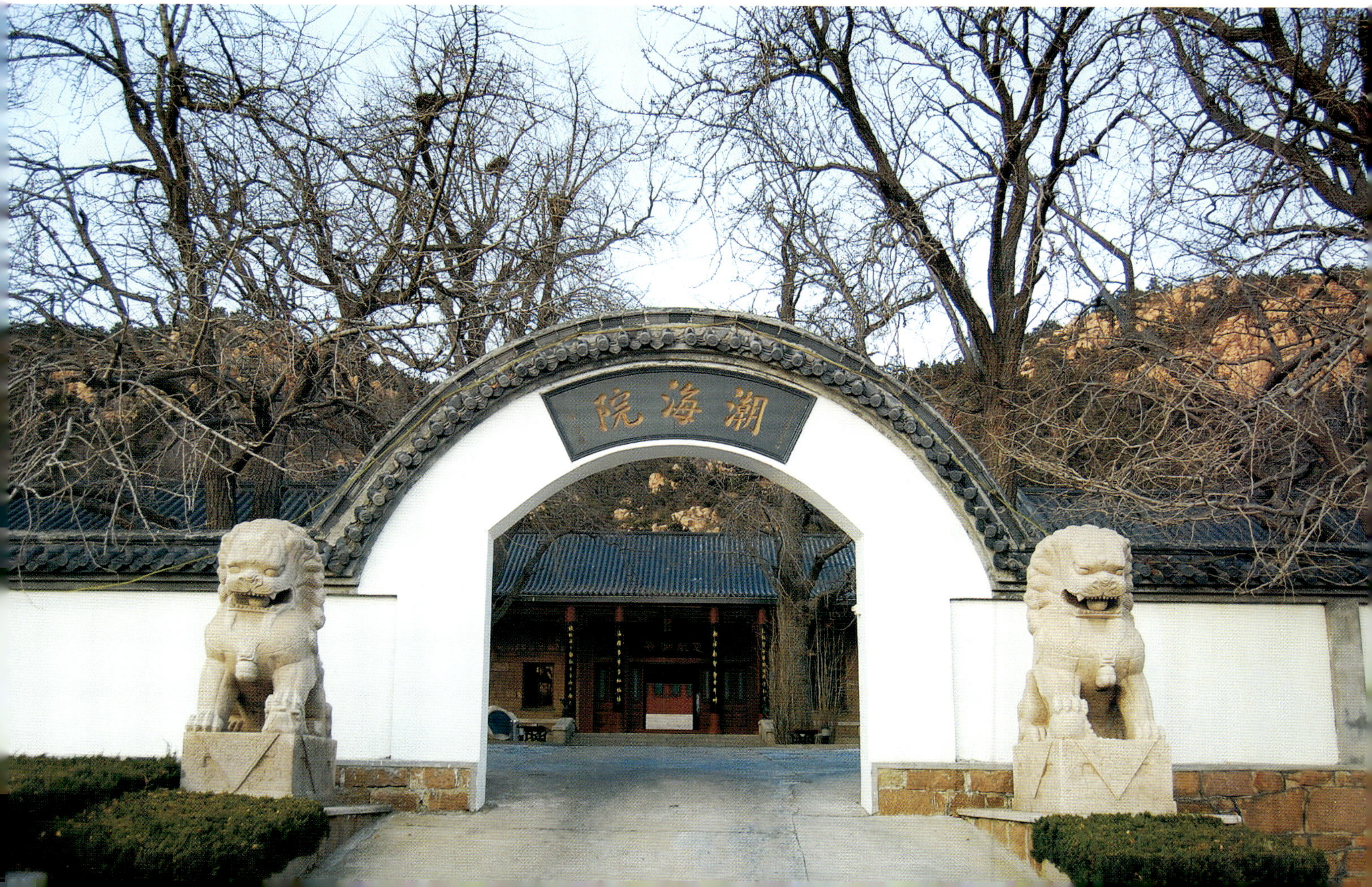

潮海院遗址

登云山圣母庙遗址

登云山圣母庙遗址标本

登云山圣母庙遗址

南北朝　胶州市洋河镇河西李村南

登云山圣母庙遗址位于胶州市洋河镇河西李村南，登云山之巅。

登云山与艾山、东石、西石诸山同为胶州境内道教传播之地。根据采集标本，结合相关纪闻，推断此处在南北朝时已有庙宇出现。北魏皇帝皆崇尚道教，北方各地纷纷建起道观，圣母庙应是在那时修建的。今只剩残垣废墟，地表散见砖瓦碎石。近旁存古槐树一棵。

明山岭宝塔寺遗址

明山岭宝塔寺遗址

隋~明　胶州市杜村镇寺后村南

明山岭宝塔寺遗址位于胶州市杜村镇寺后村南，东西南三面均有河流环绕，西南望明山岭。

据了解，宝塔寺原建于明山岭之上，隋唐时期迁至现址，当时寺院规模宏阔，占地面积有10余亩。遗址上存有千年银杏树，主干一株，绕主干一周衍生出八株子树，故有“八子绕母”之称，甚为奇特。树下有古井一眼，从中曾经打捞出了石碑、石柱的残件若干。2000年建有碑亭一座，其中陈列着清代的“泰山行宫”碑，另有多件古代石碑、石柱竖立于碑亭东侧。2008年，这里曾出土“开元通宝”铜钱一枚，为宝塔寺的历史存在提供了一个新的佐证。

太平寺遗址

太平寺遗址

唐~清 胶州市胶东镇大店子村

太平寺遗址位于胶州市胶东镇大店子村大店小学校内，东临大沽河，西近胶莱河。

唐时曾建有太平寺，历代重修，其神像与二树一花被称为“三奇”。20世纪40年代被拆除，建国后庙址改建为学校。现遗址上有银杏两株，树龄达1300年。

艾山唐王殿遗址

唐 胶州市洋河镇张家茔村西北

唐王殿遗址位于胶州市洋河镇张家茔村西北，艾山北峰东麓，艾山是胶州境内的道教胜地。

唐王殿的历史渊源可追溯至千年以上，据说它与唐王东征事相关。史载，贞观十八年（644年），唐太宗李世民东征高丽途中，大军曾进驻艾山，幸得一眼天泽相滋润，遂视之为福地。艾山另存有天泽泉一眼，亦映照出一段唐朝旧事的历史心境。后人为纪念此事，在当年大军驻扎地建造起了唐王殿，内供奉李世民塑像，秦琼和尉迟恭塑像拱卫其左右。遗址西侧山坡上散落着许多柱础、石板、石条等建筑构件，另有一片石磨和一座石臼，为明清时期重修之庙宇所遗留下来的。关于唐王殿遗址的诸多史迹和相关问题尚待进一步研究澄清。

唐王殿残存建筑构件

唐王殿遗址上的石臼

艾山唐王殿遗址

玉清宫石刻

玉清宫遗址

宋　崂山区沙子口街道大河东社区东北

玉清宫遗址位于崂山区沙子口街道大河东社区东北，崂山巨峰南麓，背脊高山，面朝大海。

巨峰岩岩，傲立东方之极，为一处光耀海表的自然地标，亦形成一条内蕴深厚的文化廊道。在其东南麓海拔700～1000米的区域，分布着一个古代庙宇与洞窟群遗迹，人工建筑与天然石窟完美结合，形成一个文化上贯通一体的庙宇群落。举其大者，尤以玉清宫为代表，它与太清、上清二宫并称三清胜境。关于此宫的创建年代有多种说法，据传为唐代，待稽考。明初演为佛刹，名灵鹫庵。嘉靖之后又成为道观，嘉靖、万历两朝均有重修，渐成宏大规模，赫赫可观，檐瓦丹碧，气势宏敞。沧桑历尽，而今只存遗址，分布在一个东西宽约60米、南北长约100米的范围之内，大殿、厢房基址和围墙残垣尚清晰可见，草木间倒伏着柱础、砖瓦、石板等建筑构件，有万历年间重修碑一通。

明季，玉清宫曾统领上下两庙，上庙即其本体，下庙则为铁瓦殿，两者相距数百米。另有寿阳庵和汉河

玉清宫遗址

庵两处脚庵。清康熙中，下庙毁于火灾，上庙亦渐圮。为延续其法脉，道士们将“玉清宫”门匾移至十数里以外的汉河庵，因而很长时间当中，人们误将那里视作了玉清宫本体。

遗址周边有多处摩崖石刻，除“玉清宫”、“灵鹫庵”等庙宇名称刻石之外，可辨识者还有“大明正德六年”（1511年）、“大明嘉靖二十七年”（1548年）及“万历十二年”（1584年）等年代石刻，给出了玉清宫在明朝正德至万历年间的一个重修序列。近旁有一巨岩，其上两个擘窠大字古朴大气，有如神工，后一字可辨为“古”字，前一字则可析出“盘”字，就此构成了“盘古”刻石，甚合于“玉清”之本意。

盛时，玉清宫香火旺盛，声名远播，一度演为崂山僧道教团的主要活动基地，充满融合力和学术性。庙宇的宗教性质复杂，与佛道两家都曾有过密切关系，留下一段两教复合共荣的历史佳话。历史地看，巨峰庙宇群主体建筑经历了佛道两教的演变，终归旨玉清，遂成全真道教之泱泱大观，奉祀三清，就此标举着崂山为三清胜境的实现。建筑之宗教属性的生成与转化，隐含着崂山宗教文化史的诸多流变轨迹。巨峰之南，历史曾呈现出了一种两教融合互现的感人图景，缘此，这样一处兼容佛道的文化遗迹显得弥足珍贵。

盘古岩

柱础

从玉清宫所在地眺望海洋

铁瓦殿遗址

铁瓦殿遗址

宋　崂山区沙子口街道大河东社区东北

铁瓦殿遗址位于崂山区沙子口街道大河东社区东北，巨峰南麓，背负高山而望沧海，境势高绝。

铁瓦殿原名东华宫，肇创于宋代，明季曾为白云庵之下殿，名玉皇殿，后一度演为一座独立庙宇。明万历十二年（1584年）重修时立有碑记，碑文为时居崂山的高僧憨山所撰，名《重修巨峰顶白云庵玉皇殿记（并铭）》。当时，重建了殿堂三间，中祀玉皇大帝，因而名玉皇殿。

建筑古朴雄伟，其最大特色表现在屋面上，系以长三尺的龙形铁瓦覆顶，且瓦上铸有施主蓝因等人的名号，故得铁瓦殿之名。清康熙年间发生火灾，殿宇顿成废墟。如今，通向庙宇的石阶、残颓的围墙与空旷的大殿基址尚清晰可见，基址上矗立着六根带有铆榫结构的花岗岩廊柱，望之犹可想见当年殿宇巍峨之姿。另外，遗址范围内还留有一通仆碑和若干倒伏的石材，从中依稀可见当年之壮观气势。

通向庙宇的石阶

大殿基址及廊柱

神清庵遗址

宋　崂山区北宅街道大崂社区北

神清庵遗址

神清庵遗址位于崂山区北宅街道大崂社区北，为崂山中麓胜境，三围高山，一面临水，与同名道观神清宫隔白沙河呈南北守望之势。

据相关记载，神清庵创建于北宋元祐年间（1086～1094年），为崂山兴建最早的道院之一，金元之际归入全真道，以“丛林”为号召。明时，遭遇大洪水，殿舍大部分被冲毁，仅有小部分屋宇幸存，此后就成为了晚建的神清宫之脚庙。后完全倾圮，现仅存基址。近旁竹林中有摩崖石刻一处，上镌“十方神清庵”五字，书丹者不详。其前方，矗立着两块巨大的花岗岩，看上去俨如一道自然的山门，形势天成。

“十方神清庵”刻石

驱虎庵遗址

宋　崂山区王哥庄街道青山社区西南

驱虎庵遗址位于崂山区王哥庄街道青山社区西南，北倚高山，面吞大海，周围树木苍郁，巨岩林立。与著名道观太清宫相距不远，近处另有八仙墩、钓鱼台等景点。

驱虎庵始建于宋代，原祀玉皇大帝，并祀龙王。相传为华盖真人刘若拙所创，一说始建于明代，待考。今庙宇已废弃，仅存残基断壁，残基东西长约90米，系以大块花岗石垒成，其上殿堂断壁尚在，为乱石黄泥结构，屋架久已空空如也。殿前存有一舂米用的石臼，东西两侧各有一株硕大的古银杏树，前方另有一棵老槐树。

驱虎庵遗址

福山佛塔遗址

宋~金　莱西市沽河街道潘格庄村西北

福山佛塔遗址位于莱西市沽河街道潘格庄村西北。

福山之巅的佛塔建于宋金之际，毁于清末。原为六层八角砖塔，边长4米，高50余米，登临其上，可眺望蓬莱阁。从塔基周围地层内发现了不少宋金时期的瓷片，包括定窑、磁州窑、景德镇湖田窑和福建建窑兔毫盏等，其中尤以定窑白瓷刻花、黑釉出白线、湖田窑高足盘及金代黑釉瓷最为典型，另发现有青砖若干。塔下山洞处，有观音庙遗址，两者间的关系尚待探究。

福山佛塔遗址

青山北庙遗址

宋　平度市祝沟镇山里石家村北

青山北庙遗址位于祝沟镇山里石家村北青山南麓，当地百姓亦称之为“鸿门寺”，约建于宋代。

为宋代佛教建筑群遗址，规模宏大，总占地面积约4000平方米。地表残存大量柱础、基石、青砖、瓦砾及寺院用品残件。出土花岗石龟趺一座，高85厘米，宽90厘米，长170厘米，柱础直径68厘米，花础直径85厘米，现迁置九龙泉水库。观其形象，造型朴拙，神态亦谐亦庄，约略可见今日之卡通艺术手法，虽有风化，然仍不失其生趣。千年而今，透过种种残存的遗物，犹可想见当初北庙建筑之宏伟与香火之旺盛。

青山北庙遗址出土的龟趺

青山北庙遗址全景

汉河庵遗址

宋~元 崂山区沙子口街道汉河社区东

汉河庵遗址位于崂山区沙子口街道汉河社区东。此庵原为巨峰玉清宫的下院，玉清宫倾圮后，将匾额移至此处，因而人们也将此处视为玉清宫，实则一名两庙。

建于宋元之际，明正德年间重修，祀三清和玉皇大帝。20世纪60年代被拆除，现仅存基址。

汉河庵遗址

聚仙宫遗址

元 崂山区沙子口街道幸福村东

聚仙宫遗址位于崂山区沙子口街道幸福村东，崂山西南麓，为山海交辉之胜境。

聚仙宫肇创于元泰定二年（1325年），又名寒寨观，原有玉皇殿、真武殿、三清殿和道舍等百余间殿舍，为崂山著名道观之一。殿宇初成时，大学士张起岩为之撰《聚仙宫碑铭》，叙其缘起，概括道教在崂山的史迹，为道教史上一篇重要文献。关于崂山诸宫观之渊源，写道：“五代时，有华盖真人刘姓者，自蜀而来，遁迹兹山，宋祖闻其有道，召至阙庭，留未几，坚求还山，敕建太平兴国院以处之。上清、太清二宫其别馆也。”近百年中，聚仙宫渐圮。2000年在原大殿废基上建起屋舍七间，门上悬“聚仙宫”匾额，院内有古银杏树三棵。

聚仙宫遗址

龙女祠遗址

元~明　莱西市望城街道东龙湾庄村

龙女祠遗址位于莱西市望城街道东龙湾庄村东南。

七星河之阳的龙女祠肇创于元代中叶，明洪武二年（1368年）重修，为当时著名庙宇之一，规模宏大，遗址占地总面积2668平方米。清光绪《山东通志》引《图书集成》云："龙湾在县西南二十五里，水深莫测，旁有龙女祠，祷雨辄应。"龙湾水深似靛，俗称靛泊，故该祠亦称靛泊庙。正殿为龙女祠，偏殿为水母宫，与周边的文昌阁、关帝庙等共同形成一个大型庙宇群。后数百年，毁于民国时期的拆庙建校运动中。据了解，旧时庙中的龙女塑像十分精美，身着圣服，每当重要节日，辄抬出大殿，举行龙女出巡仪式，临街祭祀，以祈祝风调雨顺。至今村里老人回忆当时场景，依旧津津乐道。自古以来，这一带即有祭祀水母娘娘的习俗。

龙女祠遗址

天山院遗址标本

天山院遗址

元~明　莱西市马连庄镇天山屯村西

天山院遗址位于莱西市马连庄镇天山屯村西。

天山院是历史上一座著名的佛教寺院，因在天山而得名，民国《莱阳县志》记为元代所建。遗址分布在一个东西长100米、南北宽30米的范围内，总面积3000余平方米。采集到龙纹圆瓦当、琉璃瓦件、砖雕和宋元瓷片等标本。旧时寺院建筑宏伟，大殿为重檐歇山式，覆黄色琉璃瓦，雕梁画栋，金碧辉煌，闻名遐迩，既为佛教文化中心，亦为四乡八舍的聚会中心与民俗中心。

天山院遗址

先天庵遗址

元~明 崂山区沙子口街道流清河社区东北

先天庵遗址位于崂山区沙子口街道流清河社区东北，藏天门峰山涧中。

始建于元至正年间，祀玉皇大帝。明代天启年间重修，万历年间，全真道金辉派教主齐本守在此修行二十一年，亲手增建殿宇三间及两廊配殿。清中期再度予以重修。1941年被日军放火烧毁。新中国成立后，崂山林场在此筑有石屋一栋，后渐圮。现仅存庙宇基址和残垣四处。院中有古银杏树一株及其两个子株，殿址西侧有泉一眼和石磨、石碾等遗物。

先天庵遗址

东华宫遗址

明 崂山区王哥庄街道曲家庄社区西

东华宫遗址位于崂山区王哥庄街道曲家庄社区西，东望仰口湾，西依上苑山，为崂山东麓的一方胜境。

东华宫始建于明朝，原为上苑山上太平宫之下院，主祀东华帝君。清康熙二十六年（1687年）重修，规模扩大，后于乾隆中期亦曾重修。建国初期，曾作为民兵值班用房，后渐倾圮。现仅存殿宇地基，东侧尚可见一段残垣，高约1米，隐现于草间。遗址范围内还存有几段残碑，然其上字迹已漫漶不清。北侧有一巨岩，名观星石，当初为道士踏罡布斗之所。

东华宫遗址

圣水庵遗址

圣水庵遗址

明　崂山区沙子口街道大河东社区东北

圣水庵遗址位于崂山区沙子口街道大河东社区东北的巨峰之阳，境势高旷，周围奇峰耸立，林木蓊郁。

此庵始建于明代，为张姓道人所创。关于其原初况貌，古代艺文中有翔实记载。明嘉靖元年（1522年），河南道监察御史蓝田在其游记《巨峰白云洞记》中记述了庙宇的相关情况，它依托一处名曰“白云洞”的天然花岗岩洞窟而建，原祀真武，后倾圮。西侧尚有建筑物遗迹。近旁有摩崖石刻两处。

石门庵遗址

石门庵遗址

明　崂山区北宅街道七口峪社区西南

石门庵遗址位于崂山区北宅街道七口峪社区西南，藏石门山南麓幽谷之中。

始建于明代，原祀观音。清乾隆年间重修，1956年倾圮。现存庙宇基址5处，四处仍保留房屋框架。大殿仅存部分后墙和地基，东西长15米，南北宽7米。院墙地基尚存，花岗岩石砌筑，前方设有排水石槽。遗址周围散见若干残砖断瓦和加工过的花岗岩石材。

灵峰道庵遗址

下华楼遗址

明　崂山区北宅街道蓝家庄社区西

下华楼遗址位于崂山区北宅街道蓝家庄社区西，南望华楼山，北临崂山水库，环境幽雅，境势开阔。

庙宇始建于明代，祀三清，为华楼宫的下院，因称下华楼，亦名“灵峰道庵”。崂山著名道人云岩子曾在此修行。庙宇西南方，一面石壁上镌有“下华楼　灵峰道庵　师傅云岩子脚庵”诸字。1958年拆除，现仅存残垣断壁。庙宇系以崂山本地产花岗岩石块砌成，黄泥粘结，石灰勾缝。门前台阶为花岗岩加工条石，保存完整。残垣内有碾砣及柱础等旧物。

三元宫遗址

三元宫遗址

明　崂山区沙子口街道大河东社区北

三元宫遗址位于崂山区沙子口街道大河东社区北。

建于明中期，因藏茶涧幽谷之中，故亦名茶涧庙。为胶州王氏所建，祀三官大帝，原有正殿三间，左右配殿各两间，西厢房三间。庙内曾存有康熙二十八年铸巨型铁钟一口。民国时渐圮，现存残垣。院中央存有一株当年所栽植木兰花，西侧有清泉一眼。

岙莱山道观遗址

明　平度市祝沟镇水磨涧村北

岙莱山道观遗址位于平度市祝沟镇水磨涧村北，岙莱山之阳。

初创于明代，从残留垒石层来看，旧有殿宇两排，以乱石砌成的院墙相围合。适应自然地势而布局，由呈阶梯状渐次上升的三进院落构成，与周边环境存在着隐秘的协调。观前有青砖砌筑的涵洞一个，九级石阶引至洞前，圆拱门高2.1米，宽1.82米，纵深4.9米，中国古代的拱形结构手法运用自如。洞内有汉白玉碑刻一通，然因年代久远，风化严重，字迹已斑驳不可辨。西北峰有一天然洞窟，内右壁镌有“唐朝仙人洞”五字，疑为后人所补刻，其书法尚称雍容大方，默含神韵，与天柱山“此天柱之山”石刻颇有异曲同工之妙。

岙莱山道观遗址石刻

岙莱山道观遗址涵洞

岙莱山道观遗址全景

洪门寺遗址

明 城阳区夏庄街道华阴社区

洪门寺遗址位于城阳区夏庄街道华阴社区，三面环山，北临崂山水库，不远处有银液泉。

洪门寺始建于明万历年间，亦名西莲台、西莲寺或莲台寺，历史上曾为城阳及崂山地区规模最大、庙产最富、僧人最多的一所寺院，香火旺盛。位于即墨鳌山卫的莲花庵为其下院。当时，寺内立有一尊大型佛造像，通高一丈八尺，因称“丈八佛”。首任住持自华和尚仙逝后，其弟子十八人协力建起五级佛塔，以葬其师。塔高约7米，花岗石塔基，砖石塔身，塔顶为石制，上置莲花座，以承托金字塔式塔尖。朝向西北方开有双柱塔门，门楣上镌有“普同塔”三字。寺塔构造精美，巍峨壮观，为明代同类建筑的代表之作。

关于洪门寺及佛塔，清即墨人黄肇颚《崂山续志》中记载：“邑周氏所建释刹也。中供丈八佛像，门外石塔，自华上人归葬处。镌所作偈语：‘叵耐这个皮袋，终身惟作患害，撒手抛向尘沙，一轮明月西迈。’自华与慈沾故相知，慈沾弟子八十一宗，而自华灭其传矣。有幸不幸欤？台圮毁无痕迹，惟塔蔚然独存……”

残存的莲花座

约在清乾隆末年至嘉庆年间，寺院殿宇被毁，惟有佛塔幸存。20世纪60年代，佛塔亦被拆除。遗址上现存塔尖1个，高38厘米，直径46厘米；莲花座半尊，高20厘米，直径70厘米；石鼓座1块，高27厘米，直径48厘米；另见明代青砖若干，村民院内存有一根石门柱。

洪门寺遗址

塔山老母庙遗址

明　胶南市大场镇塔山店子村

塔山老母庙遗址位于胶南市大场镇塔山店子村。

建于明代，曾是胶南及诸城一带闻名遐迩的寺庙。矗立于塔山之巅，山前旧有雷神庙，俗称下庙，故称老母庙为上庙。原占地面积为1273平方米，山门与老母殿成中轴线，另有东西两庑及钟楼。庙内供奉后土老母及睡喜娘娘等神祇。1947年被拆毁，仅剩1株树龄达450年的银杏树和一通“预修善录”石碑。

药王庙遗址

明　莱西市马连庄镇崔格庄村西北

药王庙遗址位于莱西市马连庄镇崔格庄村西北，北依兴隆山，西临大沽河，西南有泉名“药王泉”。

药王庙始建于明代，主祀医圣孙思邈，为莱西地区仅见的一座药王庙。原建筑取歇山式，青砖小瓦，进深1间，建筑面积20平方米。内塑有药王像一尊。旧历每年4月8日逢庙会，香火旺盛。20世纪60年代庙宇被毁。2003年在原址上重建一庙，规模较前明显缩小。

塔山老母庙遗址

药王庙遗址

游神庙遗址

清 胶南市泊立镇尧头村东北

游神庙遗址位于胶南市泊立镇尧头村东北。

亦称鱼骨庙，旧有盛名。清乾隆《诸城县志》载："清乾隆十四年二月壬午，董家口出大鱼一条，长十丈，高三丈。"当地渔民敬若神明，遂登山建庙，部分椽檩系以鱼骨制作，四时奉祀鱼神。山因庙名，称鱼骨山。庙址200米见方，山门南向，三进院落，依次设龙王殿、老母殿和玉皇殿。1947年被拆毁。

天齐庙遗址

清 黄岛区红石崖街道龙泉河东社区

天齐庙遗址位于黄岛区红石崖街道龙泉河东社区，东临龙泉河。

传天齐之祀肇始于周代，为一种独具特色的本土信仰形态。遗址占地面积约7000平方米，庙内供奉周武王的大臣黄飞虎。初建时规模颇为宏大，有大殿七座，占地百余亩。元时毁于战火，清康熙三年（1664年）重修大殿一座，时庙宇占地约30亩。1958年拆除。

游神庙遗址

天齐庙遗址

泽口集三官庙遗址

泽口集三官庙遗址

清　莱西市姜山镇泽口集村北

泽口集三官庙遗址位于莱西市姜山镇泽口集村北，西临泽口河，与村内牌坊东西相望。

建于清代，为当时泽口集一带主要的人文景观。庙址东西宽30米，南北长50米，占地面积约1500平方米。村民在庙前新建房屋数间，庙中留存的石柱及柱础均被垒砌于墙上。旧时，每年农历三月三日起庙会，香火旺盛。1947年被毁，塑像被抛入附近的河塘内。

灵峰庵遗址

清　城阳区夏庄街道响石社区

灵峰庵遗址位于城阳区夏庄街道响石社区，深藏幽谷之中，古木参天，一派超然忘尘之气息。

建于清初，由大殿、厢房及山门等组成，多利用山中岩石砌造，殿舍古朴雅致。后倾圮，今只余断壁残垣，屋顶不复存。屋外有乾隆四十二年（1777年）所立石碑一座，庵后有“灵峰庵”摩崖石刻。

灵峰庵石刻

灵峰庵遗址

古 遗 址

书院遗址

康成书院遗址

东汉~明 城阳区惜福镇街道书院社区

康成书院遗址位于城阳区惜福镇街道书院社区，东望三标山，西倚铁骑山（不其山）。

书院原为东汉经学大师郑玄讲学处，因郑玄字康成而名为康城书院，创于汉灵帝中平五年（188年）。当时，为避黄巾之乱，郑玄来不其山隐居，在此设帐授徒，开创了一段经学的黄金岁月，先后从其学者达万人之众，其中就包括汉魏之际重要历史人物崔琰。本地区后世所开书院多得其遗泽，如玉蕊楼、青峪书院、劳山书院、下书院及华阳书院等，无不远追康成之光。自康成书院开创以来，后世典籍多载其事，文人墨客寻访不断。明末清初的著名学者顾炎武曾来此瞻礼，留诗为记：“荒山书院有人耕，不记山名与县名。为问黄巾满天下，可能容得郑康成？”当年郑玄和他的弟子们用以编结竹简的草叶也时常被后代文人所感念，人称“书带草”，亦称“康成书带”。所在地书院村之名也是源出康成书院，以北不远处另有一屯子名演礼村，是当年郑玄教弟子和村人学习、演练周礼的地方。

明正德七年（1512年），即墨知县高允中主持重建了康成书院。明时书院占地面积约800平方米，围墙内外，林木蓊郁。原有房舍多间，均为砖石木结构，基座由本地产花岗石砌成，木柱支撑起书院的外廊，柱础取青石鼓形。透过无言的石头，犹可想见往昔岁月之重梁起架、飞椽出檐、雕梁生辉、斗拱交错的景象。至清初，即墨城新开县学，随着教育体制的转化，古老书院失却了其基本功能，渐圮。

康成书院至今已逾1800年历史，为史册所载绝无仅有的汉代书院遗迹，呈现了深沉的历史底蕴，集结着本地区古文化特别是汉不其文化的诸多学术讯息，对澄清一地之人文禀赋具有不可或缺的意义。

康成书院遗址所在地全景

玉蕊楼遗址

明　城阳区惜福镇街道书院社区

遗址近景

玉蕊楼遗址位于城阳区惜福镇街道书院社区。所在地原有清末所立村庄，因有玉蕊楼而名楼上村。1976年为修书院水库而迁移。

玉蕊楼为本地区一座著名的人文古迹，兼有书院和藏书楼的功能，明清时期远近闻名。它坐落于不其山之阳，原为两层楼阁，境势幽邃，筑造精美，一时被誉为“吾邑第一山庄”（语出纪润《劳山记》）。今废基尚存，遗址分布面积约1200平米。

明崇祯十年(1637年)，御史黄宗昌罢归即墨故里之后，寻来此地，筑楼隐居，潜心著述《崂山志》，特撰《玉蕊楼自述》一文，以记其事，言明“玉蕊楼，余所景慕康成先生而作者也。”清顺治初年，黄氏延聘前朝进士张允抡来此授徒讲学，历时十年，应和者众，黄氏族人多由石屋书院移来此处读书。那时，玉蕊楼展现了一幕生动的人文图景，除了学童们的琅琅书声，还有饱学之士的谈经之音，黄张二氏及易学家胡峄阳等人结成诗社，常相流觞会饮，契阔谈讌。顺治十五年（1658年），顾炎武应黄氏之邀游历东海崂山，居此楼，写下《不其山》、《劳山歌》、《张饶州允抡山中弹琴》以及《劳山考》、《崂山志序》等诗文。

遗址上残存的砖块

玉蕊楼遗址远景

顺治十年石刻

石拱门构件

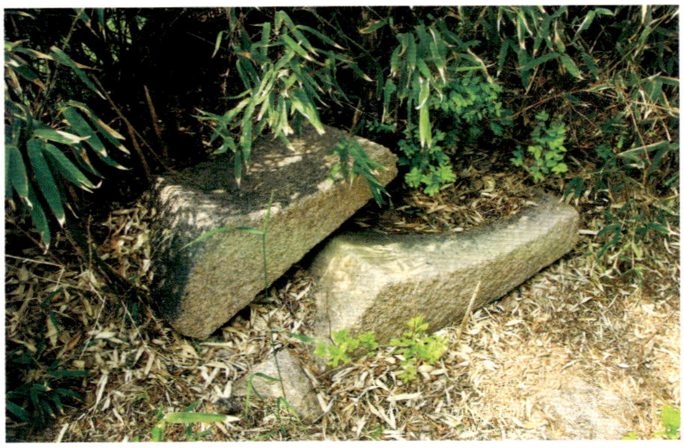

通往书院的石阶

华阳书院遗址

明　崂山区沙北宅街道枣行社区西

华阳书院遗址位于崂山区北宅街道枣行社区西，背倚华楼山，前临溪谷，一派幽雅与高旷之气息。

华阳书院为崂山古代著名书院之一，明少司寇、即墨人蓝章所创建。黄宗昌《崂山志》言明："华阳书院据山之半，少司寇蓝公建置于此。"时为明正德十二年（1517年），蓝章告退归里，建书院以明志。书院占地约800平方米，有上下两座楼宇，上曰文昌阁，下曰紫云阁。清道光年间，又增建山门一座。当时，蓝氏族人及周边诸多名门子弟喜在此读书，一片朗润光华闪耀于山间。民国时期，书院渐废，现仅存基址，建筑石构件散布周边。以南溪谷中有多处摩崖石刻，结体开张，文辞深远，如"谈经地"、"枕石漱流"、"曲水流觞"、"松关"及"天然碑"等，俱为怀古澄心之作。

华阳书院遗址

驿道遗址

胶薛古道遗址

明~清　黄岛区灵珠山街道宋家茔社区

一段古道

胶薛古道遗址位于黄岛区灵珠山街道宋家茔社区。

这是一条充满沧桑记忆的古代驿道，自明洪武年间（1368～1398年）开始，由胶州往返辛安、薛家岛、灵山卫的道路就由宋家茔村通过。现存古道长约1公里，两侧的石头房子及清朝古树均保存完好。村中有两座桥，西曰凤凰桥，东曰龙雀桥，原初均为花岗岩石桥，桥面宽3米，它们共同见证了往昔的古道记忆。民国时期，胶薛古道被拓宽成为一条简易公路。1957年，凤凰桥改建成了石板桥，2002年再度改建成为混凝土大桥。1976年，龙雀桥被重建为石拱桥。20世纪60年代后，随着胶薛公路的改道，古道废弃。

胶薛古道遗址

西老庄陶瓷窖藏址

汉~唐　莱西市院上镇西老庄村南

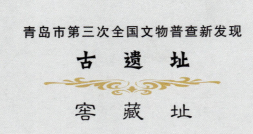

西老庄陶瓷窖藏址位于莱西市院上镇西老庄村南，北依七笄山，东有古地名为“响水沟”的水冲沟，西为小沽河河套，西南距即墨故城不远。

为汉唐时期的窖藏址，系2008年冬村民修建养猪场时发现的。遗址所在地及周边区域曾有铁铧冠、菱纹砖、布纹瓦等器物出土。2009年4月，莱西市文管所对窖藏坑进行了清理，出土了一批较有价值的陶瓷器，拼合后器形可辨者有高足盘、碗、豆、钵、缸等。这批陶瓷器藏在一尊大陶瓮内，为青黄色釉，灰白胎，素面，其中还藏有一批素烧瓷，具体年代尚待考证。

出土的黄釉陶豆

西老庄陶瓷窖藏址

西宅子窖藏址

汉 城阳区夏庄街道西宅子社区

西宅子窖藏址位于城阳区夏庄街道西宅子社区，北依凤山，东临惜福镇河，南边和西边均为广阔的平川。

窖藏址系近年在市政建设施工过程中发现的，随即由青岛市文物保护考古研究所和城阳区文物管理办公室共同对该遗址进行了抢救性考古发掘。窖藏紧接着岩石缝隙，呈不规则状分布。经发掘，出土了陶罐、铜钱和铜镜等大量文物。这是迄今为止城阳地区唯一发现的窖藏址，距玉皇庙很近，两者之间的关系尚待考证。

西宅子窖藏址出土文物

铜镜

铜钱

陶罐

陶罐

白家屯古矿坑遗址

北宋~清　胶南市宝山镇白家屯村西北

白家屯古矿坑遗址位于胶南市宝山镇白家屯村西北，东与七宝山支脉平山相望，西北距七宝山主峰约200米，横亘于山地丘陵地带上。

遗址平面呈长方形，南北向分布，长约80米，底部宽约2米，坑口宽约20米，深约10米，总面积近2000平方米。民国版《增修胶志》载："明太监陈增畅开矿于此"。胶南市博物馆曾对该遗址进行了调查，在坑中发现了几具身首异处的骸骨，出土有锈迹斑驳的铁器和宋"至道通宝"铜钱1枚，这证明矿坑的开凿始于北宋时期。历史上，该矿坑长期出产萤石，有着漫长的开采史，贯穿宋、元、明、清诸朝，人称"老坑"，现已废弃。其北侧有一座新矿坑，深约60米，至今仍在开采。此类矿坑遗址十分罕见，为研究青岛及周边地区矿产分布和采矿历史提供了重要的实物资料。

矿坑近景

白家屯古矿坑遗址远景

宋戈庄烽火台

汉~明 胶州市胶西镇宋戈庄东南

标本

宋戈庄烽火台位于胶州市胶西镇宋戈庄东南岭地上，当地人多称之为“烟墩”。遗址地处平原地带，地势平坦，土地肥沃，水资源丰富。

这是一处夯土烽火台，上窄下宽，平面呈长方形，立面近梯形。遗址高约2米，东西宽约15米，南北长约30米，占地面积约450平方米。根据采集的标本判断，其时代最早可上溯至汉代，兼有明代遗存。它隐现着古代的历史烽烟，以一种古朴无言的形象伫立在苍茫的原野上，在有所沉思的视野之中延伸。

宋戈庄烽火台

桃花寨军寨遗址

元　莱西市店埠镇桃花寨村

桃花寨军寨遗址位于莱西市店埠镇桃花寨村，东望天井山，西邻大沽河。

桃花寨属于史籍所载的一处“元代军寨遗址”，肇创于元代，兴盛于元明两朝，清至民国时期亦为莱西南部的一处军事要地。旧时，军寨范围大致为桃花寨村中心街以南地带，南北长约300米，东西宽约200米，总面积约6万平方米，由城门、将军府、兵营、兵器房组成，四周围以高3米、宽6米的土圩墙，上可跑马，四角装有4门大炮和4门子母炮。西南角旧有崔氏墓地。今偶可寻见城墙废基，西边的跑马大道尚依稀可见。

桃花寨军寨遗址

管家大村兵营遗址

明　黄岛区红石崖街道管家大村社区西

管家大村兵营遗址位于黄岛区红石崖街道管家大村社区西，北近胶州湾，南望龙斗山。

明洪武五年（1372年），始兴筑灵山卫城，管家大村兵营当时即为灵山卫辖下的一处兵营，当地老百姓呼之为“大营子”。兵营历经三百余年历史，直至清雍正十三年（1735年）随灵山卫一起裁撤。遗址平面呈正方形，边长约130米，分布总面积约1.69万平方米。文化堆积层清晰可见，地表采集到一部分明代残砖。原有厚约3米的城墙，现仅存坍塌后堆成的大阡，残存高度1～2米不等，北部城墙有两个宽约3米的门洞。

管家大村兵营遗址残存的夯土墙

逄孟张墩台

明　胶南市王台镇逄孟张村南

逄孟张墩台位于胶南市王台镇逄孟张村南。

墩台呈正方形坐落于丘陵漫坡上，边长近30米，高约3米，由黄土夯筑，保存基本完好。当地人称此处为“烟墩子山”，亦称之为“康王坟”。

逄孟张墩台

烟台山烽火台

明　崂山区沙子口街道姜哥庄村北

烟台山烽火台位于崂山区沙子口街道姜哥庄村北，烟台山之巅。

遗址为一个呈椭圆形的土堆，周围有乱石堆砌，最宽处22米，最高处1.8米。明初为加强海防，在崂山一带设立了多处墩堡及烽火台。距烟台山不远的石老人即设立一处墩堡，此处烽火台应为其附属设施。

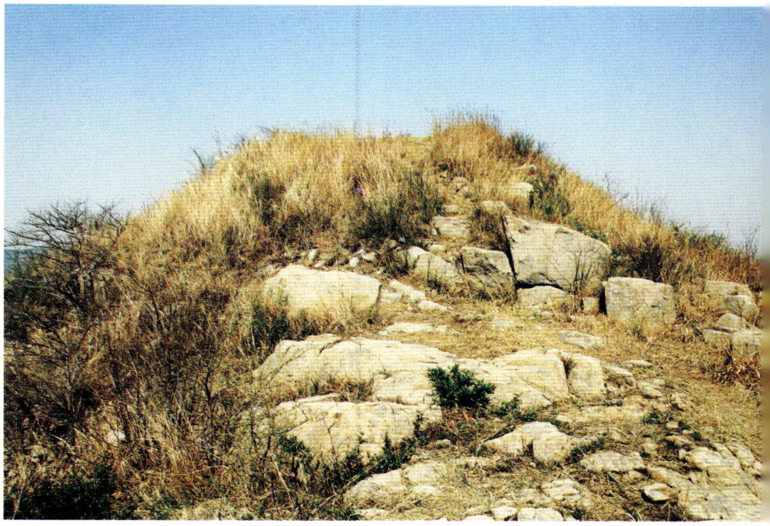

烟台山烽火台

解家峰火台

明　黄岛区红石崖街道解家社区东

解家烽火台位于黄岛区红石崖街道解家社区东，南临门楼山。

原为明代抗倭时用以传递军情的设施，为灵山卫辖下的烽火台之一，人称“营子”。原高3米，长50米，宽40米，占地面积2000平方米，现存遗址高2米多。为人工夯筑土台，四周高，中间低，南面设有方砖砌筑的进出通道。

解家烽火台遗址

仲村烟墩

仲村烟墩

明 即墨市田横镇仲村东南

仲村烟墩位于即墨市田横镇仲村东南的高埠上。

烟墩外观呈圆锥形，高约6米，直径30余米，占地面积约960平方米，修建于明洪武年间，为海上防备倭寇侵犯而设立的一处军事报警设施，是鳌山卫辖下诸烟墩中规模较大的一处，不远处即为横门湾。

黄龙庄烟墩

明 即墨市田横镇黄龙庄村东南

黄龙庄烟墩位于即墨市田横镇黄龙庄村东南，东南两面紧邻大海，北面是平旷的田野。

这是一座夯土烽火台，现高2米，直径约15米，占地面积约215平方米。筑于明代，为鳌山卫所设诸烟墩中靠近海最近的一处，发出的信号两岸均可看到。

黄龙庄烟墩

胶州胶莱运河

元~明　胶州市胶莱镇、胶东镇

胶莱运河与大沽河交汇处

胶州胶莱运河位于胶州市胶莱镇刘家花园村至胶东镇大麻湾村一线。

运河向南流入黄海胶州湾，向北流入渤海莱州湾，结两湾于一体，故名“胶莱河”，又因元明两代江南粮米由此运往京师，故亦称“运粮河”。契合自然地势，以平度姚家村东分水岭为界，南北分流，遂有北胶莱河与南胶莱河之分。南胶莱河由胶州市胶莱镇刘家花园村经前店口村，在胶东镇大麻湾村东侧汇入大沽河。

史载，元世祖至元十七年（1280年），莱人姚寅献

胶莱运河局部

策开凿运河，翌年，元世祖敕命姚寅为总管，阿八赤为监督，拨银万锭，征调军士与民夫数万人，展开了规模宏大的胶莱运河开凿工程。建成后成为南北漕运要津，到至元二十二年（1285年），经胶莱运河的漕运规模已相当可观，发运粮米600万石，占当时漕运总量的60%。十年后，种种原因致使运河停止了运粮。明代复加治理和疏浚，以期发挥其功用。作为元明两代一条重要的漕运与海事通道，胶莱运河时兴时废，命运多舛，书写了一部充满沧桑与变幻的历史传奇。

胶莱运河胶州段干流长30公里，整体保存较好。现主河道平均宽约50米，两岸河堤高出河床近10米，夯土层清晰，由于汛期河水冲刷，河堤局部有坍塌和水土流失现象发生。至今，沿线仍保留着大量水利设施和文化

夯土河堤

遗迹，如古河道、堤坝、码头、桥梁、碑刻和一些附属建筑等，清代的修桥碑亦保存了下来。

胶州胶莱运河河段河道上现存四座古代石桥，均为明清时期所修筑。其中尤以位于胶东镇前店口村东南的5号桥最具代表性，5号桥亦名五龙桥。明清时期，前店口村一带是胶烟公路上的要塞，也是胶莱运河的咽喉地段，水深流急，横贯南北，商旅和当地百姓只有靠摆渡才能通行，十分不便。河西岸300米处，原有一座镇河古庙，叫做五龙宫（现已不存），据传在明代，庙内一位老道士和他的徒弟李基两人，看到河水滔滔，每每阻碍行路，便发愿修桥，以利众生。他们多方化缘，筹措资金，在当地百姓的帮助下，终于建成一座三十二孔长桥。五龙宫师徒“行善一世，造福一方”的行为深得胶州百姓和知县的颂扬，桥随庙而名“五龙桥”，沿用至今。现所见为十六孔石桥，桥下石墩稳固如昨，桥面石板平整依旧，两侧河堤较高，河堤外现为农田。长桥卧波，运河生新，以五龙桥为代表的石桥（见右页图）体现了古代民间的造桥工艺，在结构的稳定性与功能的完备性上均值得称道。今天，随着现代桥梁的修建，它们虽已沉寂下来，然而功德不减，守望着千古河道，凝结着悠悠胶州古地的人文地理气脉。

胶莱运河（含马濠运河）是山东半岛上的一条重要河道，是古代中国唯一的海洋性运河，也是世界上开凿最早的大型海洋运河。元明时期，胶莱运河一度为中国沿海航运枢纽，拥有了一段历史辉煌。七百多年以来，它经历了自身与大历史的共同沧桑，展现了一幅具有历史悠久性与地域广阔性的画卷，积淀成一条内蕴深厚的文化廊道，其沟通南北、涵容今古的文化史意义弥足珍贵，允为人类与自然共同创造的文化景观。

古桥护栏榫眼

石桥墩

胶莱运河2号桥（清）

胶莱运河3号桥（明）

胶莱运河4号桥（清）

胶莱运河5号桥（明）

南姚家胶莱河古水闸遗址

元~明　平度市万家镇南姚家村南

南姚家胶莱河古水闸遗址位于平度市万家镇南姚家村以南30米处的胶莱河河道中。

胶莱河一向有南北之分，而平度市万家镇南姚家村所在地即为南北胶莱河之分水岭。北胶莱河系由多条支脉汇合而成，由南姚家村分水岭发端之后，沿平度、昌邑界北去，在平度新河镇的大苗家村汇入莱州湾，干流全长约100公里。南胶莱河亦称胶莱南河，开凿于元朝初期，至元十七年（1280年），议开胶莱河，期以为南粮北运之津渡，遂催生了这一段从南姚家分水岭向南接入大沽河的河道，建设周期历时五年，初步建成了南胶莱河河道，长30余公里，最后由麻湾口汇入胶州湾。七百多年以后的今天，漕运早已成为历史旧闻，但当地群众仍将胶莱河称之为“运河”或“运粮河”，既为约定俗成，亦是一种历史情感的寄托。

作为胶莱运河的一项基础工程和运河通航的一个重要标志，南姚家水闸隐含着多重历史景深，在运河的开凿与航运史上占有重要地位，发挥着提调水流、平衡水量的关键作用，具有独一无二的特性，堪称运河的中枢系统。考虑到运河工程的规模，水闸从设计到施工建造有着很高的技术要求，因而可以将其放在中国古代的水利建设史上来审视，其历史功用与历史价值皆未可小视。伴随着胶莱河的数度存废，南姚家水闸的功用也受到了制约，经历了短暂辉煌后被无限期闲置并废弃了。20世纪50年代，村民将水闸的部分石构件挖出用于公共建设。20世纪60年代中期，水闸被拆除。

遗址范围内发现了许多当时所用的石材，其中的一块石板上有人工凿出的石槽，是一块挡水石，石槽呈梯

胶莱河古水闸遗址

铁锔扣

挡水石

挡水石

形，用途是放锔扣以链接两块石材。锔扣，就是用金属打成或铸成的锯子，用来连合两块石材以防止它们被大水冲开，锔扣的形状根据其具体作用而定。在附近村民家中发现了一枚铁制锔扣，长22厘米，厚4厘米，两头宽13厘米，中间宽6.5厘米，其上留有浇铸的痕迹。看上去，它就像一个蝴蝶结，左右基本上呈梯形对称。锔扣和挡水石的发现，对于澄清相关问题有着重要作用，它们具体而微地透现出了元代水闸系统的风貌，也从某一角度透现了胶莱运河的整体图景。

南姚家胶莱河古水闸遗址局部

塔埠头码头遗址

宋~清 胶州市营海街道码头村

塔埠头码头遗址位于胶州市营海街道码头村，胶州湾西北岸，距大沽河入海口5公里。

塔埠头港是胶州湾地区历史上一处著名的航运中心和贸易口岸，展现了持续数个朝代的南北航运景观。塔埠头码头肇始于宋朝，起初是作为板桥镇的一个外港而存在的。元朝以降，随着南北漕运的渐兴和胶莱运河的开辟，处于河海交汇处的塔埠头获得了新的历史契机，这里靠胶州城很近，北接胶莱运河，南入胶州湾，而且是避风良港，占尽天时地利，因而历史性地演化成为了胶莱运河的南桥头堡。得漕运之缘而兴海事之利，为漕船必经之地，从而一举超越了其母港板桥镇，发展成为胶州湾的第一口岸。元明两朝的370余年历史中，塔埠头港长期作为南北漕运中转站和南北货物集散地，随着港口地位的不断加强，贸易重镇形象渐趋完善，也顺理成章地成为南北商旅的海上驿站，曾经出现了航运业的兴盛局面，八方云集，帆樯辐辏，带来了市镇的繁荣和文化的交汇。这种状况持续到19世纪末。1897年德占胶澳以后，随着城市近代化历程的加速，塔埠头港的航运中心地位迅速被现代化的青岛港所取代，加之河道淤塞造成海岸线外移，码头逐渐废弃，成为旧朝历史遗迹。2006年，在少海滞洪区和海神庙施工过程中，出土了很多明清时期的陶瓷残片以及檩条等大量建筑构件，这是塔埠头港航运兴盛的一个有力佐证。

塔埠头码头遗址

土埠岛沉船遗址

明~清　即墨市丰城镇丰城村土埠岛海域

出水的青花瓷

土埠岛沉船遗址位于即墨市丰城镇丰城村附近海域，栲栳湾东部偏北约20海里的土埠岛东、东北处。

该海域是明清时期即墨金口港进出港的必经之地，北以栲栳岛南头至三平岛一线接黄海，南以石岛礁至三平岛一线与横门湾分界，土埠岛南北长约5.5公里，东西最宽处约4公里，面积约153平方公里，周围平均水深2～5米，北岸为沙岸，南部为岩岸和砂砾岸。经了解当地渔民，附近发现过沉船，具体时代不详。根据岛上采拾的器物位置判断，沉船位置可能在岛的北部和东北部，出水器形主要有碗、盘、盅等，以碗居多，青花为主，为明清两代产品。金口港为明清时期青岛地区的重要航运中心，沉船遗址与其应有密切关系，这对研究青岛航运史、贸易史及具有重要价值。

水下遗址调查

采集的青花瓷片

横门湾沉船遗址

明~清 即墨市田横镇田横岛村横门湾海域

横门湾沉船遗址位于即墨市田横镇田横岛村附近海域，横门湾内，此处水流湍急，为暗流经过之处，水下为泥滩，水深7～10米左右。

2004年，即墨市博物馆调查发现了该处疑点，在附近曾采集到一些文物标本，为明末景德镇民窑青花瓷片，然其中并无完整者。当地渔民曾在此处拣到过船上的木板和其他用品，出海捕鱼时多次打捞到碗底、口沿等瓷器残片，还曾打捞上来锈蚀较重的铜钱，这些器物的具体时代不详。另外，在驴岛及田横岛码头附近，也不时会有海潮带上来一些青花瓷碎片，主要有碗底、盘底等，时代多为明代，少量为清代。

经调查，初步确定了沉船遗址的位置，它处于驴岛尖状突出的外侧海域之中，水深不超过10米。

水下遗址调查

竹岔岛沉船遗址

年代不详　黄岛区薛家岛街道竹岔岛村东南海域

竹岔岛沉船遗址位于黄岛区薛家岛街道竹岔岛村东南海域，距离海岸线约500米。

竹岔岛是黄岛区辖域内最大的岛屿，面积0.38平方公里。从地质地貌上看，这是一座火山岛，其上至今犹可见到一处保留完好的火山口。在古代，它的东西两侧水域一直是南北海路上的主航道。自明代始，就有人类在此居住。与岛上一派令人陶醉的海上田园美景不同，周边水域暗礁较多，风浪较大，距离古航道较近，船只避风时，极有可能触礁损毁。

文物普查过程中了解到，长期以来，当地渔民在海上捕捞打渔时经常会遇到挂网现象，潜水时亦曾看到水下有古代沉船及相关遗物的痕迹。根据上述种种迹象判断，该水域很可能是一处古代沉船遗址。2009年，青岛市文物局和国家水下考古队在此进行了水下考古作业，经多波束声纳仪器物探扫描，发现海床上有疑似船体形状的大块有规则凸起物存在，凸起物南北宽约6～7米，东西长约30米，高约1米，所在的海底为泥沙底，水深29.5～32.8米。有待进一步勘探确证。

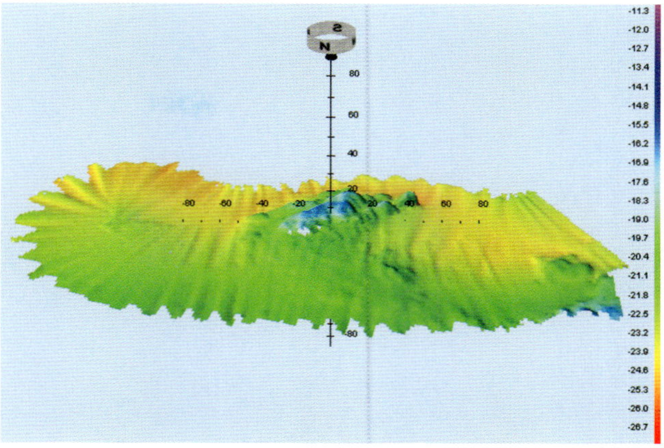

竹岔岛海域多波束声纳仪器物探扫描图

竹岔岛海域

化石坑地表

周王庄化石埋藏点

年代不详 胶州市胶东街道周王庄村北

周王庄化石埋藏点位于胶州市胶东街道周王庄村北，现为一处水塘，北距碧沟河2千米。

当地村民在挖水池的过程中，从距地表7米左右的红土层内，意外地发现了古脊椎动物化石。现在保存下来的化石多呈柱状，或粗或细，直径多在5～10厘米之间，长约1米。这批化石在本地区系首见，对于研究胶州湾一带古生物演化、古地理环境、海陆变迁轨迹等相关问题提供了非常珍贵的实物资料。

周王庄化石埋藏点

古墓葬

Ancient Tombs

前我乐墓群

商~周　莱西市孙受镇前我乐村东

前我乐古墓群位于莱西市孙受镇前我乐村东的岭地上，北有大沽河河套，依凸起的岭背为靠山，前有广阔平坦的农田。

21世纪初，在前我乐村村公路修建过程中，偶然发现了一座古墓葬，出土有大型青铜钺（右图）等青铜重器，初步揭开了这处古代墓葬群的神秘面纱。从青铜钺的造型、尺寸和纹饰来看，可以断定这是一座商周时期的贵族墓，规格较高。本次文物普查中，对现场进行了详细调查，经测量，墓群南北长约60米，东西宽约50米，分布总面积约3000平方米。由于历年耕作取土等原因，封土堆已基本被铲平，现在，借助断崖尚可找到一些残存的封土层，而且有商周时期的陶片分布其中。尽管封土已基本消失，但大部分墓葬仍保存完好，其中包含的文化信息可能与东夷土著有关，待考。

青铜钺

前我乐墓群

沟里墓群

东周　即墨市田横镇沟里村南

出土青铜剑

出土陶钵

沟里墓群位于即墨市田横镇沟里村南，现为一座苹果园。所在区域具有海陆一体化的地理特征，是王村半岛横门湾内的滨海平地，其东南方约一公里远就是海洋，海上可望见田横岛。考察古地理环境，可知这一带为洼里河的古河套，现四周均为耕地，地势渐次降低，有洼里河环绕。

墓群平面呈长方形，南北宽约100米，东西长约200米，分布总面积约2万平方米。由于耕作和栽植等原因，地面已被平整，不复旧貌，地表散见大量贝壳。它的东部曾有三座古墓暴露，出土青铜剑（左上图）和铜钱各一件、陶钵（左图）一件、陶豆两件。据出土文物推断，这是一处东周时期的墓葬群。

沟里墓群

望连庄墓群

望连庄墓群

东周~汉　莱西市沽河街道望连庄村西南

望连庄墓群位于莱西市沽河街道望连庄村西南方的半山坡上，东南两侧均为断崖。

墓群平面呈长方形，南北长约50米，东西宽约40米，总面积约2000平方米。原为多座高大封土堆，因历年取土等原因被削平。20世纪80年代，村民挖地瓜窖时曾发现过墓道，出土了绳纹灰陶罐和宽沿平底灰陶盆等器物。2008年冬，村民在此深翻平整土地时又发现了一组战国时期的陶器随葬坑。根据采集和出土器物标本分析，推断这是一处东周至汉代的墓葬群。

山宋墓

战国　黄岛区红石崖街道山宋社区南

山宋墓位于黄岛区红石崖街道山宋社区以南的灵雀山北坡，南距齐长城遗址约5公里，北临胶州湾。

2009年4月，当地居民盖房时，在距地面约3米处刨出一把断成三节的青铜剑，长43.5厘米，最宽处4厘米，虽锈蚀严重，但剑刃仍然异常锋利，同时出土的还有三枚箭镞。经考证，为战国时代兵器。推此推断，这是一处战国时期的墓葬，其外观形制今已不可见。

山宋墓出土的青铜剑

大架山墓群

战国~汉　莱西市水集街道中庄扶村西南

大架山墓群位于莱西市水集街道中庄扶村西南方，大架山东麓，临大沽河与长广河。

墓群呈南北排列，总面积2000平方米。南部有名“点将台”处，实为大型封土墓，残高2米，内夹杂着春秋时期陶片，疑为取遗址土所封填。北部人称“三官冢”处即是墓区，封土已不完整。东南方可见堆积较浅的文化层，采集到灰褐陶圈足器、鬲足、罐等器物残片和刃部磨光的石器。灰褐陶圈足器素面无纹，疑为春秋时土著文化器形。据标本分析，为战国至汉代墓群。

永丰庄墓群

战国~汉　莱西市院上镇永丰庄村北

永丰庄墓群位于莱西市院上镇永丰庄村北，西临小沽河与即墨故城相望。

墓群呈长方形分布，南北长约70米，东西宽约50米，总面积约3500平方米。残余封土堆有十余座，高0.5～1.5米不等。20世纪六七十年代，曾有灰陶罐、铜器、铁器等器物出土。据出土器物特征分析，为战国时期至汉代的墓葬。汉时，即墨故城为胶东国都城，永丰庄墓群与其相距不远，其中可能存在着某种密切的联系，有可能与胶东国王室或贵族的墓地有关，待考。

大架山墓群

永丰庄墓群

盛家村墓群

西汉 胶州市九龙镇盛家村西南

盛家村墓群位于胶州市九龙镇盛家村西南。从地理特征看，此地属于近海丘陵地带。

墓区南北长约200米，东西宽约350米，分布面积约7万平方米。现存封土墓共有五座，土质均匀，为单一的黄褐色土，高度约2米，其中最大一座封土直径达20米，其它封土直径约10米。由于建设施工取土的缘故，岭地北坡已形成断崖，部分墓室裸露。

2009年，对丘岭北坡已裸露的3号封土墓进行了抢救性考古发掘，发现封土下并排着三座东西向的单室墓葬，分贝墓、贝砖墓两种，贝壳塌落，填满墓室。随葬器物多置于棺内、头箱及边箱等处，清理出土了铜器、玉器和陶器等类别的遗物计有十七件。从墓葬的分布情况看，每座封土墓都是一个相对独立的墓区，其中包含多座小型墓葬，布局规整，排列有序。墓葬的地层关系简单，上为耕土层，厚30～50厘米不等，以下为砂砾岩层。根据已发掘墓葬的结构及相关随葬品的特征分析，盛家村积贝墓的年代为西汉早中期。

出土玉瑗

出土铜镜

盛家村墓群

后桃林墓群

西汉 城阳区城阳街道后桃林社区东

后桃林墓群位于城阳区城阳街道后桃林社区东。

墓群分布在一个2万平方米的范围内，原有封土几已破坏殆尽，多数墓葬已露出墓室岩圹。2010年，青岛市文物保护考古研究所与城阳区文物管理办公室对该墓群进行了抢救性考古发掘，共清理墓葬十三座，其中一座为砖椁墓，其墓砖为素面青砖，其余十二座均为岩坑竖穴墓，其墓穴上覆以石盖板。墓葬多以合葬形式出现，有规律地分布于丘岭之上。经发掘清理，出土有各类文物五十余件，包括铜镜、铜带钩、铜盆、铜熏炉、铁剑、环首刀、陶壶、陶罐、角擿、木篦、漆奁等。后桃林墓群规模较大，分布密集，整体上体现了西汉时期流行的埋葬制度，结合随葬品分析，断定为西汉中晚期的墓葬，揭示了鲁东南地区家族墓葬的诸多特点。

同时，不同地域之间在文化习俗上相互交流和影响的痕迹也清楚地显示了出来。出土的11面铜镜中，大半为碎镜，根据现场发掘情况判断，它们应是在随葬之前被故意打碎的，由此也就透现出了一种所谓的破镜习俗，这种习俗曾广泛出现于世界各地的葬礼或祭奠仪式上，至于墓葬内随葬破镜这一做法，曾被认为是北方少数民族所特有的一种丧葬习俗，而近年来在青岛地区的汉代墓葬中也多次发现了同样的现象，这一点值得注意，其中隐含着的历史信息尚待进一步研究和澄清。另一个典型例证是，墓群中出土有许多漆器，一般来说，漆器是南方特别是楚地所常见的一种随葬品，而在本地区出现实属罕见，反映出当时这一带受楚文化影响的痕迹，可视为南北文化融合的一个佐证。西汉时期，今青岛地区的大部属徐州琅琊郡，南北交流活跃。当时，墓群所在地为不其县治所不其城的边缘地带，这处墓群应是城内某一大户人家的家族墓地。

后桃林墓群中的一座岩坑竖穴墓

后桃林墓群出土文物

铜镜

碎镜

漆器铺首

铜熏炉

陶罐

陶壶

董家庄墓群

西汉 莱西市店埠镇董家庄村东北

董家庄墓群位于莱西市店埠镇董家庄村东北，属丘陵地带高台地，西南望天井山脉。

墓群南北长约100米，东西宽约60米，分布面积约6000平方米。由于水土流失和历年取土等原因，封土已被平为农田，但墓葬迹象仍可辨认。出土灰陶罐、铜镜、带钩、原始青瓷壶、玉器、铜器等文物，根据器物特征判断，这是一处西汉时期的墓群。

岱墅墓群

西汉 莱西市日庄镇岱墅村东

岱墅墓群位于莱西市日庄镇岱墅村东，俗称“点将台”，西临小沽河，隔河与平度六曲山古墓群相望。

墓群现为一处高台地，有封土层存在，分布面积约3000平方米。村民掘井时曾发现过棺板等遗物，先前曾对该处墓葬进行了抢救性考古发掘，清理墓葬两座，出土西汉时期的文物多件。本次文物普查过程中，又发现了一座墓葬。根据出土文物分析，为西汉墓群。

董家庄墓群

岱墅墓群

小寨子墓群

汉 城阳区城阳街道小寨子社区

汉昭阳镜

小寨子墓群位于城阳区城阳街道小寨子社区，文阳路以北。

2008年，青岛市文物保护考古研究所立即会同城阳区文物管理办公室对该处墓葬进行了抢救性发掘清理，共清理了三座墓葬。它们相距不远，均为南北向的土坑竖穴砖椁墓。出土了陶罐（右中图）、原始青瓷器（右下图）、铜镜（右上图）、铜刷、铜币、铜带钩、环首刀、铁环及铁剑等文物，共计十七件。其中，原始青瓷器多见于西汉中晚期的墓葬中，而日光镜与昭阳镜则为当时的典型随葬品之一。从墓葬形制看，土坑竖穴砖椁墓完型于汉代中晚期，小寨子墓群呈现出了由椁墓向室墓转变的趋势，结合随葬品所显现出的时代特征分析，可断定为汉代中晚期墓葬。

墓群所在地为汉不其城的外围区域，因而这里可能是当时城内居民的一处墓地。

出土陶罐

出土原始青瓷壶

小寨子墓群中的一座土坑竖穴砖椁墓

旺山墓群

汉 胶南市泊里镇东庄村东北

旺山墓群位于胶南市泊里镇东庄村东北，当地人称之为“七崮墩”，西邻旺山。

原有七座墓冢，其中的两座因水土流失和农耕取土等原因已被夷平，现存可见明显封土的墓冢有五座，分布总面积约3100平方米。封土高2～8米不等，出土汉代陶罐等文物，据此推断为汉代墓群。

旺山墓群

丁家皂户墓群

汉 胶南市藏南镇丁家皂户村西

丁家皂户汉墓群位于胶南市藏南镇丁家皂户村西，为丘陵高地，北临陡崖子水库。

墓群中现存八座墓冢，从北向南依次排列，分布总面积约1550平方米。封土高1～3米不等，局部流失。此处原先共有九座墓冢，2002年修筑同三高速公路时，抢救性发掘了位于规划路基中央的一座墓冢，出土有西汉时期的釉陶器、白玉剑格、货泉等多件文物，据此断定这是一处汉代墓群。

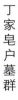

丁家皂户墓群

山寺墓群

汉 胶州市洋河镇山寺村西北

山寺墓群位于胶州市洋河镇山寺村西北岭地上，南、北、西三面都是连绵起伏的丘岭。

现存封土墓五座，分布总面积约2000平方米。封土呈南北向排列于田野之中，北侧三座墓葬的封土已被整平，南侧两座保存较好，地表散见少量几何纹砖。据采集标本分析，推断为汉代墓葬。

四妹冢墓群

汉 胶州市铺集镇黔陬村东北

四妹冢墓群位于胶州市铺集镇黔陬村东北，东距王吴水库不远。

现存明显封土墓葬共五座，分布总面积约1.1万平方米。封土高2～4米不等，呈黄褐色，周围采集到汉代几何纹砖，据此推断为汉代墓葬群。黔陬村一带为汉黔陬西城遗址，推测该墓群或与此相关。

山寺墓群

四妹冢墓群

大郚家沟墓群

大郚家沟墓群

汉　胶州市杜村镇大郚家沟村东南

大郚家沟墓群位于胶州市杜村镇大郚家沟村东南丘陵上，东临八一河。

墓群分布面积约1.5万平方米。有封土墓十五座，最大一座高约5米，直径10余米，发现有盗洞，附近采集到汉代的菱形纹砖。一座小型墓位于田地边缘，封土流失严重，青灰色墓砖裸露于地表。据采集墓砖等标本分析，这是一处汉代墓群。

河北村墓群

汉　胶州市铺集镇河北村北

河北村墓群位于胶州市铺集镇河北村北岭，四周农田环绕。

现有明显的封土墓共五座，分布总面积约2500平方米。封土呈东西向分布于农田中，其中一座封土上有一盗洞。地表散见大量菱形纹砖，色浅，偏重，与别处发现的菱形纹砖质地明显不同，原因是这一带为重晶石矿区，菱形纹砖也含有重晶石成分，因此偏白、较重，为当地烧制，附近可能有一处汉代砖瓦窑址。

河北村墓群菱形纹砖

河北村墓群

西小郜家沟墓

西小郜家沟墓

汉　胶州市杜村镇西小郜家沟村西

西小郜家沟墓位于胶州市杜村镇西小郜家沟村西的岭地上，四周农田环绕。

现存封土墓两座，一高一矮，东西相望，总分布面积约5000平方米。其中较大的一座封土高约3米，直径约10米，上有两处坍塌盗洞；另一座较为平缓。封土周围散见汉代菱形纹砖，据此推断为汉代墓葬。

大埠头墓

汉　胶州市张应镇大埠头村东南

大埠头墓位于胶州市张应镇大埠头村东南的高台地上，人称“秋千埠”，北依山岭，南濒河流。

现存明显可见的封土墓有两座，东西排列，成守望之势，总分布面积约260平方米。封土已被破坏，呈缓坡状，北侧散见少量菱形纹砖。根据采集标本分析，推断为汉代墓葬。

大埠头墓

登云山墓群

汉 胶州市洋河镇河西里村南

登云山墓群位于胶州市洋河镇河西里村以南的登云山上。

现有封土墓六座，坐落于山巅，分布面积6500平方米。其中两座墓冢封土较为高大，其他相对平缓，只比周围地平面稍高一些。位于墓群中间的一座被后修建的圣母庙占压；西面的一座现为山丘的最高点，上有一塌陷盗洞。墓群周边地表散布着较多汉代菱形纹残砖，据此推断为汉代墓群。

登云山墓群

林家庄墓群

林家庄墓群

汉 胶州市里岔镇林家庄村南

林家庄墓群位于胶州市里岔镇林家庄村南，西临铁埠子沟水库，东南山岭起伏。

现存封土墓四座，高2～4米不等，面积约900平方米。其中一座封土直径约15米，当地人称之为“和尚埠”。另一座直径亦为15米左右，当地人称之为“铁埠子”。墓群规模与赵家庄汉墓群相近，推测与汉代祓国都城有关。据采集标本分析，应为汉代墓群。

西宋家茔墓群

西宋家茔墓群

汉 胶州市九龙镇西宋家茔村东

西宋家茔墓群位于胶州市九龙镇西宋家茔村东岭地上，呈南北向排列。

现存封土墓共十座，分布面积约5.5万平方米。其中东侧水塘边上的两座封土保存较好，高约10米，直径约25米。其他封土规模较小。北侧一座发现有早年坍塌的盗洞，边上散落着不少贝壳，另一座地表散见大量菱形纹砖。据墓砖形制推断，应为汉代墓葬。

杭埠岭墓

汉 胶州市里岔镇杭埠岭村东南

杭埠岭墓位于胶州市里岔镇杭埠岭村东南，北临黄家河水库，西临山岭。

现存明显封土墓有两座，间距约5米，封土高2～2.5米，直径20～25米，分布总面积约2000平方米。墓地周边曾发现汉代陶罐和菱形纹砖，东北方曾挖出一条墓道，以菱形纹砖铺砌，宽约1米，距地表深约1米。据上述迹象分析，为一处规格较高的汉代墓葬，当时或与相距不远的祓国都城有关。

杭埠岭墓

王珠墓

汉 胶州市胶莱镇北王珠村西

王珠墓位于胶州市胶莱镇北王珠村西。

墓地分布面积约200平方米。原先封土高大，直径10余米，因历年取土和水土流失等原因而严重损毁，现存封土不及原先的十分之一。墓葬周边发现有大量菱形纹碎砖，据此推断这是一处汉代墓葬。相传，唐太宗李世民东征高丽时途经此地，其女病死，葬于此处，因此当地人也称之为“皇姑坟”。

王珠墓

石清沟墓群

汉 胶州市铺集镇石清沟村西北

石清沟墓群位于胶州市铺集镇石清沟村西北。

现有大型封土墓四座，分布面积约1500平方米。其中最大的一座高约3米，直径约50米，另外3座封土已成为耕地。一道壕沟从墓群中穿过，将位于西南侧的一座墓冢与其它墓冢隔开，当地人称这座孤立的墓冢为“阴阳埠”。墓区及周边地表散布着不少菱形纹砖，据墓砖形制推断为汉代墓葬。

石清沟墓群

大孟慈墓群

汉 胶州市张应镇大孟慈村南

大孟慈墓群位于胶州市张应镇大孟慈村南的丘岭上，西与赵家庄汉墓群遥遥相望。

现有明显封土墓共四座，分布总面积约7万平方米。其中最大的一座高约3米，直径约35米。墓群周围散布着汉代菱形纹砖，据此推断为汉代墓葬。墓址近祓国都城遗址，当时或与祓国都城有关。

朱家屯墓

汉 胶州市里岔镇朱家屯村东南

朱家屯墓位于胶州市里岔镇朱家屯村东南方的丘岭顶部，四周农田环绕。

现存可见封土墓两座，相距不远，成东西相守之势，分布总面积约2000平方米。其中较大的一座封土高约6米，直径约30米，另一座封土较为低缓。墓址附近散见汉代菱形纹砖，据此推断为汉代墓葬。

大孟慈墓群

朱家屯墓

匡家庄墓群

汉 胶州市洋河镇匡家庄西北

匡家庄墓群位于胶州市洋河镇匡家庄西北，为一片丘陵高地，四周为菜地。

现有可见封土墓四座，其中三座封土比较明显，呈南北向排列，分布总面积约1000平方米。墓群以西500米处即为胶州市市级文物保护单位仉官寨墓群，两者封土规模相近，应同属汉代。

匡家庄墓群

张家艾泊墓群

汉~清 胶州市九龙镇张家艾泊村西北

张家艾泊墓群位于胶州市九龙镇张家艾泊村西北，当地人称此处为“舍茔”。

现有大型封土墓六座，分布面积约1.5万平方米。明清时期，这里成为村人的公用墓地，新旧坟墓叠压，个别明清古墓已裸露出墓砖和墓穴。据墓穴形制和采集标本分析，为汉代至清代墓葬。

张家艾泊墓群

东皋山墓群

东皋山墓群俯视图

东皋山墓群

汉　即墨市温泉镇东皋虞村东北

东皋山墓群位于即墨市温泉镇东皋虞村东北方，东皋山下的一片浅丘，当地称“龙王庙”处。不远处有一条源自山上的季节性河流，四周均为梯田形耕地。

经现场勘查，知墓群规模较大，分布在一个总面积约30万平方米的范围内。综合分析其地理特征、墓葬分布形式和器物标本特征，结合相关史料和附近墓葬的情况，可推断这是一处具有较高考古价值的汉墓群。

西汉时，汉武帝封胶东康王刘寄之子刘建为皋虞侯，置皋虞县，其治所就在东皋虞村一带。根据种种迹象判断，该墓群很可能与皋虞县的历史相关，有待下一步进行科学的考古勘探发掘，以明确揭示其文化面貌，可为研究汉代即墨地区特别是皋虞县的历史脉络及丧葬形式提供重要的实证。

五岭埠墓群

汉　平度市香店街道东郝家疃东北

五岭埠墓群位于平度市香店街道东郝家疃东北，因此地有五座古墓，而得名“五岭埠”。

墓群外部轮廓呈圆形，封土高大，分布在一个面积约1万平方米的范围内。主墓处于中心位置，现存封土是一个高约2米、边长约20米的方台。封土上及周围散见墓砖残块，并伴有陶片。墓砖图案多为回形纹和菱形纹，有子母口。据了解，20世纪60年代，村民在墓西南侧挖窑时曾挖出一柄青铜剑，锈蚀严重，断为数截。据墓砖形制分析，应为汉代墓葬群。

东南疃墓群

汉　平度市门村镇东南疃村东

东南疃墓群位于平度市门村镇东南疃村东，现为一座果园。

墓群平面呈长方形，南北长约300米，东西宽约500米，分布总面积达15万平方米。部分墓室已塌陷，墓砖整齐地裸露于外。墓砖上均有装饰图案，其中以菱形纹居多，另外五铢纹、卷云纹、太阳纹、鱼纹以及凤纹等皆有所见，另外还发现了一部分文字砖，其上刻有“子孙大吉”四字篆文，以示荫佑之德。据墓砖形制判断，应为汉代墓葬群。

五岭埠墓群

东南疃墓群

台上墓群

汉 莱西市马连庄镇台上村东南

台上墓群位于莱西市马连庄镇台上村东南，现为一方形台地，南有小河环绕流过，北有土埠高岭为依托。

墓群平面呈方形，边长50米，原先有五座封土堆，曾出土过铜镜和灰陶罐、鉢和灰陶楼等陶器。由于历年耕种和水土流失等原因，封土已不甚明显。据出土器物和采集标本判断，推断为汉代墓群。

墓群以南的徐家草泊村也曾发现有古墓葬，使得这一带“南厅北台”的传说得到了印证。所谓“南厅”指的是徐家草泊村的一处古遗址，而“北台”指的正是台上墓群，两者之间存在着密切联系。

台上墓群出土陶楼

王家横岭墓

汉 莱西市店埠镇王家横岭村西

王家横岭墓位于莱西市店埠镇王家横岭村西，周围皆为农田。这一带分布着王、张、李、刘、前高家、后高家等六个横岭，王家横岭处于最西边。

墓葬现为一方形土台，残高2米，南北长约30米，东西宽约20米，总面积约600平方米。墓顶有一株200年以上的古树，名“八门树”，高大雄伟，相传是燕子从南方衔来种子而长成的，它与张家横岭村一株树龄长达600余年的山枣树东西相望，构成了这一带主要的人文地理景观。古墓被大树所压，封土完好。

王家横岭墓

前庞格庄墓群

汉 莱西市日庄镇前庞格庄村东南

前庞格庄墓群位于莱西市日庄镇前庞格庄村东南，当地人称“五亩地”，西南有疾驹山，北依福山。

墓群分布面积约420平方米。原有封土堆多座，外观轮廓呈圆形，但其中的大部分已在20世纪60年代被整平，今所见较为明显的封土堆有2座。以南不远处曾出土过汉代灰陶罐，据此推断这是一处汉代墓葬。

逄家墓群

东汉 黄岛区红石崖街道逄家社区

逄家墓群位于黄岛区红石崖街道逄家社区。

墓群东西宽约20米，南北长约6米，分布面积约120平方米。共有四座墓冢，已部分地暴露出来，距地表约0.3米，墓穴深约0.8米。其中一座墓室侧壁外露，系用带纹饰的灰砖砌成，墙体残留高度0.5米，长约1米。据墓砖纹饰和墓葬形制分析，为东汉墓葬。

前庞格庄墓群

逄家墓群

大井戈庄墓

大井戈庄墓

东汉 平度市麻兰镇大井戈庄村南

大井戈庄墓位于平度市麻兰镇大井戈庄村南。

墓地分布面积约500平方米，由于常年耕作及水土流失等原因，封土呈不规则状，仅高出地面1.5米左右。地表散见较多汉砖，采集到的标本以菱形纹砖居多。根据墓砖形制推断，为汉代墓葬。

逄家庄墓

东汉 平度市马戈庄镇逄家庄东

逄家庄墓位于平度市马戈庄镇逄家庄东，当地人俗称此地为“冢子”。

墓葬分布面积约220平方米，部分已坍塌的墓室裸露在外，地表散见大量墓砖，多为菱形纹砖，有子母口。据墓砖特征分析，这是一处典型的东汉砖室墓。

逄家庄墓

李家草泊官武茔

唐　莱西市马连庄镇李家草泊村西北

李家草泊官武茔位于莱西市马连庄镇李家草泊村西北，北依山峦，西北临军武河。

这处被称为“官武茔”的墓葬屡屡见诸史籍，民国版《莱阳县志》中将其记为唐墓。

原有高大封土堆，已在20世纪60年代被整平。墓前设有神道，原先，神道两旁矗立着翁仲与神兽的大型石雕像，系用红色砂岩刻制，雕凿有力，气象古拙，粗犷中见精美，是很有特色的古代石雕艺术品。抗日战争期间，列阵于墓前神道的石刻悉数被侵华日军毁坏，其中的绝大多数被拖至军武河用以架桥。2007年，当地村民在军武河河床上取沙时，挖出了两件古代石兽，经考证，为官武茔旧物，现存于马连庄镇朱墙村。

李家草泊官武茔

官武茔石刻

东障墓群

宋~金　即墨市潮海街道东障村东

出土砚台

东障墓群位于即墨市潮海街道东障村东。

2010年6月，鳌兰路施工过程中发现了该处墓群，随后，即墨市博物馆与青岛市文物保护考古研究所联合对其进行了抢救性发掘。共发掘清理了五座墓葬，其中两座墓葬保存完整，其余三座墓葬均曾受到过不同程度的盗扰，破坏程度较大。经本次发掘，出土铜镜、瓷盘、瓷碗、黑釉瓶、砚台、铜钱等文物共二十五件（部分出土文物见右图），年代为宋金时期。

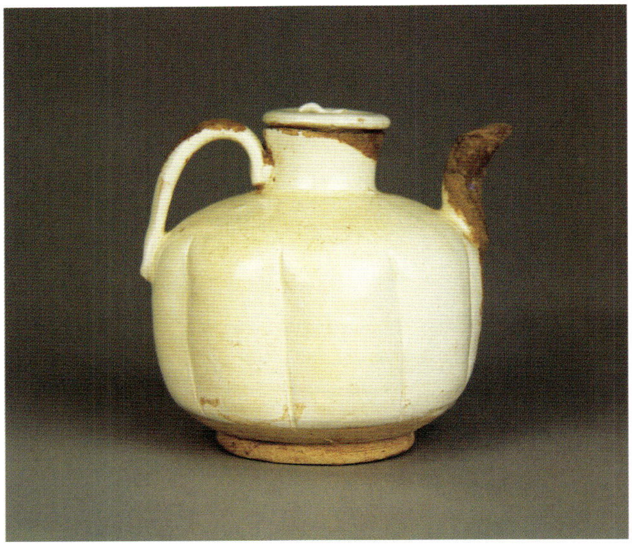

出土茶壶

出土瓷罐

东障墓群暴露出的墓葬形制及墓道

丘处机衣冠冢

元 崂山区王哥庄街道青山社区西北

丘处机衣冠冢位于崂山区王哥庄街道青山社区西北，藏上清宫前方不远处的深山幽谷中。

元代墓葬，为土堆薄棺葬。丘处机为全真道教第二代教主，生前曾数次来崂山传经布道，对崂山道教的发展与演变产生过极为深远的影响，深受诸宫观道众的景仰。羽化后，上清宫道士将其旧日衣冠葬于此处，以托永生之思。20世纪60年代，墓穴被掘开。现墓址石棺犹存，其上已加封石盖。

刘志坚墓

元 崂山区北宅街道蓝家庄社区西

刘志坚墓位于崂山区北宅街道蓝家庄社区西侧，灵烟崮的南侧。

刘志坚为崂山历史上的一位著名道士，创建了华楼宫，元大德九年（1305年）羽化后葬骨于此。其墓置于一岩洞中，上方立有后世所镌花岗石墓碑，镌“元真人刘志坚遗蜕处”，款为“民国二十五年二月”。周边岩壁镌有“灵烟坚崮”“永丘之坟”及“云岩子刘志坚，永丘门，三阳洞”诸语。

丘处机衣冠冢

刘志坚墓

老师傅坟

元以前　崂山区北宅街道蓝家庄社区

老师傅坟位于崂山区北宅街道蓝家庄社区，华楼山灵烟崮（凌烟崮）之巅。

一处充满古朴与神秘感的道家墓葬，形制独特，年代久远，然史无明文记载，墓主具体姓名与身份亦不得而知，应是一位不寻常的得道高人，很可能与华楼宫有关。元朝礼部尚书王思诚来此游历，感其浑古之意，题诗一首，曰："巨壁万仞上凌烟，石椁深藏羽化仙。自是开山第一祖，悠悠此去几千年。"从王思诚的诗中，可知元时此墓已经存在。今所见状况是，崮顶上卧有两座雕凿在巨岩中的石椁，一大一小，南北并排，无言守望，大者之上覆有一块长3米、宽2米、高1.5米的龟形石盖，小石椁未加封盖，内壁光滑。近旁原立有一座砖塔，然已于20世纪60年代被拆毁。其南侧下方，另有云岩子刘志坚墓葬一座。其东南方，有一岩洞，传为道人坐化处。另外，崮顶上尚可见到数个大小不一、形态怪异的浸蚀坑，应为冰川时代遗迹。

黄敦后墓群

黄敦后墓群

明　胶州市洋河镇黄墩后村西北

黄墩后墓群位于胶州市洋河镇黄墩后村西北。

发现有封土墓四座，其中较大的一座高约3米，直径约10米，当地人称之为"律墓"。据传，此墓为明代的一位孝子守孝三年、日堆筐土而成。西南侧三座墓葬南北相连，为清代村人杨氏祖先墓冢。

老师傅坟

刘成墓

明　平度市同和街道刘家张村西

刘成墓位于平度市同和街道刘家张村西。

刘成为明开国皇帝朱元璋的汗马武将，封“并肩王”，开疆拓土，功勋卓著。明定国后，刘成由小云南迁至平度定居，因邻村名张村，遂命名其居住地为刘家张村。刘成死后，朝廷赐御葬于此，墓前神道立有石人、石马、石羊、石狮、御碑等。20世纪五六十年代被毁，仅存墓室。今由村民自发修复并立碑纪念。

刘成墓

花园头王氏墓地碑额

花园头王氏墓地

明　莱西市院上镇花园头村西南

花园头王氏墓地位于莱西市院上镇花园头村。

墓地南北长260米，东西宽120米，面积约3万平方米。为明代以来当地王氏的家族墓地，现存明代碑刻五通，其中三通带龟趺，两通带“奉天敕命”龙头碑额，规格很高。另存清代和民国时期的墓碑若干。这是莱西市目前仅见的可确知墓主身份的明代贵族墓。

花园头王氏墓地

金花山道士墓

清　平度市崔召镇小庄村

金花山道士墓位于平度市崔召镇小庄村附近的金花山中部山顶，海拔160米。

为清代道士墓，建于同治五年（1866年），整体用花岗岩长条石垒成，做工精良，外部轮廓呈圆丘状，看上去俨如蘑菇伞。墓丘高约2米，周长10米左右。墓石下部立有一块墓碑，正南方向，汉白玉石质，高60厘米，宽32厘米，上书“高仙人坐化处”，落款是“大清同治五年三月立，博山屯仝立”。书法笔画精到，清秀隽永，端正大方。

墓丘整体上呈现了一种古朴自然的道家精神，与周边环境取得了很好的协调，长条石垒成的圆形墓丘似在传示道教所崇尚混元诗意，就其托意深远与做工精良而言，在本地区同类墓葬中表现得非常突出。

墓丘南视图

墓丘北视图

姜家村墓

姜家村墓

年代不详 胶南市海青镇姜家村南

姜家村墓位于胶南市海青镇姜家村以南岭上。

为大型封土墓，封土高近4米，边长约30米，面积约655平方米，墓主身份不详。封土高大，当地人称之为“烟囱墩”，系清代以前古墓葬。

大崔家庄墓群

年代不详 胶南市张家楼镇大崔家庄村北

大崔家庄墓群位于胶南市张家楼镇大崔家庄村北的丘陵地带。

共有五座墓冢，高1～3米不等，总面积约766平方米。封土高阔，局部有损坏，系清代以前古墓葬。

大崔家庄墓群

丁戈庄墓群

丁戈庄墓群

年代不详　胶南市张家楼镇丁戈庄村北

丁戈庄墓群位于胶南市张家楼镇丁戈庄村北。

墓群分布在一个约1800平方米的范围内，有墓冢两座，人称“大崮墩”和“三崮墩”，原有“二崮墩”已于20世纪70年代被夷平。封土高阔，大崮墩高6米，三崮墩高3米，均系清代以前古墓葬。

大有庄墓

年代不详　胶州市杜村镇大有庄村西北

大有庄墓位于胶州市杜村镇大有庄村西北。

墓地分布在一个1500平方米的范围内，有封土墓两座，一座封土原高约5米，直径约20米，后被整平用于耕种，仅比周围耕地略高；另一座封土高约1.5米，直径约5米，其上多见鹅卵石。

大有庄墓

古建筑

Ancient Buildings

全神寺

明　平度市郭庄镇后河头村

全神寺位于平度市郭庄镇后河头村。

全神寺是本地区历史上一座著名的佛刹，香火盛极一时。院落南北长50米，东西宽40米。大门正南居中，门楼内塑有八大金刚。大殿面阔三间，建筑面积99平方米，门前两根素面石柱支撑起外廊。青砖清水墙，硬山顶，覆青色筒瓦。正脊平直，嵌有以鱼、莲、龙为主题的泥塑，前龙口处嵌有“风调雨顺，国泰民安”砖雕，正脊两端与垂脊顶点均嵌有龙头鸱吻，垂脊上的瑞兽已残损，以卷云连草砖雕砌出线脚，博风头处有菊花纹砖雕。室内取抬梁式屋架，四根金柱支撑，大梁和脊檩有彩绘，可见涂金龙纹和多种传统故事图案。北墙绘有壁画，然画面已斑驳不清，画面附有题诗。主檩上可见墨书楷体“崇祯三年岁次庚午仲春吉旦建立”字样，这是建筑的一个自我确证，它肇创于1630年，距今已历380余年光阴。神像已荡然无存，与菩萨殿、老母殿一起皆毁于20世纪40年代初期。

壁画

大殿

龙口

鸱吻

鸱吻

1990年，石钟亭亦被拆除。大殿虽幸存下来，然残损严重，部分已坍塌，南立面已基本透空，内部结构暴露了出来，显得满目苍凉。然而，也许这就是历史，虽残破不堪，却弥漫着一种强烈的历史气氛，从局部影像中依旧可对建筑的整体韵律有所把握。

进入门廊，感觉时光已悄然凝固，在一道惨淡而精美的光晕中，某些事物缓缓苏醒，开始说话。雕梁画栋的艺术魅力得以传示，梁柱上藏青色盘龙形象非常生动，配以朱红底色，显得神秘而高贵，摹绘周详，力道深透，平面图像看上去有一种浮雕般的立体感，必是严格按照传统工艺来绘制的，因而着色与笔触皆质感强烈，至今仍未失本色，又被岁月染上一抹凝重感。屋架为纯木构，造型独特，取波浪形，着以朱红漆，富于韵律感，像一道连续性波浪均匀地划过时间。

它在风格的完整性与历史原真性上表现得非常突出，传统营造法式得到了比较地道的展示，庙宇虽小，却表现出较大的综合性，建筑艺术集结起雕塑、彩绘、壁画以及书法等多种艺术形式，各种元素协调有序，共同致力于一座圣殿的完成。面对历史，感到回声已准时抵达此刻，处于岁月一个寂静角落里的小庙宇被问候。当初的人们用心建庙，带着虔诚的宗教热情，也有着良好的艺术禀赋，把精神价值寄托在里面。缘此，一座庙

檐口与屋脊

宇的完成与存在方式就显得耐人寻味。它在自身的记忆中凝结着历史沧桑，默守着无言与永恒之秘，给出了梁思成与林徽因所钟爱的“建筑意”。

关于“全神寺”之名，有这样一个说法，当初建庙之时，负责塑像、壁画和彩绘的工匠把原先设计好的图纸给弄丢了，没了施工依据，和尚与居士们就要求把他们所能想到的神像全部给摹绘出来，因此小小空间就有了很大的包容性，雕梁画栋，处处生辉，满目所见，皆是栩栩如生的神像，故称之为全神寺。

瓦当

彩绘

木架构

两目庙

明 平度市祝沟镇九山后村东北

两目庙附近的小石窟

檐口上的石瓦

两目庙位于平度市祝沟镇九山后村东北，两目山半坡。沿一流水冲出的小道上去，见一平台，系用山中石块顺应地势而建，庙就坐落于此平台之上。

群山之中一座孤立的殿堂，呈现出一派古拙雅致的气息。肇创于明代，清代曾重修。殿堂面阔三间，通阔7米，进深约4米，建筑面积约28平方米。殿堂通体用花岗岩加工成的长条石砌筑而成，屋顶起脊，覆石瓦，石瓦亦用长条石凿出，截面成“V”字形，一条条排满了屋顶，这一构造形式颇为独特。

两目庙以西约30米处的山壁上有一石洞，当地人称之为“老虎洞”，其轮廓大致呈椭圆形，高2.5米，宽2米，深4米，壁面不平整，显系人工开凿而成，侧壁上有两个小平台，状若佛龛，亦如灯台。

两目庙俯视图

常在庵

明 崂山区中韩街道张村社区

常在庵位于崂山区中韩街道张村社区。

始建于明代，清代重修。又名张村庙，为退官隐士张常在所建，因名常在庵。原为太清宫之脚庙，现仅存正殿三间，单檐硬山，前出廊，西侧为洞宾庙。

常在庵

石鼓庵

明 崂山区沙子口街道南窑社区南

石鼓庵位于崂山区沙子口街道南窑社区南，依山傍海，环境优越。

建于明代，原为聚仙宫之脚庙，明万历二十八年（1600年）被太清宫购为脚庙。现存小殿堂一间，建筑面积仅有9.8平方米。通体由崂山红花岗石砌成，屋顶亦以雕凿成型的石瓦覆盖，屋脊、檐口、线脚做工精细，线条简洁而质感强烈。前檐探出形成门廊，两边饰以方柱，中开一门，看上去俨如洞窟。一座风格独特的岩石小庙宇坐落于山海之间，有着整体上的古雅形象，寓深奥于素朴之中，就此传达出了某种内敛的道家精神。

石鼓庵

天齐庙

清　胶南市海青镇后河东村南

北视图

天齐庙位于胶南市海青镇后河东村南。

原名双龙寺，关于其创建年代，《诸城县志》的记载是："初建于唐贞观时期，元至元十七年重修。"文中"至元十七年"所记有误，应为至正十一年。今所见为清朝风格庙宇，前后两进院落，各三楹大殿，前殿为东岳天齐殿，供奉泰山神黄飞虎；后殿为玉皇殿，供奉玉皇大帝、王母娘娘等神祇。山门为单间倒厦，进门东侧一盘石碾，碾东依次为两楹牛王殿和单间钟楼。天齐殿西侧接山墙两楹正房，为寺僧所住，东侧通后殿。西庑3楹为厨房等。建筑为砖木结构，硬山顶，覆黑色小瓦，正脊高耸，两端立有鸱吻，边脊列有仙人瑞兽。四根圆木柱支撑起门廊，飞椽出檐。1952年庙宇被毁，仅存前殿。今已按原貌修复。

西南向视图

准提庵

清　胶南市王台镇东门里

准提庵位于胶南市王台镇东门里，俗称“东庙”。

据传，初为明官员张尔丰所建府第，因房屋过于高大而被御史参了一本，罪名是“违制僭越”。张尔丰连忙将府第改为了佛刹，称准提庵。清代重修。

原有三进院落，前院与山门齐平建有双层戏楼。三进大殿并各有配殿，前殿供奉未来世弥勒佛；中殿供奉三世诸佛之母准提菩萨；后殿供奉过去七佛之一的迦叶佛（燃灯佛）。另有东西两庑。20世纪50年代庙宇大部分被拆除，现仅存僧舍一间，建筑面积42.88平方米。

灵山卫城隍庙

清　胶南市灵山卫街道西街村

灵山卫城隍庙位于胶南市灵山卫街道西街村，是灵山岛人文地理气息的凝结之所，也是胶南境内仅存的一座城隍庙。

始建于明代，现存清代重修建筑，有前后两进大殿和东西两庑。前后殿均为三楹，总建筑面积116.5平方米。四根圆木柱支撑起门廊，高柱础，无柱头。飞椽出檐，硬山顶。今屋顶已不复旧貌，殿内供奉的城隍神像亦已毁坏。殿前傲立着两颗600年银杏树，成为无言的历史见证者，东西相守，传示岁月之谜。

准提庵

灵山卫城隍庙

博风头及檐口

铁夼寺

清　平度市大田镇大泽山林场入口

铁夼寺位于大田镇大泽山林场入口附近，为大泽山南麓之铁夼山上的一方胜境。

寺因铁夼山而得名，始建于唐代，现存建筑为清嘉庆七年重修。道光《重修平度州志》记载：“铁夼山，州东北六十里。”可见铁夼寺因山而得名。历史上，庙宇规模宏大，后因战乱等原因大部分被毁，现仅存其中一个小殿堂，为财神殿。面阔三间，建筑面积81.34平方米。砖木结构，石质下碱，上身为青砖清水墙，原有带柱外廊，现封闭，柱为花岗岩六棱素面石柱，无柱础。硬山顶，清水山墙，仰瓦屋面，正脊平直，银锭图案花瓦脊。殿内雕梁画栋，梁上依稀可辨“始建于唐代，重修于嘉庆七年”等字样。木质门窗，平楣。殿北多见建筑废基，即是当时众多殿堂拆毁后的遗存。周围散落着许多石条、残石柱和柱础等建筑构件。柱础现存三个，直径47厘米，高24厘米。殿南30米处有一口古井，井沿系以殿堂拆下的石条砌成。

花岗岩柱础

大殿入口及门廊

柱础

绮云庵

清　平度市崔召镇上马村西北

绮云庵位于平度市崔召镇上马村西北，三面环山，东北近黄山水库。

肇创于明代，清乾隆三十二年（1767年）重修，易名为绮云庵。现存建筑为清式，大部分庙舍已被毁，仅存有一殿、部分配房和门楼。在周边约2000平方米范围内，散落着许多柱础、石条、瓦砾等建筑构件。

建筑取四合院式布局，中轴对称。有两个入口，一主一辅，主入口位于中轴线上，六级青石踏步引至山门前。门楼高出两侧倒座房许多，青砖马头，白灰抹面，木质大门，硬山顶，清水脊，正脊平直，仰瓦屋面。整个门楼虽无雕饰，但简单不失庄重。按照古制，此门平常关闭，只在重要日子或有重要人物来访时才打开，僧人及香客平时只走东侧的辅门。进入主门，正对一面影壁。大殿位于中轴线上，面阔三间，坐落于高约60厘米的花岗石台基上，四级踏步引至殿门前，两根花岗岩八棱石柱形成门廊，门两边有清进士戴恩溥题写的楹联：“人祝长生游欢乐国，佛名无量参大乘祥”。房身北墙多为石砌，南墙门窗马头及山墙采用青砖勾缝。屋顶正脊已不存，只是简单扣马鞍形脊瓦做防水。室内无天花，采用抬梁式架构。

绮云庵

后沙戈庄观音庙

清　平度市张戈庄镇后沙戈庄村西

后沙戈观音庙位于平度市张戈庄镇后沙戈庄村西。

建于明洪武初年(1368年)，清代重修。现存殿堂一栋，砖木结构，面阔三间，建筑面积93.6平方米。殿门南向，四根花岗石方柱支撑起门廊。花岗石砌基，青砖清水墙，硬山顶，仰合瓦屋面。正脊平直，雕花脊正中突起宝顶，两端立有鸱吻。垂脊原有瑞兽各三，现已不全。抬梁式屋架，明梁，无天花。梁、檩之上均有彩绘，明间梁饰以涂金龙纹。东西两壁有壁画。

穆家观音庙

清　平度市张舍镇穆家村西北

穆家观音庙位于平度市张舍镇穆家村西北。

观音庙建于清代，原由山门、照壁、观音殿、厢房及钟亭等建筑物组成，建筑面积约200平方米。现仅存有观音殿和照壁。殿为砖木结构，面阔三间，建筑面积78.81平方米。花岗石砌基，青砖清水墙，硬山顶，覆黑色小瓦。四根带石柱础的圆木柱支撑起门廊。室内取抬梁式屋架，雕饰精良。殿前设有一面照壁，与大殿及已不存在的山门同处于中轴线上。

后沙戈庄观音庙

穆家观音庙

南阁庙

清　平度市白埠镇南华里村南

花脊

南阁庙位于平度市白埠镇南华里村南。

初创于明代，原名玉皇殿。现存建筑系清代重修后的面貌，有主殿和配殿各一，占地面积348.9平方米，建筑面积93.28平方米。主殿保持原样，配殿重修。每年农历三月十九、十月十五为庙会，香火旺盛。

主殿为砖木结构，面阔三间，东西8米，南北6.2米，石基，青砖房身，木质门窗，平楣。硬山顶，覆青色小瓦，瓦当饰有龙、虎、朱雀等图案，正脊平直，饰有牡丹、荷花、荷叶等砖雕图案，西侧两条垂脊存有残损垂兽。四根素面汉白玉方柱支撑起外廊，前墀头镶有砖雕。殿内四根木柱支撑屋架。

配殿位于主殿西侧，较主殿低矮许多，为当地普通民居形式。面阔四间，东西9.1米，南北4.8米。砖木结构，青砖屋身，外表水泥抹平。硬山顶，覆黑色小瓦。脊部平直，无明显正脊，只是简单覆以灰色马鞍形脊瓦。有三窗一门，木质，均平楣。

墀头砖雕

东南向视图

青山观音殿

清　崂山区王哥庄街道青山社区西

青山观音殿位于崂山区王哥庄街道青山社区西，崂山南麓之玄武峰下，东与明霞洞相邻。

建于清代，占地面积1072平方米。正殿三间，原祀观音大士，后因山洪暴发，殿宇大部分被滚石砸毁，而院门、影壁、台阶及部分围墙完好地保存下来。院门由花岗岩细方石砌成，与两边粗石垒成的围墙接续起来，在对比中形成浑然的一体。门内踏步完好如初。影壁下部以石砌，上部为砖砌，黑色小瓦覆顶。建筑局部所透现的，正是整体的精美与协调。

青山观音殿

沙子口天后宫

清　崂山区沙子口街道沙子口村北

天后宫位于崂山区沙子口街道沙子口村北，北依崂山，南邻沙子口湾，靠近沙子口码头。

始建于清光绪年间，原祀天后圣母（妈祖）及三官大帝等神祇。现存正殿三间，左右配殿各三间，均为砖木结构平房，单檐硬山，红色板瓦覆顶。历史上，作为青岛地区的七座天后宫之一，它见证了妈祖文化的传播轨迹，也是沙子口码头趋于兴盛、南北贸易逐渐活跃的一个标志，构成了该区域的一个文化标本。

东南向视图

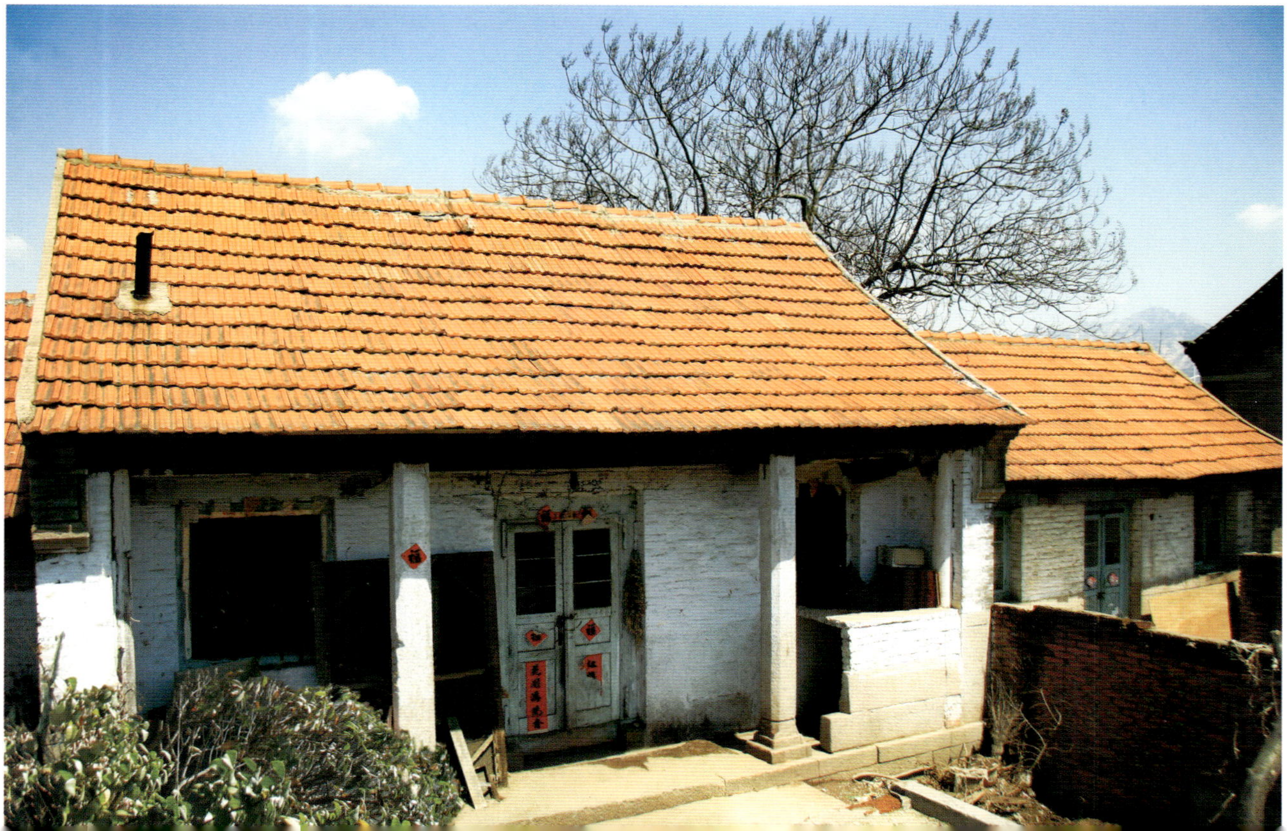

李前庄关帝庙

李前庄关帝庙

清　即墨市灵山镇李前庄村西

李前庄关帝庙位于即墨市灵山镇李前庄村西。

现存殿堂一所，坐北朝南，为清式庙宇建筑，砖木结构，硬山顶，东西长7.5米，南北宽4.5米，建筑面积33.75平方米，通高3.55米。庙内木梁椽子上的龙纹彩绘尚依稀可辨。墙体多处有断裂、破损现象。西南侧存有一盘古代石碾。

赵家村观音堂

清　即墨市移风店镇赵家村西北

赵家村观音堂位于即墨市移风店镇赵家村西北。

建于清中期，供奉观世音菩萨。占地面积550平方米，现存正殿三间，建筑面积39.5平方米。两根圆形木柱支撑起门廊，木椽出檐。硬山顶，覆青色小瓦。殿内梁柱上有彩绘，壁画局部留存，白描勾线，填冷色彩，内容为佛本生故事及传统民间故事。院内立有道光二十八年立汉白玉碑刻一通，记述重修渊源及香火功德。

赵家村观音堂彩绘及壁画局部

赵家村观音堂

周戈庄菩萨庙

清 平度市李园街道周戈庄村

屋面

周戈庄菩萨庙位于平度市李园街道周戈庄村，东西有现河和泽河。

清代庙宇。面阔三间，建筑面积35.71平方米。门前四根汉白玉方柱支撑起外廊。青砖房身，硬山素面，石质下碱，上身为青砖。仰合瓦屋面，正脊平直，有钱币、瑞兽等浅浮雕。龙口处饰有砖雕，前为“风调雨顺”，后为“国泰民安”。前墀头镶有鹤、鹿砖雕。抬梁式屋架，无天花，梁、檩等构件显露可见，梁上隐约可见彩绘。东山墙上残存部分壁画，然已斑驳不清。

外廊东墙镶有汉白玉碑记，道光二年（1822年）立，记载两村民病故后，公议将其私产纳入庙宇事，文为：“立后凭字，周哥庄会首徐浩、石铨。因嘉庆年间本庄人毛德、毛彦俱已病故，皆无儿孙。此二人原兑粮银一钱二分六厘，又一钱二分九厘，无人完粮。大家公议此二人闪有家东河沙滩一处，归入庙中，可载小树，以后粮银庙上兑完，若小树长成也归庙中收用，他人不许混争。恐后无凭，立字存证。道光二年正月十七日，会首于太、徐浩、石铨、沙锦、于祐仝立。”未见书丹人姓名，结体开张，略有赵孟頫书法遗韵。

墀头砖雕

南视图

老佛爷庙

清　平度市张舍镇盆李家村东北

山花

老佛爷庄位于平度市张舍镇盆李家村东北，西近胶莱河。

清代庙宇建筑，由门楼、围墙、主殿组成。主殿坐北朝南，为砖木结构平房，面阔三间，通阔7米，进深5.5米，建筑面积38.5米平方米。花岗石砌基，青砖清水墙。四根花岗石素面方柱支撑起外廊，门窗均为木质平楣。硬山顶，山墙有吉兽砖雕山花，屋面覆黑色筒瓦，正脊只是简单地覆以鞍瓦，垂脊原列有龙马瑞兽，今已不存。木椽出檐，前后墀头均嵌有砖雕，其上可见“福禄寿喜”吉祥图案。室内取人字梁屋架，彩绘明梁，墙上绘有壁画，以山水和传统故事为题材，然多已漫漶不清。北壁正对大门处挂有一幅楹联，曰：“千江有水千江月，万里无云万里天”。1949年以后，此庙曾作为学校使用。20世纪80年代后闲置，近年由村民自发修整后作为宗教活动场所使用。

墀头砖雕

老佛爷庙南视图

西石建筑群

年代不详　胶州市洋河镇西前庄村北

西石建筑群位于胶州市洋河镇西前庄村北，艾山风景区西石的南坡上。此地为胶州境内道教文化的发源地之一，西石与东石、艾山三山一起构成了古胶州八景之一的“石耳争奇”。

建筑群依山势修建，包括王母殿三间、百子殿三间以及坐落于半山腰的悬空殿一座，王母殿西侧山体上另有小石窟一处，开凿年代不详。原建筑物在文革期间被拆除，王母殿、百子殿、悬空殿和山门、围墙等系近年在原址上重修。整体上呈现了清朝庙宇的基本风格，砖木结构，木椽出檐，单檐硬山，灰色筒瓦覆顶。

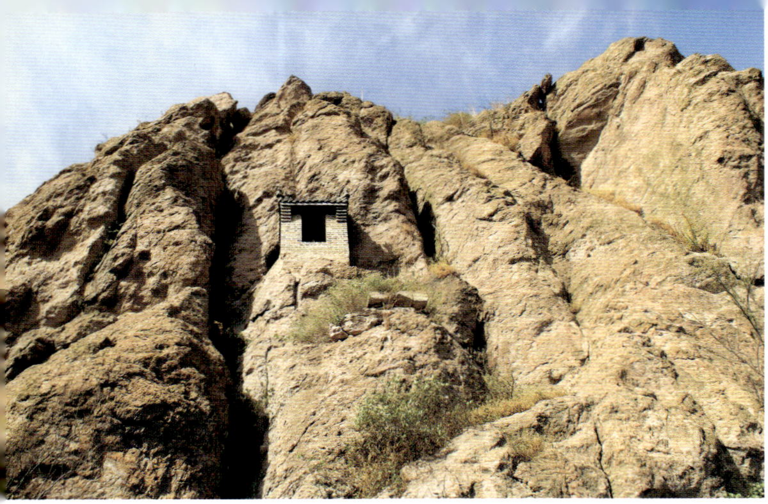

悬空寺

百子殿

西石建筑群

西九水刘氏祠堂

明 崂山区沙子口街道西九水村

刘氏祠堂门楼和厢房

刘氏祠堂位于崂山区沙子口街道西九水村。

始建于明万历三十四年（1607年）。据家谱等资料记载，本支刘氏先祖名白云，乃北宋时刘琪的后人。家族内流传一个说法，清翰林大学士刘墉来崂山时，认为同宗，并赠以“竹�堂”匾额一块和包金灯笼一对。祠堂为砖石木结构平房，有门楼、正屋三间及东西厢房各三间，花岗石砌基，墙体下部为石砌，上部为青砖抹灰墙，单檐硬山顶，覆灰色筒瓦，正屋正脊中央镶有宝顶，两边饰以青龙。正屋内悬“源远流长”木匾一面。建筑于“文革”时期遭到破坏，2000年修复。

刘氏祠堂正屋和厢房

鸿园苏氏祠堂

清　崂山区北宅街道鸿园社区

苏氏祠堂位于崂山区北宅街道鸿园社区。

据苏氏祖谱记载：明朝永乐二年（1404年），苏氏先祖惺（字子立）携妻小从云南昆山迁来定居，逐渐繁衍成三个支系，居鸿园村者有一千五百余人。现祠堂为清代道光年间所建，有门楼、正房及东厢房各三间，为单檐硬山木结构平房。正殿门额悬“苏氏祠堂”木匾，门前花岗岩廊柱上镌有楹联一幅：“明德惟馨四百年俎豆克永，庸行务谨十七世其裘有常。”

苏氏祠堂

王台杨氏祠堂

清　胶南市王台镇石梁杨村

杨氏祠堂位于胶南市王台镇石梁杨村，西距错水河约100米。

这是一座清代祠堂，为王台杨氏祖先杨际清所建，杨氏数代聚居于此，后移居胶州。祠堂坐北向南，东西长9.6米，南北宽6米，建筑面积57.6平方米。抬梁式砖木结构，硬山顶。门廊东侧存有一通民国石碑。

杨氏祠堂

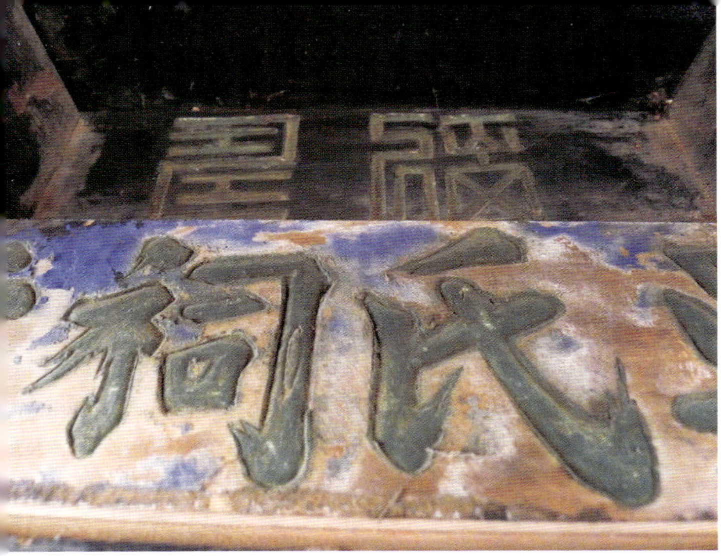

门楼上的铭文

书院吴氏祠堂

清　城阳区惜福镇街道书院村

吴氏祠堂位于城阳区惜福镇街道书院村。

建于清咸丰年间至同治年间，为书院吴家供奉历代祖先的场所。建筑坐落于山谷之中，石砌围墙，门楼南向，正房为砖木结构平房，面阔三间。花岗石砌基，青砖清水墙，木椽出檐，硬山顶，原覆黑色小瓦，后换成了板瓦，屋脊亦已不复旧观。门楼雕饰精美，嵌有莲花门眼，正屋大门上的门眼相对简洁。博风头图案同样深有寄托，双鱼、寿字纹、万字纹等皆有所见。院中有两棵侧柏，为修建祠堂时所栽植，树龄已逾150年，参天垂荫，昭显护佑之德。

门眼

博风头纹饰

门楼上的彩绘木刻

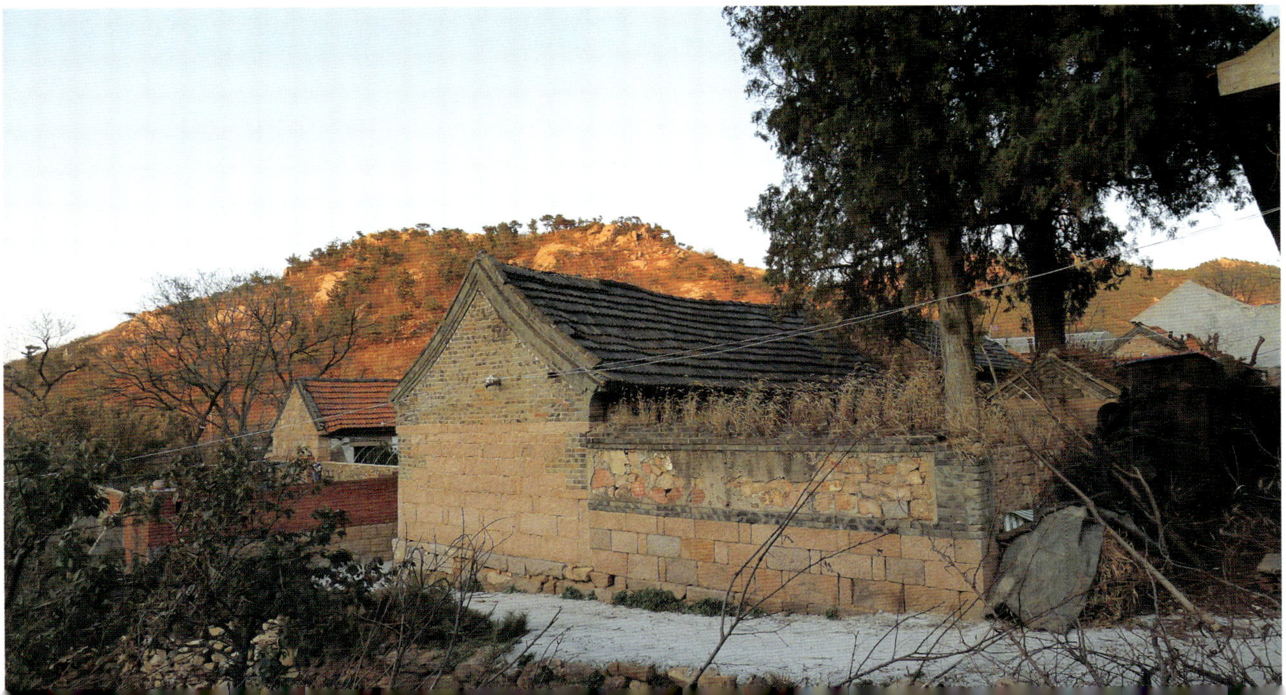

吴氏祠堂外观

于氏祠堂

于家官庄于氏祠堂

清 胶南市藏南镇于家官庄村西

于氏祠堂位于胶南市藏南镇于家官庄村，为本村于氏长支的家族祠堂。

建于清道光年间，原有南北两排共十间房，北五间供奉祖先牌位，南五间为家族议事堂。大门面东，院内植十颗扁柏树，庭院占地面积近500平方米。1965年，南排房子被拆除。北排房屋幸存至今，呈现了一派古朴与精美的格调。为砖木结构平房，五开间，高4.8米，进深5.3米，面阔15米，建筑面积78.5平方米。花岗石砌基，青砖清水墙，门窗皆取弧形拱，青砖发券。硬山顶，覆灰色小瓦，主脊两端建有鸱吻。

黄家西流黄氏祠堂

清 即墨市瀚海街道黄家西流村

黄氏祠堂位于即墨市瀚海街道黄家西流村，为供奉即墨黄氏始祖黄得的家庙，全族定期举行祭祀活动。黄家西流村为黄得五世孙黄卷所立，1590年，六世孙黄三锡由即墨东关迁来居住，定名为黄家西流村。

初建于清康熙十年（1671年），至咸丰元年前，形成了包括主殿、次殿、大门、二门在内的一个大院落。光绪三十年（1904年）复修，将二门改成坤门，大门加设栅栏。后迭经变换，至20世纪60年代仅剩下主殿一栋。2006年重修，新建门楼。院落占地面积744平方米，殿堂取名“永思堂”，为砖石木结构三开间，建筑面积51.72平方米。花岗石砌基，青砖清水墙，四根圆木柱支撑起门廊，木椽出檐，硬山顶，覆黑色小瓦，正脊平直，两端有鸱尾，两条垂脊列仙人瑞兽各五个。室内取抬梁式屋架，主梁记有“大清光绪三十年重修”史迹。据村民所述，殿内原存有明永乐帝所赐一尊古铜镏金香炉，上铸“黄家西流”四字铭文，后不知所终。

黄氏祠堂

蓝氏祠堂匾额

南百里蓝氏祠堂

清 即墨市即墨市丰城镇南百里村

蓝氏祠堂位于即墨市丰城镇南百里村，为即墨蓝氏之一支的家庙，别称“大玉楼”。

建于清同治年间，同治十一年（公元1873年）重修，至今保存完好，从原真性与完整性的角度看，是本地区同类祠堂中很有代表性的一处，表现出了典型的清代北方民居风格，具有较高的历史与艺术价值。

祠堂占地面积127平方米，前排为门楼及耳房，后排为正房，东西两厢分列左右，均为砖木结构平房。正房坐北朝南，为五开间，四大间一小间。花岗石砌基，青砖与乱石砌墙，硬山顶，覆青色小瓦，仰瓦叠合有序，正脊取平直清水脊样式。五花木梁，飞椽出檐，线脚清晰有力，檐口雕饰精美。屋檐下悬挂着一面制作精良的木匾，蓝底金字，典雅庄重，上镌“蓝氏祠堂”四个楷书大字，颇得颜真卿书法遗韵，年款为“同治十一年十一月　谷旦　立”，上下边框均饰以祥云图案，左右边框镌刻有“继前改作小补阙　述后重修大玉楼”纪念铭文。

蓝氏祠堂

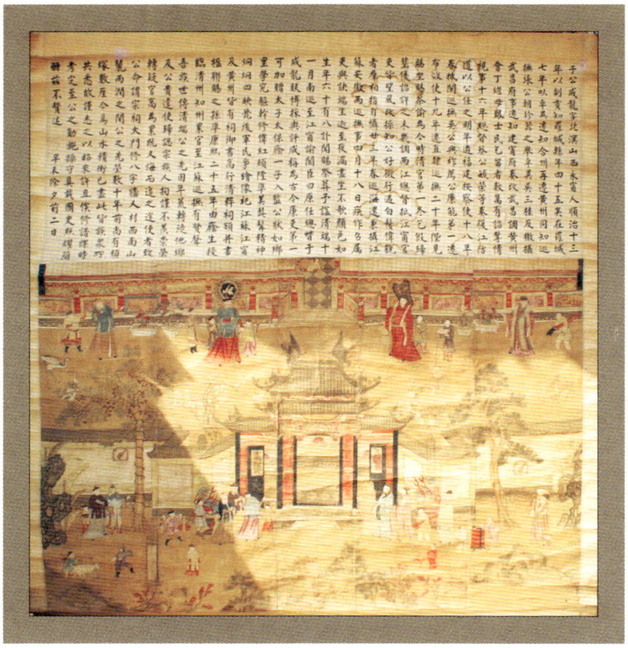

于氏家族挂谱

南芦于氏祠堂

清　即墨市丰城镇南芦村

于氏祠堂位于即墨市丰城镇南芦村。

清乾隆时建，咸丰十一年（1861年）重修。至今保有着两件绘于民国二十年（1931年）的宗族挂谱，记载了家族传承关系与历史荣耀，谱系中列有乾隆年间的著名廉吏于成龙的名字并介绍了其生平，意在标举这位被誉为“古今廉吏第一”的清际名臣为所有于氏家族的一面精神旗帜。

建筑为一幢典型的胶东传统民居，占地面积223平方米，建筑面积69.8平方米。砖石结构，青砖清水墙，硬山顶，覆黑色小瓦。正屋为三开间，另有耳房一间。整体上呈现出一脉古朴雅致的气息，厚重之中借助线条的变化来获得灵动之趣，颇得地域精神之道。其传世手绘谱牒非常珍贵，摹画精当，充满家族史精神。

于氏祠堂

东南向视图

张氏祠堂

西皋虞张氏祠堂

清 即墨市温泉镇西皋虞村

张氏祠堂位于即墨市温泉镇西皋虞村，距海约1千米，东南山岭环围，西有社生河。

院落占地面积230平方米，内有祠堂主体一栋，五开间，建筑面积73.08平方米，高4.2米，顶梁上记有“清咸丰十一年四月重修”铭文一行，咸丰十一年为公元1861年。砖石木结构，硬山顶，覆灰色小瓦，平直清水脊，檐角嵌有精美的古代砖雕。

袁家庄袁氏祠堂

清 即墨市刘家庄镇袁家庄村

袁氏祠堂位于即墨市刘家庄镇袁家庄村。

建于清代，主体为砖石木结构平房，三开间，高5.5米，建筑面积71.2平方米，院落占地面积290.5平方米，分前后两院。1988年复建院墙、门楼和照壁。正屋东侧立有《续修袁家祠堂碑记》。

袁氏祠堂

李氏祠堂墀头砖雕　李氏祠堂

绿豆圈李氏祠堂

清　即墨市丰城镇绿豆圈村

李氏祠堂位于即墨市丰城镇绿豆圈村。

清式祠堂。庭院占地面积约201平方米。有正房三间、西厢房和客房各一栋，总建筑面积为106.57平方米。砖木结构，硬山顶，覆青色小瓦，平直清水脊。祠堂内部格局已改变，门楼基本保持原样。

南渠张氏祠堂

清　即墨市店集镇南渠村

张氏祠堂位于即墨市店集镇南渠村。

院内有正房一栋五间，坐北朝南，另有门楼、耳房和西厢房等建筑单体，总建筑面积102.2平方米。建筑体现出较为典型的清代北方传统民居风格，形制相对高大，砖木结构，硬山顶，覆青色小瓦，平直清水脊。

张氏祠堂

埠东乔氏祠堂

清　即墨市刘家庄镇埠东村

檐口、垂脊与博风头砖雕

乔氏祠堂位于即墨市刘家庄镇埠东村。

建于清光绪二十年（1894年），民国时期曾重修，2008年复建门楼和照壁，并在庭院内立起了乔姓始祖乔勤的塑像。

建筑呈现了清代北方民居的典型特色，占地面积约105平方米，大门外东西两侧各立一尊石狮。祠堂为砖木结构，正房为三开间，通阔10.5米，进深7米，高6.15米。门前以两根带石础的圆木柱支撑起外廊，木椽出檐。硬山顶，覆灰色小瓦，主脊两端立鸱吻，垂脊列仙人龙马瑞兽，檐角饰有四神纹瓦当。室内保留有原先的桌案、条几和暖阁。暖阁上缘嵌三面铜匾，自右至左依次为“敦宗世德”、“忠孝堂”及“睦族家风”。院内存有石碑一通，上书“官清民安”四字，上款为“府宪大人福老公祖官印润　德政碑。”

官清民安碑

乔氏祠堂

墀头砖雕

博风头砖雕

北台刘氏祠堂

清　平度市城关街道北台村

雕花门墩

刘氏祠堂位于平度市城关街道北台村。

建于清代，正房和门楼保存完好，均为砖木结构。正房坐北朝南，面阔五间，通阔12.9米，进深4.74米，建筑面积61.15平方米。花岗石砌基，青砖墙身，白灰抹面，东西山墙均镶有佛手瓜造形砖雕，墀头镶有卷云纹砖雕。硬山顶，仰合瓦屋面，正脊取平直清水脊样式，沙锅套花脊，两端出翘。室内无天花，木屋架外露。门楼取抬梁式架构，硬山顶，辅以卷云纹木雕装饰，前后墀头均嵌有砖雕，寿桃、牡丹、蝙蝠、荷花、寿字、八卦等图案皆有所见。金柱大门，前置方形石门墩，其上雕有“寿”字及吉祥图案。

刘氏祠堂

辛旺吴氏祠堂

清 平度市长乐镇西辛旺村

道光十三年碑记

光绪二十七年重修碑

吴氏祠堂位于平度市长乐镇西辛旺村东南，

建于清道光十三年（1833年），为本村吴氏家族供奉先祖的殿堂。建筑表现出了清代北方民居的典型特色，坐北朝南，砖木结构，正房面阔三间，建筑面积46.58平方米，石台基，青砖清水墙，三级踏步引至门前，四根八棱花岗岩柱支撑起外廊，木椽出檐。硬山顶，覆灰色小瓦，正脊平直，用筒瓦两两相对组成镂空图案，两头飞瓦。

院门上刻有楹联：“俎豆千秋新，本支百世固”，横批“源远流长”。正房门上亦刻有楹联：“木本水源绵世代，祖功宗德纪春秋”。外廊东西两壁均嵌有汉白玉碑刻，东为道光癸巳（1833年）建庙时所立“吴氏祠堂碑记”，吴氏十三世吴中元撰书，碑文是：“闻之万物本乎天人本乎祖，余祖相传原四川人氏，明初迁居西村，名小吴家。世易代更概不可考，明末贵祖始东迁兹新旺后，遂以为东迁始祖迄今十余世，绵绵相延，历历可志。祖宗之功德由来已远，则灵爽之不可无所式凭也，固已。道光癸巳，崇等与合族公议□堂以奠先灵，庶几水源木本之思于焉，未泯春露秋霜之感可以不忘。咸丰丙辰复加整饬焕然维新，此先人之神明有托，而后衣之孝思无穷者也。爰勒诸石永垂口碑。”

吴氏祠堂

门眼

高家流河高氏祠堂

清　平度市祝沟镇高家流河村

高氏祠堂位于平度市祝沟镇高家流河村。

取清代北方农家小院布局，占地面积99.33平方米。一门楼，一正房，中轴对称。正房面阔三间，通阔7.7米，进深4.8米。石基，混水墙，硬山顶，覆黑色小瓦，冰盘檐，干槎瓦屋面，正脊平直，花瓦脊。

高氏祠堂

宿家村宿氏祠堂

清　平度市新河镇宿家村

宿氏祠堂位于平度市新河镇宿家村。

建于清代。由门楼、院墙和祠堂组成，占地面积约80平方米。正房为三开间，通阔7.9米，进深4.7米。砖木结构，石基，青砖下碱，上身为土砖，硬山素面，正脊履黑色鞍瓦。屋门居中，前出厦，两侧斗拱雕有卷云状。门楼运取悬山式，运用斗拱形式支撑，两端嵌有镂空花饰雀替，黑色小瓦覆顶，平直清水脊。

宿氏祠堂门楼

宿氏祠堂

李氏祠堂

郭家埠李氏祠堂

清　平度市新河镇郭家埠村

李氏祠堂位于平度市新河镇郭家埠村。

清代建筑，为本村李氏家族祭祀祖先的场所。砖石木结构，由门楼、影壁、院墙和正屋组成，占地面积约245平方米，祠堂正屋建筑面积54.32平方米。内存两幅楹联，一曰“历春夏秋冬韭卵鱼豚稻雁与时俱献，奉高宗祖父立诎进愉荐欲退受虽远必追。”一曰“缥缈香烟酬祖德，辉煌烛炬报宗功。”

姜家疃姜氏祠堂

清　平度市城关街道姜家疃村

姜氏祠堂位于平度市城关街道姜家疃村。

建于清咸丰元年（1851年），1919年和2008年重修。砖木结构，面阔三间，建筑面积62.4平方米。四根花岗石方柱支撑起外廊，门旁有“风传表海家声远，系衍烈山世泽长”楹联，横披“永言孝思”，为拔贡姜鸣玉书。硬山顶，正脊平直，花脊饰财宝图案砖雕，吻兽、垂兽、走兽俱全，墀头镶有砖雕。祠堂内完整保存着二十多块神牌，上面记录着前十六世姜氏名号。绢本祖影也留存了下来，为清中期之作，局部有残缺。

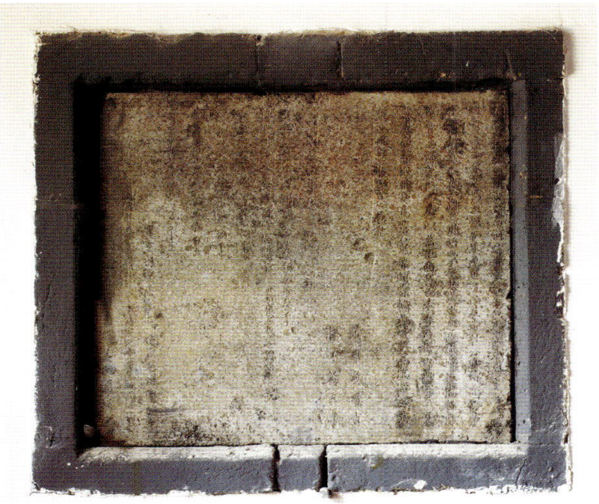

姜氏祠堂碑记

姜氏祠堂

吕氏祠堂屋檐

吕氏祠堂的檐口及山墙

吕家泽口吕氏祠堂

清　莱西市姜山镇吕家泽口村

吕氏祠堂位于莱西市姜山镇吕家泽口村。

建于清光绪二十八年（1902年），是九个泽口唯一保存下来的一座家庙。庭院占地面积约200平方米，内存主体建筑三间，坐北朝南，建筑面积70平方米，高度5.3米。为硬山式砖木结构，小青瓦覆顶。屋脊造型奇特，分三段，中段为实心，中心嵌圆形砖雕，两头用小瓦组合古钱纹、银锭纹和连环纹等，吻兽毁于“文革”时期。瀚头为筒瓦组合，出檐较深，由双层椽木组合，木雕卷云纹梁头。马头花、瀚头花均用砖雕组合，正门门楣顶端可见带有“俎豆千秋”四字的砖雕。原有大型石牌坊一座，今已不存。庙前存有建庙碑记一通。

花园头王氏家庙

清　莱西市院上镇花园头村

王氏家庙位于莱西市院上镇花园头村。

建于清代，为花园头王氏供奉祖先和家族议事的殿堂。花园头村自古以来即王姓为主，家族势力庞大，名人辈出，有着深厚的文化底蕴。

家庙为砖木结构平房，建筑面积36平方米，占地面积约200平方米。花岗石砌基，青砖清水墙，硬山顶，覆黑色小瓦。六根朱红圆形木柱形成外廊，有石鼓形柱础。梁坊出檐至柱头，为刻云纹兰底金线。檐下东南角立有“王氏家庙碑记”。家庙保存完好，代表了莱西市南部家庙祠堂建筑的典型风格。

王氏家庙

郕氏祠堂

早朝郕氏祠堂

清　莱西市沽河街道早朝村

郕氏祠堂位于莱西市沽河街道早朝村。

建于清前期，有古朴典雅之风。现存正屋五间，建筑面积约112平方米。砖木结构，硬山顶，出檐较深，四根大理石方柱支撑起梁坊，室内复以四根圆木柱做支撑。门楣雕刻精细，青砖砌出门套。有山花，饰高浮雕如意纹。院墙、大门、石碑及脊兽均已损毁。

前寨王氏家庙

清　莱西市店埠镇前张管寨村

王氏家庙位于莱西市店埠镇前张管寨村。

建于清中期，砖木结构，四合院式布局，旧有大门楼、东西厢房和正厅，现仅存正厅一座，为五开间，建筑面积161平方米，单檐硬山，青砖小瓦。建筑豪华气派，呈现了清代胶东民居的典型风格，其脊、淌、山花、马头花均称雕刻精细，其中尤以马头花雕刻“刘海戏金蟾”砖雕最具特色，在莱西市属首见。从族系看，前张管寨王氏家族为清代状元王寿彭的一个支族，据说当年王寿彭中状元后曾专程来此祭祖，他题写的匾额毁于“文革”期间。

王氏家庙的『刘海戏金蟾』砖雕

屋檐

山墙檐口

仰岚岭张氏家庙

清　莱西市李权庄镇仰岚岭村

张氏家庙位于莱西市李权庄镇仰岚岭村。

家庙始建于清嘉庆六年（1801年），由张氏族人募捐而建，为供奉先祖和举行家族祭祀活动的场所。正殿与门楼、影壁形成中轴线，院落占地面积380平方米，总建筑面积163.8平方米。正殿为五开间，进深一间，建筑面积91平方米。建筑取单檐硬山式，出檐较深，潲为博风式，潲角上翘，山花和马头座均可见砖雕装饰。影壁高3.6米，方石基座，青砖雕砌，边角饰以砖雕花卉，做工精细，古朴典雅，是胶东民间影壁墙的代表之作。影壁北侧贴墙筑有天地神龛一座，风格独特。至今家庙中仍珍藏着一张绢本彩绘大族谱，另有部分供桌也保存完好。门楼檐下悬挂着“张氏家庙”木匾，黑底金字，庄重典雅，据说是由明代大臣张梦鲤后裔中的一名进士所题写的。作为本地区颇具代表性的一座传统家庙，张氏家庙反映了明代以来出现于莱西、莱阳一带的“张王赵左”四大家族的兴衰轨迹，对于研究本地区的家族史、民俗史与建筑史具有特殊意义。

张氏家庙南视图

墀头与博风头砖雕

东南向视图

张氏家庙影壁

刘家埠子刘氏祠堂

清　莱西市姜山镇刘家埠子村

刘氏祠堂

刘氏祠堂位于莱西市姜山镇刘家埠子村。

建筑由门楼和殿堂形成中轴线，殿堂面阔五间，建筑面积180平方米。实脊造型，木椽出檐，瀰头上翘，脊花采用实心灰塑，山花灰塑取云肩纹，嵌有欢喜童子塑像，呈现出精细的高浮雕效果。瀰头花用砖雕和堆塑技法，皆为传统吉祥图案。门楼内侧门道两边各辟出一个拱形进出门，形成复门结构，可称午朝门楼，因祭祖时有男走东、女走西和东向进、西向出之风俗，亦合于重要日子走仪门而平时走侧门的礼制。门前立有石鼓形门墩。大门东侧还存有一面明代赐诏碑，为墓碑之制，系从祖茔移来。大门内外均设有一道木制栅栏门，为护门。另外，大门偏西处置有上马石一块。刘氏家庙表现出独特的艺术风格，而且有所创新，建筑装饰由砖雕演化为灰塑，见证了本土建筑思潮的流变轨迹。

檐口与灰塑山花

苏家泽口民居

明~清　莱西市姜山镇苏家泽口村

苏家泽口民居位于莱西市姜山镇苏家泽口村。

现存旧时民居散见于村子的东南角，有青砖小瓦房百余间，整体布局及建筑样式基本维持历史原貌，狭窄的胡同和石铺小路，显得格外古朴凝重。建筑多取四合院式布局，砖木结构，脊、瀰和檐头精雕细刻，大多有瀰头花和马头花砖雕装饰。多为明、清两代所建，坐北朝南，影壁多取厢房的山墙贴山而建，做工精细，风格独特，反映了民间建筑装饰艺术的地域特点。苏家泽口村出产红色砂岩，得此地利，房基、院墙和山墙多以石块砌筑，马头石、檐板石以及“泰山石敢当”、“吉星高照”镇宅石也都充分利用红色砂岩。

门楼

苏家泽口的一条街

马连庄民居

明~清　莱西市马连庄镇马连庄村

马连庄民居位于莱西市马连庄镇马连庄村。

马连庄村为集市所在地，有吕、董、咸、王四大姓氏聚居，多富商官宦家庭。现存明清至民国时期的传统民居计八十余间，总占地面积约5000平方米。多取四合院布局，青砖小瓦房，硬山顶。建筑在豪华与古朴之间映现出浓郁的传统韵味，门窗雕刻精致，院中普遍建有标准的影壁，其背面设置天地神龛。砖雕作品丰富多彩，以高浮雕的菱形山花见长，雕工细腻。

西三都河民居

明~清　莱西市李权庄镇西三都河村

西三都河民居位于莱西市李权庄镇西三都河村，北临龙华河。

村庄肇始于明代，自永乐年间，即有邵氏、赵氏等家族从外省或外地迁来此地定居，后逐渐形成多家族集聚之地，繁衍生息数百年。从地理位置上看，这一带是莱西与即墨、莱阳的交会处，古来即为各方商旅冠冕的往来之地，集聚起诸多文化现象，驿道色彩浓郁。这里距离即墨金口港不远，明清两朝，随着金口港的肇兴与繁荣，村人热衷于去那里做生意，赚钱后回到故里，大兴土木，筑造高宅大屋，兴建学堂家庙，逐渐形成了一个规格较高的传统民居群落。缘此，一个古村落也就不仅仅是自身历史记忆的载体，而且成为青岛及胶东半岛地区古代社会生态的一个写照，透射出了多重以民生与商贸为主题的世俗图景，对于研究古代民居建筑与民生风俗，澄清本土文化脉络具有重要意义。

现存旧式房屋多为清代至民国时期所建，在村庄中心路的北半部有着集中分布。据统计，保存较为完好的有三十余余处，建筑面积100～130平方米不等。多取四合院式布局，青砖墙体，硬山顶，清水脊。普遍存在着以家族为单位而设计的公共大门，门口多立有石鼓形雕花门墩，门内则设置夹道胡同，一般来说，胡同内坐落着3～4个单体建筑，就此形成一个小型的家族生活共同体，家族观念获得了有形的印证，同时也在建筑的细部装饰上延伸着整体的脉络。建筑注重艺术风格与实用功

马连庄民居

西三都河民居

砖雕

能的结合，特别强调屋脊和檐头的造型，其中多取传统的吉祥纹样来做装饰，如银锭、方胜和古钱等等，用小青瓦组合出各种图案。在西三都河，本土砖雕艺术的魅力具体而微地展示了出来，多体现在山花、马头花和影壁花等处，几乎家家户户皆有所见，形成了一个充满生活韵味的建筑艺术廊道，花朵与仙鹤等完美精灵的形影浸染着时光，屋宇和居住者被祝福，吉祥、福慧与长生主题得以真实表达。

行走村中，古意盎然，过去与现在共同完成了一次对朴素生活意义的追寻。村头生长着一株老树，是北方非常罕见的黑檀树，村民呼之曰“把门树”，树冠呈圆形，高18米，树干周长5米，树龄近500年。老树已成为一个人文地理标志，以守护神的形象见证了明代开村以后的历史沧桑，参天垂荫，护佑之德令人感怀。

墀头与博风头砖雕

花墙

施沟134号海草门楼

施沟海草房

清 黄岛区薛家岛街道施沟社区

施沟海草房位于黄岛区薛家岛街道施沟社区，北临唐岛湾，西南望石岭子山。

海草房是本地区独具特色的民居样式，人们用当地海域所出海草苫盖屋顶，故称海草房。这种海草盐分高，可防虫蛀，又不易燃烧，保暖效果也不错，适宜于建筑。海草屋呈现了一种本原形态，几经演变而传承至今，成为一个稀有的古代渔村民居标本，传达出了独特的地域精神。

施沟134号海草门楼通高3.9米，屋檐以下借助两边石墙，加长条石板做承托，往上部分以青红两色砖砌成，内部做抬梁支撑，其上覆盖着20多厘米厚的海草，形成人字坡屋面。这是一座至为古朴而又不失精致的海草门楼，尺度合理，形制古雅。

施沟137号海草房高4.8米，建筑面积43平方米。房屋主体为砖石木结构，木椽出檐，硬山顶。建筑个性在屋面显现了出来，人字坡顶上层层铺盖着海草，看上去圆熟别致，给出了一种古拙自然的美感。

施沟137号海草房

上崖民居

清 城阳区棘红滩街道上崖村

上崖民居位于城阳区棘红滩街道上崖村，南距胶州湾不远。

上崖村现存有建于清代的传统民居共有六处，它们的结构、大小、形制与艺术风格基本一致，均为砖木结构平房，平面取四合院式布局，呈现出典型的清代北方民居特色。其中尤以上崖村638号民居为代表，原为两进院落，由门楼、堂屋及厢房等组成，现仅剩堂屋一栋。面阔三间，建筑面积38.54平方米。花岗石砌基，青砖清水墙，木椽出檐，檐下挂鬼脸滴水瓦当，硬山顶，青色小瓦仰合覆顶，正脊平直，为清水脊。门窗俱取平楣，门上嵌有木雕门眼，窗框内镶木制格栅。门前立有一对花岗岩雕花门枕。

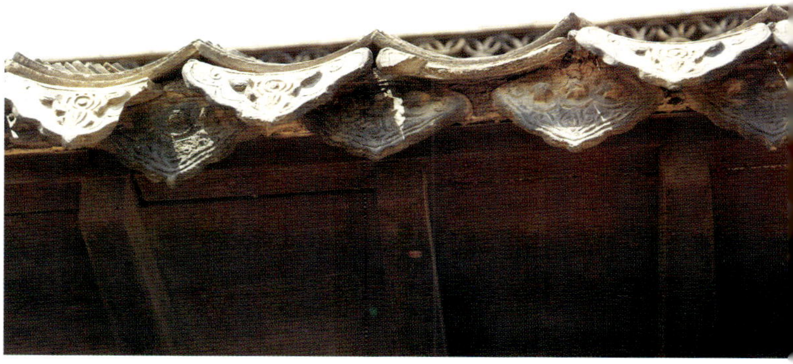

鬼脸滴水瓦当

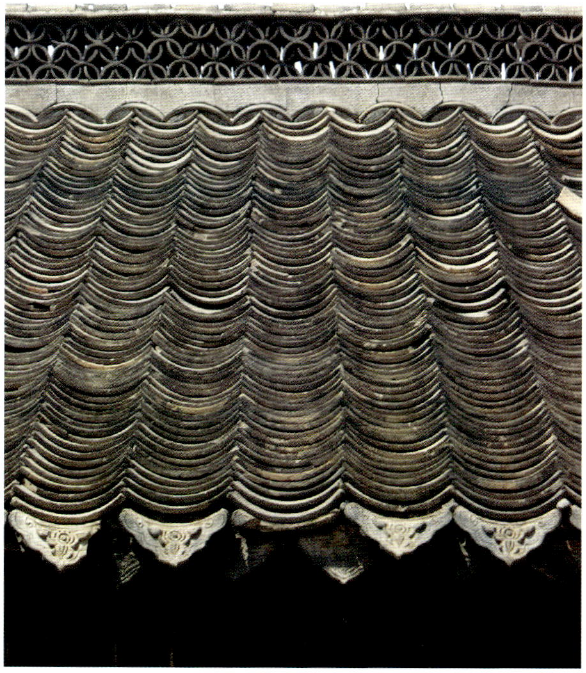

屋面

上崖村638号民居

陈俊故居

清 即墨市鳌山卫镇北里村

檐口与博风头砖雕

陈俊故居的一所房子

陈俊故居位于即墨市鳌山卫镇北里村，南临鹤山。

这是明清海防重镇鳌山卫城所留存的一处重要建筑遗迹，原处于卫城北门附近。

建筑具有典型的胶东半岛四合院特点，布局严整，东西两院共九间房，占地面积约630平方米。砖石木结构，硬山顶，覆灰色小瓦。原为清道光二年（1822年）武举人陈俊所建造的家族宅第，他是卫所时代的一个见证者，曾任胶州营安丘汛把总、即墨雄崖所把总和鳌山卫千总，诰赠武功将军。陈俊去世后，他的两个儿子分居两院。长子陈希珍住西院，堂号“西三慎堂”；次子陈希瑞居东院，堂号“东三慎堂”，由于陈希瑞于光绪十二年（1886年）中了武进士，所以这所宅子也被当地人称为“进士第”，实现了文武会合。

陈俊故居外观

门楼上的寿字

凤凰村民居

清 即墨市金口镇凤凰村

凤凰村民居位于即墨市金口镇凤凰村，傍凤凰山，村因山而得名，地势依山而北高南低，西北隔一条小河与北阡村相望。

这是一个充满历史感的村庄，传统氛围并未在现代逻辑中彻底丧失，而是呈现了一种基本上的融合状态。凤凰村肇始于明初，渊源所自，与明朝大移民的历史密切相关。据本村大姓房氏的《房氏族谱》记载，其家族是在明成祖永乐年间（1403～1424年）由小云南乌沙卫迁移而来的，立村于凤凰山下。这是青岛地区明清村落之形成的一个典型样本，联系着诸多历史文化现象，有待进一步探究。迨至清乾隆嘉庆之际，随着金口港的兴盛，房氏子弟乘势而起，借助毗邻商港的地理优势，协力经商，养成一方巨贾，遂广建屋舍，捐官买爵，成为当地赫赫有名的名门望族。现存的传统民居当中，不少即出自房氏一族。明初立村以来，倡行诗书礼仪，带来了凤凰村的文风兴盛。明清两朝，从这里走出的太学生有四十六名，七品以上的官员有二十八位，这一点在青岛及整个胶东半岛地区都是绝无仅有的。历史给出了一个文化村落的基本逻辑，深厚的文化积淀成为凤凰村的灵魂所在，而建筑艺术亦深深得益于此。

在凤凰村中心地带，明清民居尚有三十余栋基本完好地保存下来，总建筑面积达5870平方米，整体上呈现

凤凰村民居

墀头砖雕

照壁

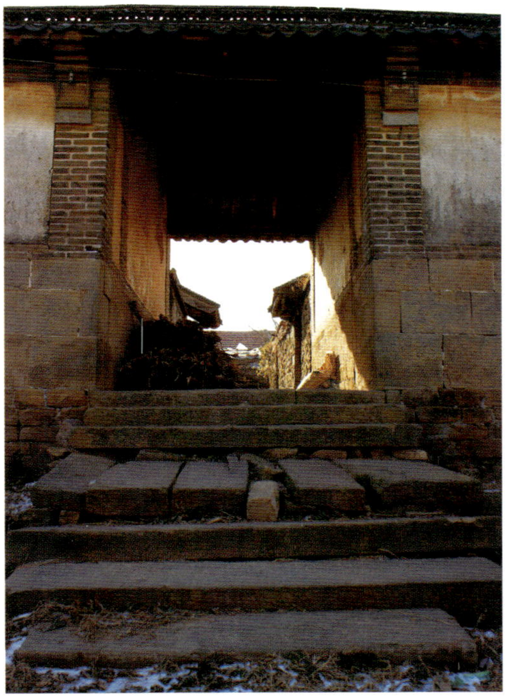

凤凰村一角

出典型的北方传统风格，局部浸染着江南韵味，青石小巷蜿蜒之间，木门绣窗开合之际，展开一幅诗意画卷。其中，尤以太学生房枫庭故居和进士房辉故居最具代表性。房辉故居是一个保存完整的建筑群落，显示出官宦家族的建筑特点，其凤凰村134号房舍在风格的典型性与风貌的原真性上表现得非常突出。它有一大一小两个门楼，大门楼采取倒座房与出入口相结合的“门塾”形式，木制大门敦实厚重，设双重门框，前置花岗岩雕花门墩，门楣上镶嵌着四个木雕门眼，其上藏有一个合体“寿”字，看上去俨如族徽，两侧的墀头砖雕也显示了其书香门第的家族风范，倒座房的步步锦窗灵格显得隐秘而精致。大门正对一面照壁，正屋坐北朝南，砖木结构，出檐较深。屋面上的光影一如既往，正脊和垂脊各循其道，清水鼻子造型精巧。在一种历史气息的绵延之中，家族生活的精良感并未消遁于无形，虽历尽沧桑，但建筑整体上的恢弘大气尚明晰可感。村西头，原立有一座大型石雕牌坊，今已不可见。

凤凰村所经历的600年光阴是青岛地区历史发展的重要时期，从明初大移民的历史背景上，或可探明一个古村落的流变轨迹，澄清迷津。历史地看，现今的诸多村落都是在那一时期形成的，但大多已不复旧观，因而像凤凰村这样相对完整保留下来的古村落就显得十分稀有而珍贵。它所呈现的已不仅仅是自身的记忆，而且对地域精神有所昭显，提示了在一个多元文化体系中不可或缺的这一部分的基本价值，在城市化导致古代村落消失，千城一面的情势中，这些原汁原味的乡土建筑显得弥足珍贵，值得善加保护。其实，需要被保护的不仅是一个村落，更是凝含其中的本土文化精神。

凤凰村一角

门楼局部

石狮子

房枫庭故居

哨庄一草堂

清　即墨市潮海街道关东村哨庄92号

一草堂位于即墨市潮海街道关东村哨庄92号。

原为郭廷翼的别墅，约建于清康熙年间。清《即墨县志》有载："郭廷翼附贡生，字虞邻，号啸庄。"谐音转为"哨庄"。后来，房屋转手即墨黄姓，传至今。原有"一草"、"葆光"、"景荣"及"崇光"四堂，交相辉映，现仅有一草堂尚存。院落占地面积521平方米，有正房一排两栋七间，建筑面积约100平方米。为砖木结构平房，花岗石砌基，青砖清水墙，硬山顶，小瓦仰合覆顶，平直清水脊，表现出清代北方民居特色。

一草堂

李毓昌旧居

清　即墨市潮海街道胜利街39号

李毓昌旧居位于即墨市潮海街道胜利街39号。

清式民居，现存房屋十一间，包括正房五间，东西厢房各三间，总建筑面积128.44平方米。原系清嘉庆十三年（1808年）进士李毓昌的旧居。李毓昌是清末四大奇案"查赈大员被害"案中的人物，昭雪后，嘉庆皇帝感其事，亲制《悯忠诗》三十韵，刻石立于李毓昌墓前。新中国成立后，房屋为永泰五金行吕子丹购入名下。

李毓昌旧居

高氏宅第

清　平度市长乐镇东高家村

东高家村高氏宅第位于平度市长乐镇东高家村。

为胶东富户高家的世居宅第。现存房屋五间，砖木结构，占地面积260.5平方米。庭院门楼的东侧立有一面照壁。正屋通阔15.2米，进深7.54米，建筑面积114.61平方米。南北各开有一门，六根木柱支撑起门廊，北门廊柱上刻有楹联，曰："荆树秀凝田氏景，桂枝香阁宝家风"。宅第以西另存有一处清式民居，其廊柱上亦刻有楹联，曰："龙文宝篆光偕日月常新，凤彩泥书色与云霞并丽"，道出诗书人家的本色。

东高家村高氏宅第

于沧澜故居的汉白玉圆形乳钉纹柱础

于沧澜故居

清　平度市马戈庄镇古庄北村

于沧澜故居位于平度市马戈庄镇古庄北村。

清季名臣于沧澜的宅第。于沧澜是平度古庄村人，光绪三年（1877年）进士，长期在河南做官，历任卫辉知府、南汝光淅兵备道等职，多次出任乡试同考官。

屋舍多毁于抗战时期，现仅存两栋，总建筑面积84.83平方米，均面阔五间，立于高0.5米的台基上，四根圆木柱支撑起外廊。硬山顶，小瓦仰合覆顶，马鞍形脊瓦，卷棚式垂脊，博风头饰云纹砖雕。室内取抬梁和人字梁组合屋架。门楼宽8米，仅存两侧马头。

于沧澜故居

白氏宅第

白氏宅第

清　平度市张舍镇张舍村

白氏宅第位于平度市张舍镇张舍村。

原为富豪“老白家”庄园的压街房。老白家兴于康乾之际，败于道光年间。当初庄园规模宏大，现大门、正房、厢房等已拆除，仅剩下现在的这所房子。为清式民居，面阔六间，建筑面积93.6平方米。下碱为花岗岩方石，上身前檐墙为土坯混水墙，白灰抹面，后檐墙为青砖清水墙。硬山顶，黑色小瓦仰合铺顶，屋脊盖有黑色鞍瓦。青砖山墙，素面。东侧屋门上有对联：“斗室藏天地，寸心抱古今”，阴刻，楷书。

万氏宅第

清　平度市兰底镇河南村

万氏宅第位于平度市兰底镇河南村，南近胶莱河。

为清末在湖南任职的万堦所建，万堦兄弟三人在此居住。因出檐较深，鸽子成群，人称“鸽子楼”。

原有三栋房子，北端一栋已毁，南端一栋重建。中间一栋基本保持原貌，为砖木结构，面阔六间。下碱为青砖白灰勾缝，上身为混水墙，土坯砌体，白灰抹面。硬山顶，黑色小瓦仰合铺顶，正脊原为清水脊，现改成鞍瓦脊。前出檐，抱头梁外端饰以简单的云纹木雕。室内取人字梁架构，天花多次更换，不复旧貌。

万氏宅第照壁

万氏宅第

王氏宅第

清　平度市店子镇昌里村

王家老屋位于平度市店子镇昌里村，东临大泽山，北近渤海。

建于清代，表现出典型的胶东传统民居风格。原为本村地主王子木家宅，占地面积454平方米。现存房屋两栋，均面阔五间，通阔14.1米，进深7.2米，前后出厦，前厦进深1.4米，以六根木柱做支撑，梁头雕有龙纹。多用木雕做装饰，砖雕较为少见。

张鹏举故居

清　平度市大泽山镇大疃村

张鹏举故居位于平度市大泽山镇大疃村。

一幢典型的清代北方风格民居，取四合院式布局，砖木结构，青砖清水墙，硬山顶，覆黑色小瓦。原为村人张鹏举的祖宅。张鹏举为晚清武林高手，少时入大泽山智藏寺读书，后研读兵书并修炼武术，时有显名，被光绪帝钦点为御前侍卫，光绪十年（1884年），曾出任补直隶提标和顺义营都司，1911年冬清帝逊位之后，他弃官归隐，回到平度故里。

王氏宅第局部

张鹏举故居外观

盆李家民居

清　平度市张舍镇盆李家村

盆李家村民居群位于平度市张舍镇盆李家村，西近胶莱河。

现存清代民居共十二栋六十间，均为砖木结构平房，四合院式布局。石基，青砖清水墙，硬山顶，覆青色小瓦，取平直清水脊。其中以李家四兄弟的住房最具代表性，其山墙、马头等部位均嵌有砖雕，图案多样，其中出现最多的是“福、禄、寿、喜”纹饰。门楼做工精细，前置雕花门墩，门楣上嵌木雕门眼。

盆李家民居

东仁兆民居山花

东仁兆民居

清　平度市仁兆镇东仁兆村

东仁兆民居位于平度市仁兆镇东仁兆村，东临大沽河，北近即墨故城遗址。

为清代民居，共有2座。堂屋为砖木结构平房，建筑面积122.08平方米。花岗石下碱，青砖清水墙，木椽出檐，硬山顶，覆青色小瓦，东西两端山墙嵌有草叶纹山花。建筑东西向跨度较大，布局齐整。

东仁兆民居

任惟灿故居

清　莱西市望城街道辇子头村

任惟灿故居位于莱西市望城街道辇子头村。

原为胶东富商任惟灿的家宅，他于康熙年间被封为文林郎。现存平房三间，建筑面积约120平方米。砖木结构，青砖清水墙，室内取黄土高原窑洞式结构，这是很独特的一点。硬山顶，覆黑色小瓦。平脊砖瀬，两端有砖雕吻兽，檐口做出三层线脚，两层横砖，中间一层作齿纹状排列。窗户均取平楣，以青砖叠错成窗冠。

任惟灿故居

王树玉故居

王树玉故居

清　莱西市日庄镇院里村

王树玉故居位于莱西市日庄镇院里村，原业主为本村人王树玉，光绪九年（1883年），他以三甲第一百四十四名中进士，后在济南府任教授。

现存前后两排房屋，每排五间，占地面积约800平方米，建筑面积180平方米。整体取四合院式布局，砖木结构，硬山顶，小青瓦仰合覆顶，南立面出檐较深，脊花和瀬花均用小青瓦做造型，脊、瀬曾有吻兽，门窗雕花考究。原由东门进出庭院，现改由北门进出。

王树玉故居的滴水瓦和檐口

门楼

宫氏宅第

清　莱西市姜山镇宫家泽口村

胡同

宫氏宅第位于莱西市姜山镇宫家泽口村，由泽口集村富商宫德忠父子三代建造而成。

共有青砖小瓦房6排32间，组成一个民居群落，占地面积约1500平方米，建筑面积约700平方米，砖石木结构，硬山顶。房屋分属东西两条胡同，南北相贯通，院门方位因应胡同走向而变化，处东胡同走东门，处西胡同走西门，临南胡同则走南门。南面第一排房屋为宫家父子所居，相对豪华气派，大门取一高两低的山门式组合，可骑马出入，人称“上马门楼”。

胡同

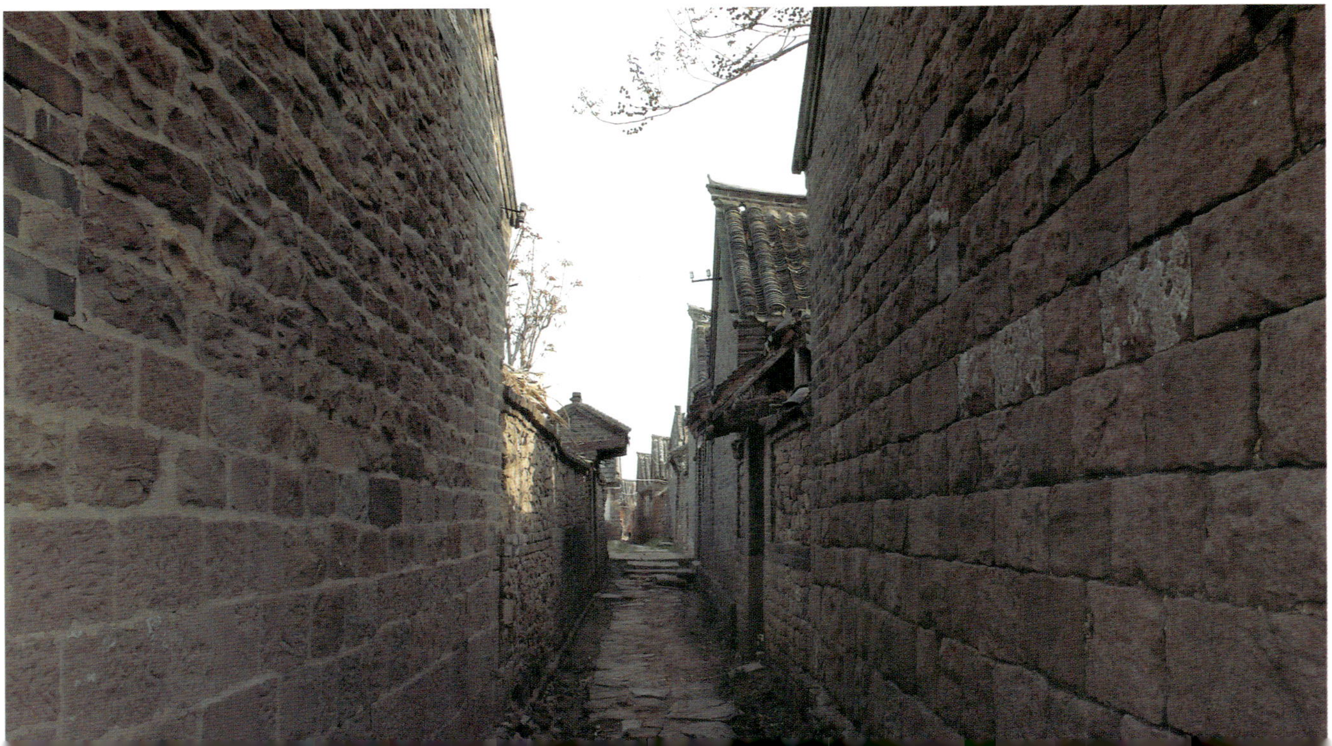

左氏影壁

清　莱西市河头店镇南岚村

左氏影壁位于莱西市河头店镇南岚村。

出自本村的左氏家族是莱西及莱阳地区的名门望族之一，因明代兵部右侍郎左懋第忠贞报国之举而享有“左氏以忠贞胜”之誉。清代文人辈出，进士左川云为书法大家，所创“浴兰诗社”闻名遐迩。

左氏家族宅第和墓园久已被毁，唯幸存一座大型影壁，取包框墙风格，高4米，宽3米，厚0.8米，整体以青砖砌成，中心部位以方砖组合成斜方格，民间称之为包框墙，青色小瓦覆顶。据村里老人回忆并参证左氏族谱，可知影壁所在处原系清乾隆进士左彝旭的宅第。作为左氏家族遗存下来的唯一旧物，在见证家族之流变轨迹与地域之历史脉络的维度上有着独特的价值。

左氏影壁

林氏客屋

清　莱西市望城镇林泉庄村

林氏客屋位于莱西市望城镇林泉庄村。

本村林明岗筑造，专供客人下榻，为林氏家族旧屋中唯一幸存至今者。房屋共有十间，建筑面积约150平方米。大门北向，迎门有影壁，内分东西两个小院，通过一道月亮门相连。房屋均为砖石木结构，青砖墙体，木椽出檐，硬山顶，覆黑色小瓦。走廊顶部两间凸出，有花脊造型。大门前立有如意纹石门墩两个。

林氏客屋门楼

林氏客屋影壁

凤凰檐

河崖民居

清　莱西市马连庄镇河崖村

河崖民居群位于莱西市马连庄镇河崖村，北依夭山山脉，小河将村庄分成东西二村，民居多存于西村。

河崖村中保存完好的古代民居有六处，呈现出典型的清代北方民居风格，总建筑面积超过1000平方米，其中的三户有着完整的胶东四合院布局。刘氏所居的五间房是其中的代表作，门楼、影壁、门窗一袭旧貌，屋脊、屋澥、屋檐无不雕饰精美，具体而微地展示了古代木雕、窗花和砖雕艺术之大成。张氏所居三间房在建筑艺术上表现得同样精彩，其最大特色是檐头取顶砖式，这也就是民间俗称的“凤凰檐”，带有某种崇高性，呈现了古代斗拱建筑之韵致，在民居类建筑中，这一样式十分罕见，缘此而昭显了建筑的艺术价值和地域精神。

河崖民居

青岛市第三次全国文物普查新发现

古 建 筑

桥 涵

大王桥

唐~清　平度市云山镇大王桥村村东

修桥碑

大王桥位于平度市云山镇大王桥村东，周围山峦起伏，河水静静漫过桥墩。旁边有新建桥梁，因而很少有人从这里通过，时光显得无比宁静。

桥体长8.7米，宽3.2米，通体以花岗石砌成，桥面石板平整匀称，长短与宽厚均一致，两边设有石护拦，水中石墩坚固依旧。从石头的风化程度和桥石磨损的深度可看出其年代的久远。当地民间久有程咬金修桥之传说。桥西头立着两通重修碑，一为康熙年间所立，高103厘米，宽52厘米，厚10厘米；另一通为乾隆年间所立，高127厘米，宽60厘米，厚18厘米。然因年代久远，风化较重，字迹已剥蚀不清，无法辨识。

它横卧于青山绿水之间，充满了古朴自然的韵致，以本地区年代最为久远的古代石桥的形象传示着沧桑与坚固的秘密。

大王桥

前麦泊桥

明　即墨市龙泉镇前麦泊村北

前麦泊桥位于即墨市龙泉镇前麦泊村北。

明代石拱桥，以其古朴自然的形象唤起了一份乡间情怀。它呈南北向横跨于河沟上，长22米，高4.4米，宽3.5米，桥面到碹顶的高度为1.4米。青砖层层发碹形成涵洞，碹上砌出平顶，桥体其余部分则以乱石垒成，桥面夯土。桥涵造型别致，是一种不多见的尖券。

从即墨城往返店集镇的古道从这里通过，古桥穿越数百年历史沧桑，在朴拙与精巧之间凝结着光阴。

顾家岛古桥

明　黄岛区薛家岛街道顾家岛社区

顾家岛古桥位于黄岛区薛家岛街道顾家岛社区，当地百姓称之为南大桥。

桥长5米，宽3米，厚1.2米，距离地面约4米。桥体结构奇特，桥面由两层组成，底层用六块长2.5米、宽0.4米、厚0.2米的石板平铺而成，上层是在底层桥面基础上填埋沙石，将桥面抬高后形成的。桥面东西两侧铺设一块宽0.4米、长3米的石板，南北两端均有长15米、宽3～5米的护坡。1930年重修古桥，并立碑纪念。20世纪70年代初，河流上游建起水库，后又在下游入海处筑起拦海大坝，因而流经此地的水量大为减少，致使古桥下半部渐被淤泥所覆盖，流水潺潺之景已不复见。

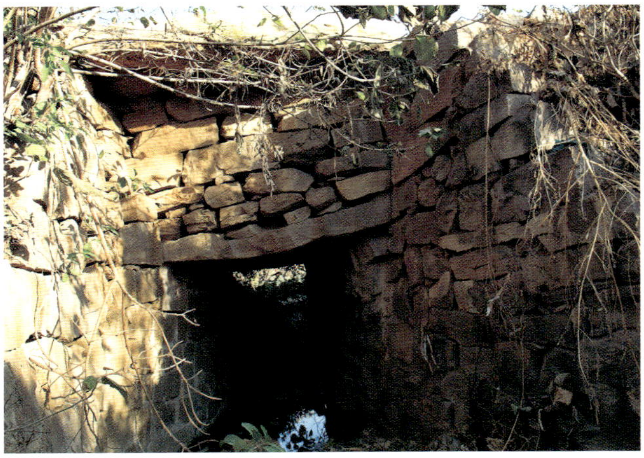

顾家岛古桥侧视图

前麦泊桥

顾家岛古桥

李家泽口桥

明 莱西市姜山镇李家泽口村东

李家泽口桥位于莱西市姜山镇李家泽口村东，南北均为泽口河套。

一座设计精巧的漫水桥，通体用棕红色砂岩砌筑，设九孔，长30米，宽2.5米。水中立长方形石墩，上铺石板形成桥面，石材间均采用卯榫工艺接合，很好地实现了结构的稳定性。桥面外侧凿有20厘米高的边沿，在增加行走安全性的同时，也使得石桥看上去更具美感。

二十四孔桥

年代不详 城阳区城阳街道城子社区

二十四孔桥位于城阳区城阳街道城子社区，横跨墨水河。

桥敦与桥面均由花岗石砌筑，桥面石板每块长2米左右，孔间均衡平铺五块，共二十四孔，全长48米。石桥结构稳固，造型美观，古貌依旧。当地百姓简称之为石桥，由于它连接本地著名道观大通宫，故大通宫亦名石桥庙，这是桥与庙的对话。

李家泽口石桥

二十四孔桥

前北葛井

汉 即墨市龙山街道北葛村南

前北葛井位于即墨市龙山街道北葛村南，东距南北向的墨水河仅有15米，南部和西部均为平原沃野，所处地带为一个积淀深厚的古文化区。

前北葛井的井体呈圆形，井沿上端距地表30厘米，井深700厘米，内径70厘米，占地面积约为1平方米。井壁通体由大青砖砌成，其砌筑方式非常考究，每层由八块方砖呈交叉立式排列组合，上下相邻的两层按照统一的角度叠错排列，形成交叉有序的整体图案，看上去既非常规整，又富于立体感。砌井用的方砖均带子母口，一面上有回形几何纹饰，不少砖上还带有文字，其中一块上可见“大吉”字样。

这是即墨地区发现的同类古井中历史最久、建筑质量最高的一处，经历了数千年历史沧桑而幸存至今，弥足珍贵。它的发现可谓一件奇缘，过去的漫长岁月中，它久已被填埋于地下。2003年，当地村民想要在此处打井时，掘开地面，偶然发现了这口古井，清理出来，水体依旧丰满，水质依然甘冽，令人啧啧称奇。后来，由于人为偷盗井砖，造成井口上部约1.3米的井壁严重损毁，如今，缺失部分已由房主用红砖做了修补，并在井口加盖了铁板。

水井周边分布着多处汉代和其它时代的聚落遗址，在久远的历史岁月之中，这口水井可能是周边多个聚落所赖以生存的一处重要水源地，作为生命之源，滋养着无数人的生命历程，也绵延着文明的探索与发展之路。上善若水，其厚德载物的功德令人感怀。

前北葛井

天泽泉

天泽泉

唐　胶州市洋河镇张家茔村西北

天泽泉位于胶州市洋河镇张家茔村西北，艾山北峰半坡。所在地为胶州境内的道教圣地。

胶州民间盛传，此泉与唐太宗东征有关。说贞观年间东征高丽途中，众军士在此驻扎，人困马乏之际，忽见一股清泉自石间涌出，遂以枪钻地，来加速泉流，饮之甘如天泽，因以为名。后人筑井以为念。现存古井两眼，井壁均为石砌，上窄下宽，一方一圆，方井较浅，井口直径1.5米。圆井较深，井口直径1米。方井西侧，一面岩壁上刻有“天泽泉”铭文，旁刻小字若干，字迹已漫漶不清，镌刻年代亦已无从稽考。

漱玉泉

宋　平度市门村镇门村

漱玉泉位于平度市门村镇门村，当地俗称泉子崖。这一带泉子颇多，存在一条地下水脉。

漱玉泉素为平度名泉，代不绝书，清康熙《平度州志》说，泉“出石罅中，喷涌如珠，味甘色莹，极旱不涸，溉民田圃，为州中八景之一。”以北百米处立有一块石碑，上镌“漱玉泉”三个大字，落款为“乾隆十五年七月吉旦，金陵沈铭重建”。泉上原建有八角飞檐亭一座，20世纪60年代被拆除。今所见泉井呈六棱形，每棱长1米，水面距地表约2米，虽不见往昔漱玉声声的美景，然泉水不竭，依旧带来玲珑朗润之感。

漱玉泉

状元井

宋　平度市店子镇琥珀杨家村东

状元井位于平度市店子镇琥珀杨家村东。

高踞茶山之上，井体以花岗石砌成，井口直径60厘米，新建井亭一座，边长280厘米，旁立“流芳百世”碑一通。关于此井的名字缘起，当地有一个传说，宋朝时，平度书生蔡齐在山上寺庙里读书，准备赶考，日饮此井，诗书精进，后来他进京赶考中了状元，人们欢喜不尽，遂将这眼无名井命名为“状元井”。

状元井

龙泉河东水井

明　黄岛区红石崖街道龙泉河东社区

龙泉河东水井位于黄岛区红石崖街道龙泉河东社区。

明代中期，徐姓人家在此立村，称徐家坦，掘井利生，距今已逾500年。清中后期（约1804年），周姓人家在此落户后，在原井口处加盖一层压井石。井沿直径为1.5米，井壁深7米左右，其下半部系以石垒成，高约4米，石块与石块之间接合齐整并留有适当的缝隙；上半部则以青砖垒成，高约3米。作为黄岛区现存历史最久、建造工艺最好的一眼石砌古井，龙泉河东水井见证了明清两代的移民史与生活史，惠泽久远。

龙泉河东水井

夏四村古井

夏四村古井

明　莱西市夏格庄镇夏格庄四村

夏四村古井位于莱西市夏格庄镇夏格庄四村。

建于明初，内有一泉眼，久旱不枯。井椁三层，井深7米，底径8米，口径3米，底大口小，颇似天球瓶。青黑石砌筑，采用一层大石块夹一层小石块的方法，无灰层添加，特别牢固。近旁原有张氏祠堂和关帝庙。

大同四眼井

清　胶州市阜安办事处大同村南

大同四眼井位于胶州市阜安办事处大同村南，南距云溪河仅20米左右。

这是一口清代古井。井壁以青砖砌筑，井口覆花岗岩长条石三块，中间一块双边凿出半圆，另两块则单边凿出，拼合而成四个大小一致的圆孔，故名四眼井。

大同四眼井

梁戈庄古井

清 胶州市胶北镇梁戈庄村

梁戈庄古井位于胶州市胶北镇梁戈庄村。

建于清代，井口呈圆形，直径55厘米，由一整块石材雕凿而成，井壁由青砖砌成，水面距井口约2米。

梁戈庄古井

胶州古方井

明~清 胶州市中云街道方井街

胶州古方井位于胶州市中云街道方井街59号。

肇始于明朝，特以其大涝不溢、大汗不枯而享名。井壁以青砖砌成，口沿以石板砌成，井旁原有“咸丰九年重修碑”一通，今已遗失。1994年重修，井口加建花岗岩围栏，井旁立起八角亭。它以澄明之美和养育之德而被奉为古胶州内八景之一，作为胶州历史记忆的一个渊薮，在结凝一地之民生本源与人文情怀的维度上显得韵味深长。

胶州古方井

韩家盐井

年代不详 城阳区红岛街道后韩家社区

韩家盐井位于城阳区红岛街道后韩家社区，韩家民俗村内。所在地为胶州湾东北岸，近女姑山和红岛，三面环海。

井口直径为1.2米，深约4米。2004年，韩家民俗村施工时发现，后来增建了井沿和井台，予以保护。井沿呈六边形，双层花岗石砌筑，外围砌出一个圆井台，周边是一面池塘。

所在地是历史上著名的产盐区，根据古代典籍的记载，山东半岛为上古盐宗夙沙氏的诞生与创造之地，中国漫长的海盐史从此发轫，传承久远。世传这里即是古夙沙氏煮海取盐之处。盐井的发现，为胶州湾地区古代盐业的渊源与发展提供了一个佐证。

近景

岑李家钟亭

清　平度市白埠镇岑李家村

岑李家钟亭

岑李家钟亭位于平度市白埠镇岑李家村。据了解，所在地原本建有一座寺院，后殿宇毁弃，唯有钟亭幸存了下来。

这是一座清代钟亭，为本地区古代钟亭建筑的代表作，表现出浑厚精湛的营造技艺。木石结构，四面开敞，高3.75米，宽2.3米，整体造型古朴雅致。石台基之上，四根花岗岩方柱顶起亭盖。歇山顶，覆黑色小瓦。内部结合以木构屋架，飞椽出檐，梁檩斗拱在相互勾连之中形成了稳固的一体，复杂中见精巧。

钟亭木架构

辛屯钟亭

清　城阳区上马街道辛屯社区

辛屯钟亭位于城阳区上马街道辛屯社区。

建于清乾隆二十五年（1761年），原为老爷庙附属建筑。通体由花岗石雕砌而成，取卯榫结构，平面呈正方形，通高3.3米，长与宽均为1.2米。石础、立柱均为素面，四面栏杆上分别雕有人物、动物及花卉图案，亭顶造型别致，仿清代官员帽翎呈“山”字形。钟亭旁原立有碑刻，详细记载了钟亭及庙宇的历史渊源。

辛屯钟亭

小宝山钟亭

清　平度市崔召镇小宝山村

小宝山石钟亭位于平度市崔召镇小宝山村。

清代石钟亭。花岗岩质，高360厘米，宽165厘米。四根八棱石柱立起宝顶亭盖，四角翻翘。南檐下刻“乾隆四十六年五月二十三日立”铭文，西檐下刻“领袖人崔云山　杨玉平　匠人　芦国林”诸字，由此可知，它是在1781年由崔云山等人建造的。钟亭北面原有一座道观，毁于“文革”期间，唯存钟亭和一口古井。

小宝山钟亭

东山前钟亭

清　平度市麻兰镇东山前村南

东山前钟亭位于平度市麻兰镇东山前村南。

清代石钟亭。花岗岩质，高350厘米，宽185厘米；四根八棱石柱立起宝顶亭盖，四角翻翘。四面横额分别镌有“坎宫”“时和世泰”“解愠阜财”“平秩东作”诸语，“坎宫”有上款，为“光绪十七年冬戌”，说明钟亭建于1892年11月，下款为“东山前公修”。钟亭北面原有一座庙宇，毁于文革期间，唯此钟亭幸存。

东山前钟亭

平度考院旧址

清　平度市城关街道胜利路

平度考院旧址位于平度市城关街道胜利路西段，为平度城的中心地带。

关于平度考院的缘起与历史沿革，近代典籍中有着明确的记载，民国《续平度县志·学校》的记载是："昔岁县试，皆于官署内张盖席棚。同治六年，知州海澄购西关歇业质库，改作考院。追应试者日增，号舍不能容，吉灿升又购东偏民房扩新号焉。"又民国《续平度县志·公廨》记载："考院，创于州牧海澄，吉灿升又拓之，规制宏壮。清季设高等小学，为邑中学堂之椎轮。民国变乱，有残毁处。"新中国成立后，设为西关小学。2002年，改为郑州路小学。

考院为清式建筑，经岁月沧桑，多次改建致使其布局有变，整体已不复旧观。现仅存旧时平房一栋，为砖木结构，坐北朝南，面阔五间，通阔19米，进深8.8米，建筑面积167.2平方米。石质下碱，上身青砖清水墙。木质门窗，南立面门窗以青砖发券。山墙素面，硬山式屋顶，仰瓦屋面，正脊平直，花脊，镶有砖雕，现已斑驳不清，两头原有鸱吻，但已严重残损。室内无天花，取抬梁式屋架，用料大气，由十根圆木柱支撑，梁架上有云纹图案装饰。

这是平度及青岛地区现存唯一的古代考院遗迹，残留一脉古雅文风，为研究清代教育体制与考试制度提供了十分珍贵的实物资料。

平度考院旧址

石窟寺及石刻

Buddhist Grottoes and Stone Inscriptions

康成书屋

东汉 胶州市洋河镇东王家庄村东北

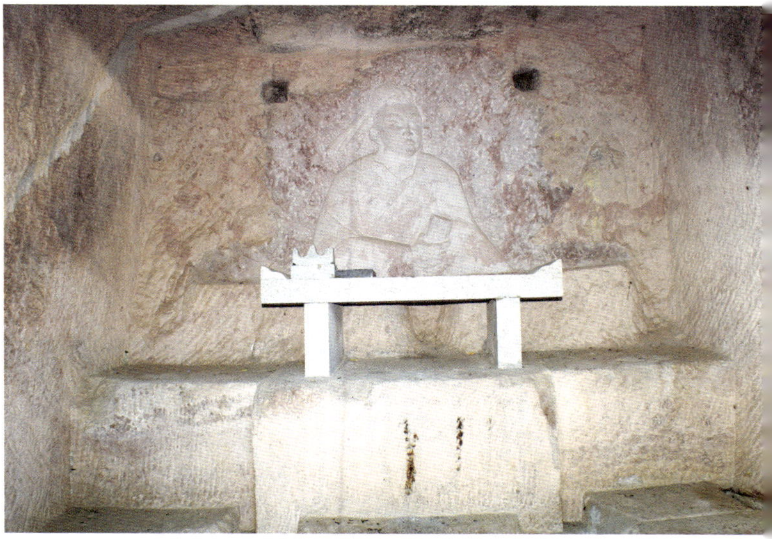

康成书屋内景：有郑玄浮雕像的石龛

康成书屋位于胶州市洋河镇东王家庄村东北，艾山风景区内的东石山南麓，周围群峰连绵，风光迤逦。东石为一座小山，与西石、艾山共同组成了胶州古八景之一的“石耳争奇”。

书屋本体系人工开凿的花岗岩石窟，巨石上凿出一面高1.6米的半圆形拱门，楣上刻有篆文，然已漫漶不可辨识。窟内正对入口处，凿石成龛，石龛长2米，宽0.6米，高0.7米，内恰可容一人坐下。石壁上有新刻郑玄浮雕像，前置石供桌。窟外设有围栏，旁立“康成书屋”石碑一通。相传一千八百多年以前，这里曾是东汉经学大师郑玄的论学讲经之地。郑玄字康成，因名“康成书屋”。党锢之祸后，郑玄曾来胶地隐居讲学。这是胶州地区今所见开凿最早的石窟，因着郑玄的缘故而显得神奇，或可寄托凿破鸿蒙、创辟人文之意。

康成书屋外观

烟台山石刻

西晋　崂山区沙子口街道姜哥庄社区北

石刻所在的山岩

烟台山石刻位于崂山区沙子口街道姜哥庄社区以北的烟台山上。

山巅兀立巨岩之上，两处石刻相连，皆镌刻于西晋太安二年（303年）。其一为：“勃海朱末武/晋太安二年岁在癸亥/平原羌公烈”，凡19字，分三行纵刻于石上，总高50厘米，宽42厘米，字径约3.5厘米。第二处分上下两部分，上为“高阳刘/初孙/魏世渊”，分三行纵刻于石上，应是三人姓名，其下纵刻“晋太安二年”五字，上下共13字，总高49厘米，宽26厘米，字径约为8厘米。书法本身虽无多少艺术魅力可言，然尚称朴拙有致，仍可从其粗犷笔式中察见一番汉隶之韵，并带有了一丝由汉隶向魏碑体转化的味道。年代久远，刻石已有所风化，但字迹尚清晰完整。这是迄今为止在崂山发现的年代最早的古代石刻，开千载石刻艺术之先河。

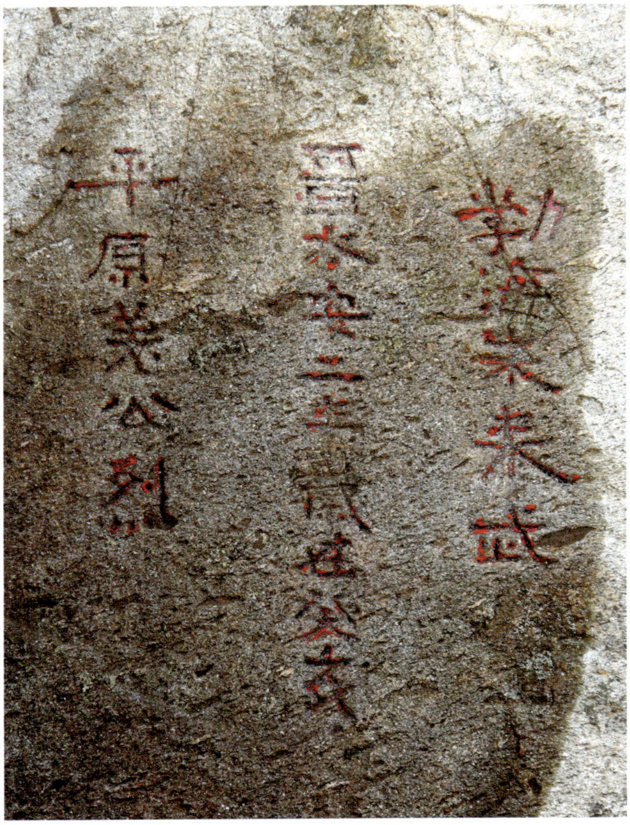

“勃海”石刻

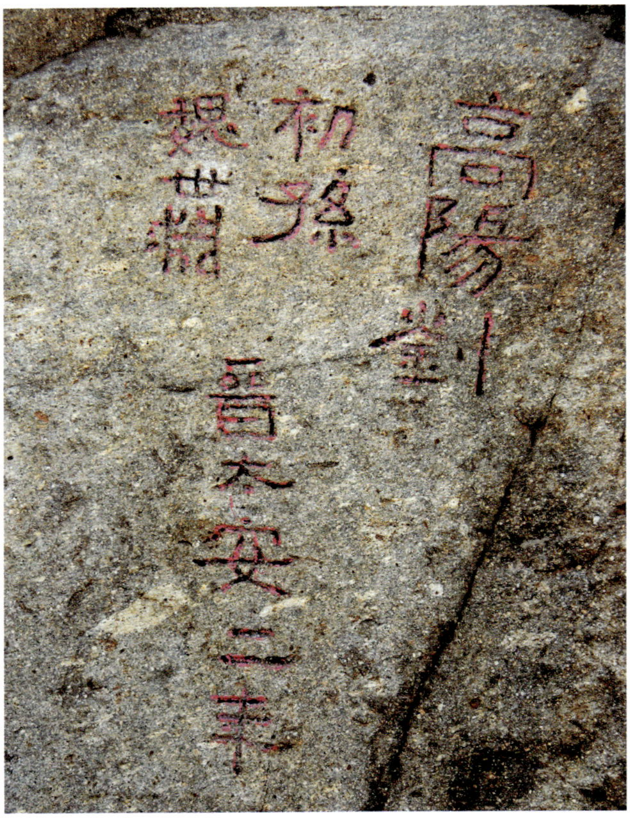

“高阳刘”石刻

珠山石室

晋 胶南市滨海街道胡家小庄村

珠山石室之麻衣庵

珠山石室位于胶南市滨海街道胡家小庄村，藏于大珠山南峰的峭壁间。

石室深3米，宽2.5米，高2.5米，入口不大，却显得深邃，有石雕门槛和框槽，室内四壁及地面均磨制平滑。石室前数块巨石兀立，俨如守护者。石室之外，原先曾架有一座双拱铁板桥，连以七阶巨石，而为登堂入室之径。今桥已不存，石室独悬于峭壁，以其高古之貌承载着历史信息。近旁多摩崖石刻，东有“云逍庵”，西镌“太清宫”，西南方为望海楼旧址。

光阴轮回，石室凝结着一种亘古不移的精神旨趣，处于无言的空旷与丰盛之间。《胶州志》如此描述所在的地理环境：“珠山石室，在大珠山之阳，悬山腰石壁间，东瞰大海，若在足下。”千年以前，它即被认为是古代高士的隐居之所。《齐乘》言：“晋永嘉中陈仲举隐于此。”《增修胶志》的记载更详细一些，言：“石室，在治南九十里，大珠山之阳，晋高士陈仲举隐居于此。”另有言：大珠山“其南峰临海，曰望海楼。楼东有麻衣庵，有石室悬山崖，下临深涧，晋陈仲举、元张清源、明赵麻衣俱尝隐此。庵侧有朝阳洞、说法石。石室临涧，旧有铁板桥通出入。”

沉静的峭壁上，时光凿开一道小拱门，看上去精致而神秘，往古岁月的修行者在此隐居，怀着一种悟道的热情而精心打磨它，回声至今仍在凝结。

珠山石室

孙昙采药石刻

唐　崂山区王哥庄街道返岭社区西

孙昙采药石刻位于崂山区王哥庄街道返岭社区西，明道观西南巨石之上。藏于深山，人迹罕至。

石刻共两处。其中一处，右为线刻带背光菩萨像，左为篆书阴刻“敕孙昙采仙药山房”诸字。另一处相距约60米，巨石上刻有8行60余字短文，久经风雨剥蚀，部分字迹已漫漶不清，好在纪年与记事诸语尚可辨识，部分文字为：“大唐天宝二年三月初六敕采仙药孙昙□□□□□□□□山海于□□使将柴房郡□悬□之以俟来命”。两处石刻所记的实为同一件盛唐旧事，天宝中，唐玄宗李隆基敕孙昙、王旻、李华周等人来东海崂山，采药炼丹，并改崂山为辅唐山。王旻与李华周之名及采药东海事见载于《古今图书集成》、《太平广记》等典籍，而目前这两处石刻恰好为其提供了佐证，可采信。作为崂山古代刻石中年代久远而意涵殊深者，它们隐含着极耐寻味的历史景深，它们在深山幽谷之中独守着千年岁月的奥义，开启了一段或可澄清的唐朝迷津。

线刻菩萨像及“敕孙昙采仙药山房”石刻

『大唐天宝二年三月初六敕采仙药孙昙』石刻

混元石

混元石

宋　崂山区王哥庄街道曲家庄社区西

北斗七星图

混元石位于崂山区王哥庄街道曲家庄社区西，东望仰口湾，西连上苑峰，周围山清水碧，林木蓊郁，一派幽秘的高古气象。

在一块磅礴的花岗岩巨石上，镌刻着三组不同的星斗图像，以圆圈标示天体，连以直线，构成了一个星象体系。从上面，我们看到了北斗七星，也透过它看到了整体。星斗图之上，刻有“混元石”三个擘窠大字，字径60厘米，楷书，阴刻，笔势强健，法度圆融。混元石呈现了古老的宇宙诗意，在漫长岁月中，它为道士们踏罡佈斗所用。这是崂山仅见的一处古代星象石刻，在揭示道家思想奥秘与道教修炼方法的同时，也提示了对本原的天地精神的关注。

白龙洞摩崖石刻

金~明　崂山区王哥庄街道曲家庄社区西

白龙洞摩崖石刻位于崂山区王哥庄街道曲家庄社区西，是崂山东麓的一处福地，后倚高山，前临溪涧，东望仰口湾，靠近崂山著名道观太平宫。

白龙洞本身是一座天然花岗岩叠架洞，高约3米，东西宽15米，进深8米，洞口南向。洞体非常稳定，为了形成殿宇效果，合于其自然结构，而在东南两侧以花岗石筑墙相围合，南侧开有一扇圆拱门。整体上看，首先是大自然的鬼斧神工，甚合道家的精神旨趣。

洞额镌“白龙洞”三字，系明朝山东都指挥戚景通题于嘉靖十一年（1532年）六月廿五日，由时任即墨把总的武举周鲁安排上石，尚称工整。洞额右侧岩壁上另见“鳌山”两个擘窠大字，无款。但使一座天然洞窟真正具备了非凡的人文价值的，还不是这些，而是洞壁上所镌刻的诗篇，密密麻麻的文字排满了一面硕大岩壁，看上去光彩夺目。它们与岩石形成一体，相得益彰，体现了人文与自然的共同旨趣。就书法之典雅与凿刻之齐整而言，在崂山古代石刻中堪称典范，而内容上更具代表性，以自然气象和道教思想为主题，充满了地域精神和感悟之力。诗篇为全真道第二代祖师、长春真人丘处机所作，凡二十首，正文560字，另有序文98字，落款24字，共682字。时年丘处机六十岁，作为崂山道教史上的一位标志性人物，他对崂山“道教全真天下第二丛林”历史地位的形成产生了至关重要的影响，透过这处摩崖石刻，不难明白他与崂山的精神关联何其深刻。白龙洞石刻记载了丘处机对崂山的理解和发现，是他创作的崂山与道教主题诗篇的代表作，充满着文字、自然与宗教的渗透力，允为荦荦大端。

诗前有序，曰：“东莱即墨之牢山，三围大海，背负平川，巨石巍峨，群峰峭拔，真洞天福地，一方之胜境也。然僻于海曲，举世鲜闻，其名亦不佳。余自昌阳醮归，抵于王城永真观，南望烟雾之间，隐隐而见。道众相邀，迁延数日而方届，遂闲吟二十首，易为鳌山，以畅道风云耳。”诗末镌“泰和戊辰三月日，栖霞洞主柴悟真刊石。野人王志心、刘志宽”。金代泰和戊辰年为公元1208年，刊石者是当时太平宫的住持柴悟真，号栖霞洞主，由石匠王志心、刘志宽镌刻于岩壁上。正文诗篇20首，皆为七言绝句，列录于次：

白龙洞

白龙洞岩壁上的丘处机诗刻

卓荦鳌山出海隅，霏微灵秀满天衢。
群峰削蜡几千仞，乱石穿空一万株。
道祖二宫南镇海，王明三崮北当途。
是知物外仙游境，不向人间作画图。
初观山色有无时，十日迁延尚未之。
咫尺洞天行不到，空余吟咏满囊诗。
浮烟积翠远山城，叠嶂层峦簇画屏。
造物建标东枕海，云霞舒卷日冥冥。
三围大海一平田，下镇金鳌上接天。
日夜潮头风辊雪，彩霞深处有飞仙。
松岩霞窟瑞烟轻，洞府深沉气象清。
怪石乱峰谁变化，亘初开辟自天成。
重岗复岭势崔嵬，照眼云山翠作堆。
路转山腰三百曲，行人一步一徘徊。
佳山福地隐仙灵，万壑千山锁洞庭。
造化不教当大路，为嫌人世苦膻腥。
牢山本即是鳌山，大海心中不可攀。
上帝欲令修道果，故移仙迹近人间。
因持翰墨写形容，陟彼高岗二十重。
南出巨峰千万叠，一层崖上一层峰。
修真恰似上山劳，脚脚难移步步高。
若不志心生退怠，直趋天上摘蟠桃。
白发苍颜未了仙，游山玩水且流连。
不嫌天上多宫府，只恐人间有俗缘。
修真野客非才子，行到仙山亦有诗。
只欲洞天观晓日，不劳云雨待清词。
四更山吐月犹斜，直上东峰看晓霞。
日色丽天明照海，金光射目眼生花。
鳌山三面海浮空，日出扶桑照海红。
浩渺碧波千万里，尽成金色满山东。
洞有佳名号白龙，不知何代隐仙踪。
至今万古人更变，犹自嵌岩对老松。
洞府仙名唤老君，神清气爽独超群。
凭高俯视临沧海，宁静安闲对白云。
华盖真人上碧霄，道山从此蔚清标。
至今绝壁幽岩下，尚有群仙听海潮。
山川都属道生涯，万象森罗共一家。
不是圣贤潜制御，安能天地久光华。
可叹巍巍造物功，山海大地立虚空。
八荒四海知多少，尽在含元一气中。

丘处机南天门石刻

丘处机南天门石刻

金　崂山区沙子口街道流清河社区东

丘处机南天门石刻位于崂山区沙子口街道流清河社区东，高踞崂山南麓的天门峰，前瞰大海。

石刻见于天门峰南侧，为长春真人丘处机所题。金大安元年（1209年），丘处机登临此峰，感天地之壮阔与气象之博大，知为修真秘府，遂题“南天门”三字以为记，由随行的太清宫道人镌刻上石。三字为楷书，横排，阴刻，字径约50厘米×60厘米。其左侧刻有“长春真人立”五字。这是崂山道教摩崖石刻中时间较早的一处，记录了丘处机来崂山的行迹，见证了全真道在崂山的初兴。

崔世荣神道碑

崔世荣神道碑

元　平度市店子镇昌里村南

崔世荣神道碑位于平度市店子镇昌里村南。

神道碑为立于墓道上的石碑，记载逝者的生前功业。此碑为崔世荣之孙崔良卿等人于元仁宗皇庆元年（1312年）所立，全称“元昭武大将军汉军都元帅左都监军崔公神道碑”。由龟趺、碑身、螭首三部分组成，碑身为汉白玉质，高210厘米，宽80厘米，厚18厘米，碑文600余字，楷书，阴刻，虽局部漫漶不清，然多数文字尚可识读，详细记载了崔世荣的生平功业和崔氏家族的历史兴衰。螭首高80厘米，宽100厘米，雕有两条盘龙，中间镌“奉天敕命”四字篆书。龟趺由花岗岩雕成，高45厘米。碑文载录于道光《平度州志·金石目》，其中有“祖父而下合附县之北昌李之原”一语，据此可知立碑处即昔日崔氏之家族墓地。

崔世荣为金末元初莱州胶水县人，军功卓著，金宣宗、金哀宗时任驻守莱州的定海军节度判官。入元，任登、莱二州汉军都元帅左都监军，授昭武将军。

华楼山摩崖石刻

元~清　崂山区北宅街道蓝家庄社区西

华楼山摩崖石刻位于崂山区北宅街道蓝家庄社区以西，华楼山上。这一带是崂山山脉的西北部区域，奇峰幽谷绵亘不绝，南临夕阳涧，北有崂山水库，西为石门峰，植被繁茂，筱竹成林。群峰之上，奇崮异石遍布，提供了理想的石刻艺术基础条件。

石刻环列于著名道观华楼宫周边，特别是在华表峰至灵烟崮、南天门至迎仙砚之间山岗上有着密集分布，形成高山、道观与石刻的交相辉映。已发现石刻八十余处，其中最早的一处刻于元大德二年（1298年），晚迄清末，元明两朝的石刻各有三十余处。从内容看，两大主题表现得最为突出，第一类是道教石刻，记载修练心法和道人言行录，未尝不可视为一部刻在石头上的全真教华山派秘笈，它们多为华楼宫的历代道士所题镌，其中尤以元大德四年（1300年）刘志坚上石者居多；第二类是文人石刻，包括大量的景点题铭、游记和诗篇，抒发心智，载录行迹，构成了一部跨越元明清三朝的艺文心象，作者不乏名人，如元尚书王思诚、明山东提学陈沂和邹善、河南道监察御史蓝田、清山东巡抚崔应阶等人，陈沂那块常被提起的“海上名山第一”石刻就出现在华楼山。

华楼山摩崖石刻数量众多，内容丰富，是崂山历代摩崖石刻最为集中的区域之一。古代的时光镌刻着山峰，岩岩巨石闪耀着奇异的文字之光，在宗教与艺文的盛大和鸣之中彼此昭显，形成了一个丰富多彩的石刻艺术廊道，大自然的真意被共同表达。

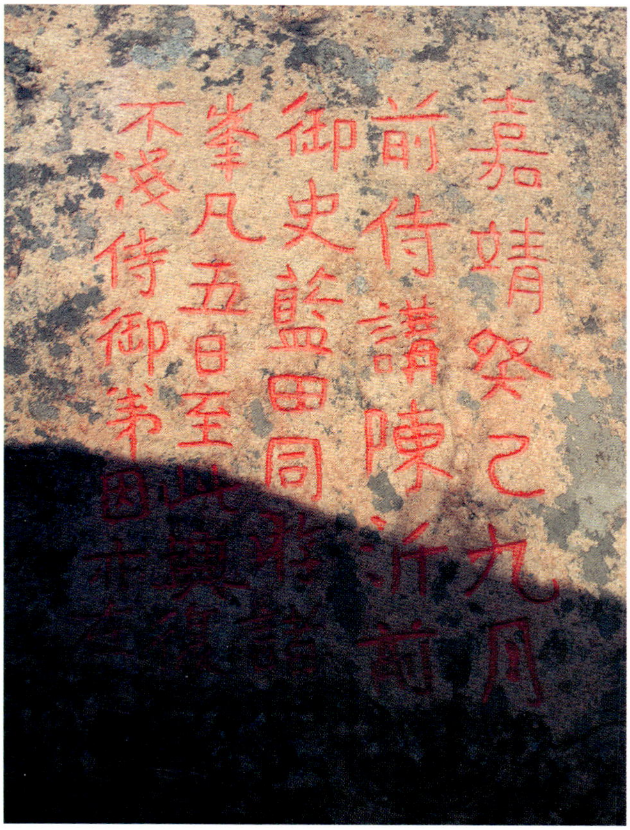

陈沂与蓝田游山石刻

重阳洞

最乐处石刻

仙岩石刻

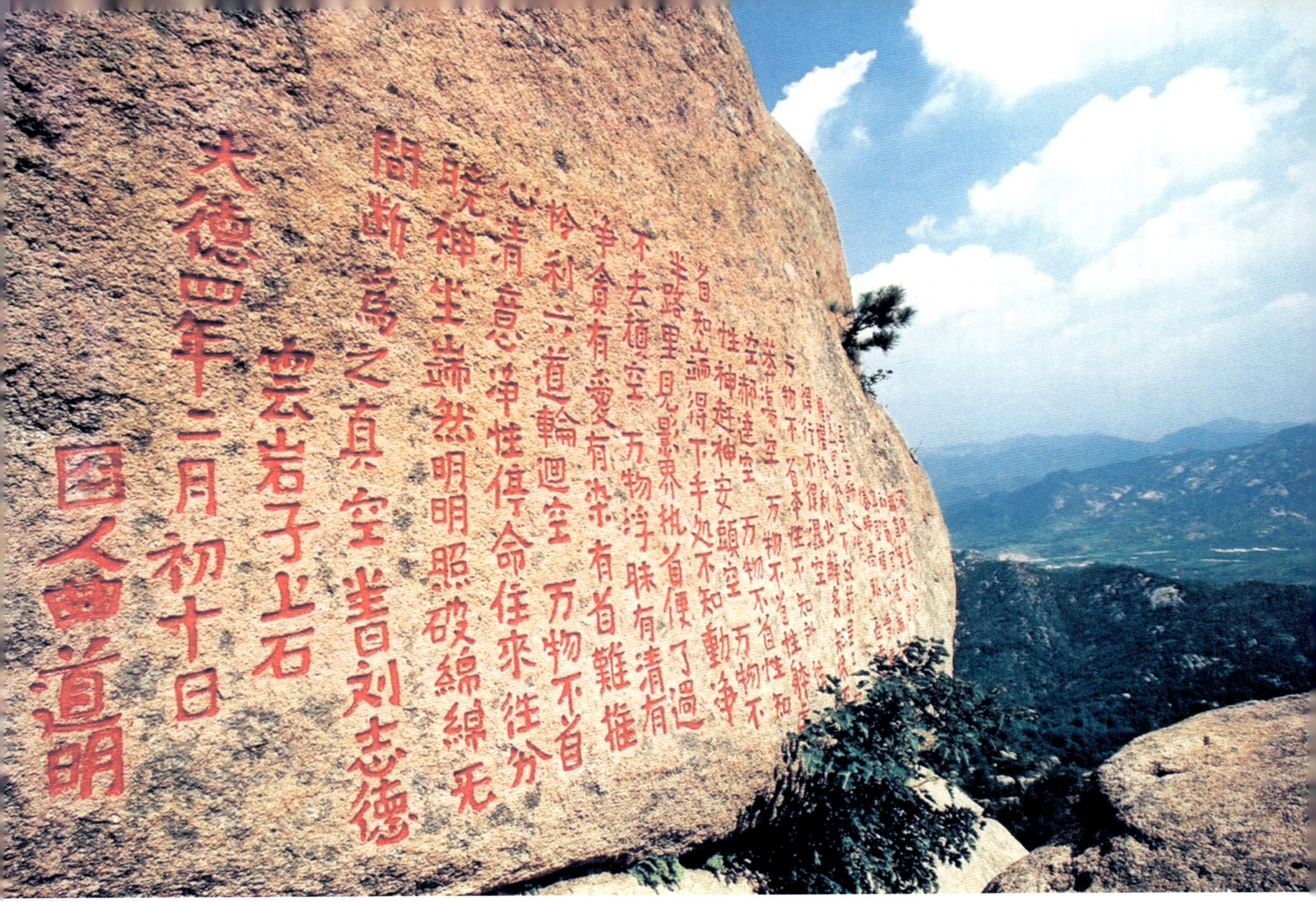

大德四年云岩子石刻

崔应阶诗及三才石刻

宣字曲道明石刻

响石

响石石刻

响石石刻

元~明　城阳区夏庄街道华阴社区

响石石刻位于城阳区夏庄街道华阴社区响石村，伴崂山水库而立。

一处元代道教摩崖石刻，所处岩石高约6米。它与周边岩石交错叠合而形成了诸多大小不一、形状各异的孔洞，每遇风吹，辄嗡嗡作响，听上去俨如洪钟鸣响时产生的回音和余韵，故称“响石”。其上可见元大德四年（1300年）的石刻，文为：“长春师傅作：修行恰似上山劳，脚脚难移步步高，若是无心生退怠，直去天上摘蟠桃。”字径约20厘米，楷书，阴刻。落款为：“大德四年三月，曲道明、张志德、云岩子上石，明孙了岩子薛悟真书。”表现的是道家修练心法，主题及雕刻手法上与华楼山摩崖石刻如出一辙。另处可见明代石刻，为“嘉靖甲辰三月三日东岳薛石书”。

王乔崮石刻

王乔崮石刻

明　城阳区惜福镇街道惜福镇社区

王乔崮石刻位于城阳区惜福镇街道惜福镇社区，王乔崮之巅。

王乔崮为崂山西北麓一兀立奇峰，海拔427米。相传，明末有王、乔两姓避战乱于此，故名王乔崮。崮顶北侧有一石洞，约略可见人类活动的痕迹。前壁上刻有“登州周鲁”四字，楷书，阴刻，为明朝进士周鲁所题刻。书法规整之外，固无多少可取之处，然文字与沧桑岩壁形成的对比犹令人印象深刻。

慈光洞

明　崂山区沙子口街道大河东社区北

慈光洞位于崂山区沙子口街道大河东社区北，崂山主峰巨峰南侧一处名为“自然碑”的山岩下方。

慈光洞本身系一半天然花岗岩石窟，神工与人力共为之，内壁光滑并留有凿痕，洞口呈规则的半圆拱形，显系人工开凿的结果。洞口高1.2米，宽0.6米，洞内进深2米，宽1.5米。原先，这里是一个洞窟和殿宇结合成

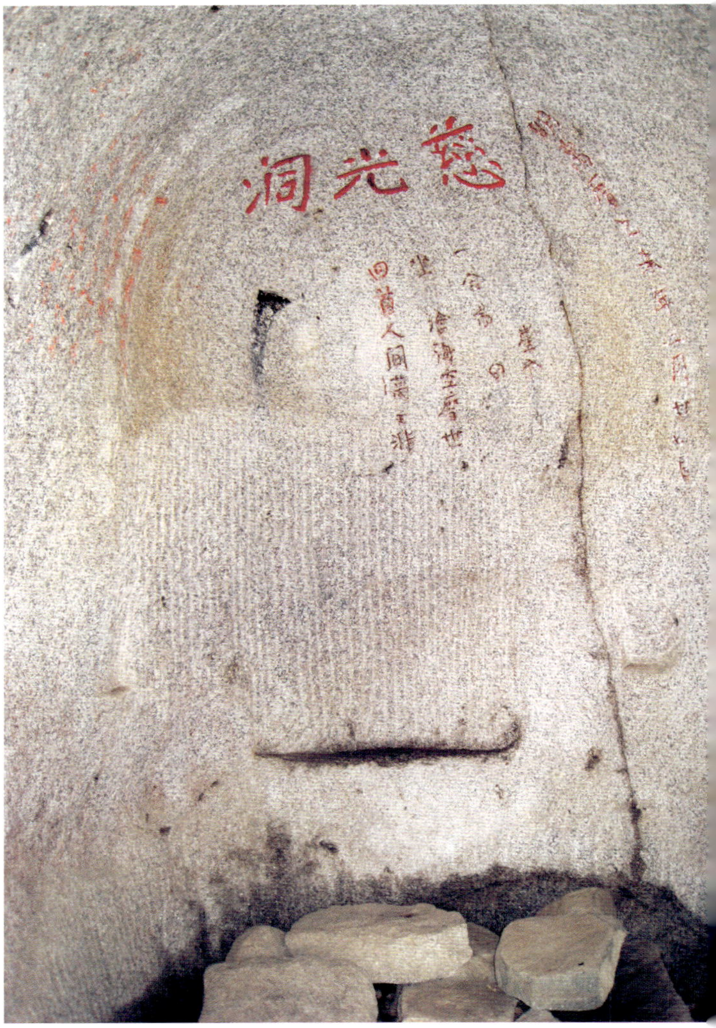

慈光洞内部

慈光洞外观

一体的道场，洞口上方留有一道石槽，往上岩壁亦可见数个承托梁架的圆孔，洞前亦立有数块花岗岩料石，均为之佐证。据此看，旧日洞前曾有建筑物无疑，很可能就是一座依托洞窟而建造的前殿，而以洞窟为密室，共同形成一座小佛刹，小中见大。缘此，洞外岩壁上所镌“嘉靖六年重修”之铭文也就无可置疑了。

高山之上发生了有意义的回响，所有的人文视野都在万历年间形成了聚焦。当其时，一代高僧憨山法师曾在此坐禅，小小洞窟，遂被赋予了浩大之意。憨山题刻“慈光洞”三字于洞内北壁，今依旧清晰可见，另题七绝一首，漫漶中尚有可辨识处。

石屋子沟石室

明 胶南市六旺镇石屋子沟村西北

一座石室

石屋子沟石室位于胶南市六旺镇石屋子沟村西北，北临水库，西接沟壑。

一面沧桑岩壁上，呈南北向排列着五个明代开凿的石室，依次编号为1～5号石室。它们的入口高矮不一，室内面积5～30平方米不等。其中，1号石室的入口为拱形，内原设有石台以供奉神像。2号和3号石室的入口均呈“亞”字形，内部空间相对较开阔。4号和5号石室的入口则呈不规则状，内部空间仅有5平方米左右。石室前，原立有一通明代石碑，今已不存。

胶南大珠山地区存在着一批佛教小石窟，开凿年代可远溯至南北朝时期，构成了一个极具地域特色的文化链条，石屋子沟石室的发现进一步丰富了这一体系。

石屋子沟石室

陈沂石刻

明　崂山区王哥庄街道曲家庄社区西

陈沂“潮涌”诗刻及“寅宾洞”题刻

陈沂石刻位于崂山区王哥庄街道曲家庄社区以西的狮子峰上，西接上苑峰，东临仰口湾，一派山海卓荦之气象。

狮子峰上分布着三处陈沂石刻，包括“寅宾洞”题名、五言律诗一首和游山题记一阕，均刻于明嘉靖十二年（1533年），为时任山东参政的陈沂所作。诗曰：“潮涌仙山下，楼台俯视深，赤阑横海色，碧瓦下峰阴，片石千年迹，孤云万里心，举杯清啸发，振叶欲空林。”字径10厘米，楷书，阴刻。其右侧，一块悬空岩石上刻着“寅宾洞”三字，字径25厘米×30厘米，篆书，阴刻，落款“石亭”为陈沂之号。题记为：“狮子岩，嘉靖癸巳秋，九月二十五日同北泉蓝田观日出于峰上，其弟因亦在。”楷书，阴刻，字径25厘米。陈沂为“金陵三俊”之一，才学丰赡，世传其名，值嘉靖癸巳年，他与即墨名士蓝田一起登临狮子峰观日，留下上述石刻。他对崂山情有独钟，华楼山等处另有题刻。

陈沂石刻及其周边视野

仙古洞石刻

仙古洞石刻

明　崂山区北宅街道双石屋社区西

仙古洞石刻位于崂山区北宅街道双石屋社区西。

仙古洞为莲花峰半坡一天然岩洞，四壁光滑，后壁有龛。洞前原有明代建筑三清殿，已圮，仅剩残基和两段残墙。洞右岩壁上镌“仙古洞　明周鲁书”七字。

明明崖石刻

明　崂山区王哥庄街道曲家庄社区西

明明崖石刻位于崂山区王哥庄街道曲家庄社区西，狮子峰之巅，是处山海雄浑，境势卓越。

在一块混沌般的花岗岩巨石上刻着“明明崖”三个擘窠大字，字径50厘米，行书，阴刻。上款“明隆庆二年冬十月”，下款“江右邹善题”。旁刻“山海奇观”四字，行书，阴刻，字径60厘米。两处石刻同为时任山东提学使的邹善所题。这是崂山古代石刻中书法艺术价值较高的一处，结体开张，笔意饱满，有一种劲键而洒脱的平衡感。文字与岩壁形成了颇具张力的结合，工整与沧桑的对比更是耐人寻味，无言中传示一种洪荒初辟的味道。

明明崖石刻

龙潭湾摩崖石刻

明末清初　胶南市滨海街道东山张村东北

龙潭湾石刻之一：混沦石刻

龙潭湾石刻之二

龙潭湾摩崖石刻位于胶南市滨海街道东山张村东北方约4公里处，大珠山西麓的龙潭湾北岸。

绝壁上，镌刻着一段意味深长的话："混论而理，卓荦而质，纵横而纪，惟予与汝典型斯壁。"凡3行20字，隶书，阴刻；左下方为落款："杨道禛题，同游无竟涧。"凡2行9字。

一面精彩的摩崖石刻，极古雅，书法固无多少可取之处，然文辞之精譬与托意之深刻令人颇感意外，而法度之谨严尤可称道，未尝不可理解为一部非正式的人化自然的证词，属意于内心宇宙的成就方式，哲理昭彰，一面朴素的山岩为之闪光，浸润着绵久的沉思情怀。既如此，摩崖石刻的意义已见完备。另有一处石刻见于龙潭湾东侧一巨岩的背面，正文行书凡28字，然多已淹漶不清。两处石刻均未见年款，查其字体及风化程度，结合相关史料推断，其上石时间应为明末清初。

石刻所在岩壁

东山张摩崖石刻

明末清初　胶南市滨海街道东山张村

东山张摩崖石刻位于胶南市滨海街道东山张村，小河东岸石壁上。

这是一处有意味的诗刻。摩崖高1.1米，宽0.6米，距河床高约2米。其上镌刻一首五言绝句，曰：“一派常如许，幽人日日来。石边还自笑，青草为谁栽。”阴刻，楷书，竖排。落款为“王无竞”，竖排，下钤篆章一枚。王无竞为明末清初山东著名诗人，世居胶南大珠山，当年他常与胶州诗社同仁结伴游历大珠山，即兴赋诗，题于壁上，以示其名士情怀，托意深远。

东山张摩崖石刻

赛诗台石刻

明末清初　胶南市滨海街道胡家小庄村

赛诗台石刻位于胶南市滨海街道胡家小庄村附近，石门寺以南约750米的山涧中。

巨石卧于山涧中，上刻有一首五言绝句，诗曰：“苍霭寒山深，有人乃在此。一杯复一炉，煮茗溪光里。”诗出古胶州名士王无竞，诗意隽永，笔法秀逸，传达出了古典岁月的深情问候。这里隐含着一个动人的故事，当明末清初之际，作者与诗书画大家法若真、诸城刘子羽和李澄中等名士曾在此相聚，品茗吟诗，与山水相周流。缘此，这片暗红色岩石也获得了一个美丽的名字“赛诗台”，而“煮茗溪光”也成为了文人雅集的代名词。

赛诗台石刻

崔应阶诗石刻

清　崂山区王哥庄街道曲家庄社区西

崔应阶诗石刻位于崂山区王哥庄街道曲家庄社区西，太平宫后一面花岗岩石壁上。

诗为七言律，题刻于清乾隆二十八年（1763年），为时任山东巡抚的崔应阶所作。诗曰：“枕上初闻晓寺钟，起来月色尚溶溶，拿舟未探鲛人室，拄杖即登狮子峰，碧浪已浮沧海日，白云犹锁万山枕，耽游千里谁言老，选胜搜奇兴颇浓。”楷书，阴刻，字径7厘米，镌刻幅面高120厘米，宽60厘米。

崔应阶诗石刻

钱谷山石刻

清　即墨市温泉镇臧村北

钱谷山石刻位于即墨市温泉镇臧村以北的钱谷山主峰上，海拔约268米。

刻于清咸丰十一年（1861年），内容是一首七言律诗，题为“咸丰十一年秋夜，咸亭马池避乱钱谷山作”，诗曰：“名山避乱属三秋，怀抱孙眠枕石头；半夜松涛惊起坐，仰观霜雾一天愁。”落款为“增生张德峻敬书”。魏碑字体，自左而右、自上而下刻写。记载了当时捻军攻占即墨，人们纷纷避乱的史实。

钱谷山石刻

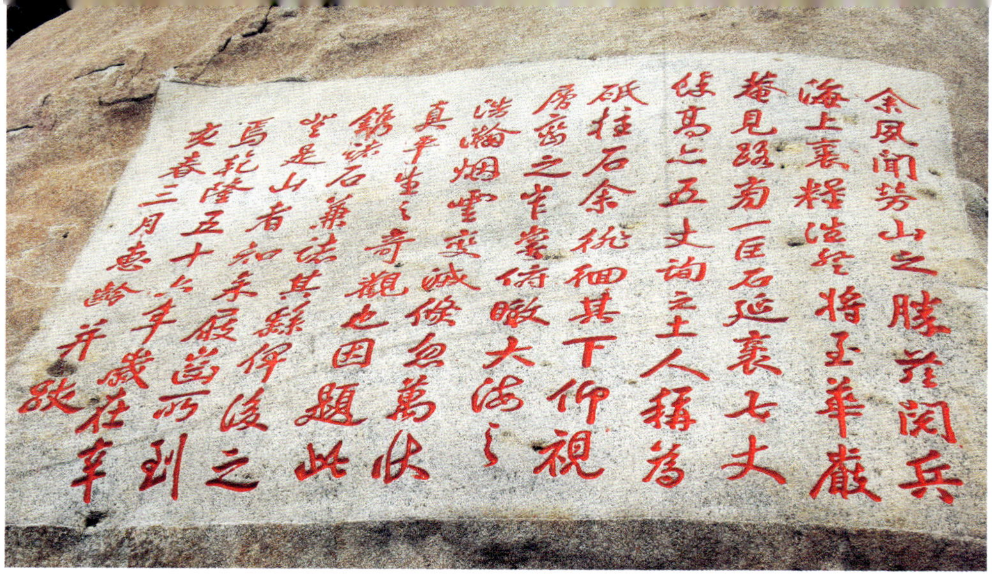

题跋

山海奇观石刻

清　崂山区王哥庄街道返岭社区

山海奇观石刻位于崂山区王哥庄街道返岭社区，近华严寺，立于那罗延山下一方平地，东临沧海，西望挂月峰。

这是崂山古代石刻中单字最大的一处，在一块被称为“砥柱石”的磅礴巨岩上刻着“山海奇观”四个擘窠大字，字径270厘米，行楷，阴刻。为乾隆五十六年（1791年）山东巡抚惠龄所题，旁有题跋，详述其事：“余夙闻劳山之胜，兹阅兵海上裹粮往登，将至华严庵，见路旁一巨石，延袤七丈余，高亦五丈，询之土人，称为砥柱石。余徘徊其下，仰视层峦之岩粤，俯瞰大海之浩瀚，烟云变灭，倏忽万状，真平生之奇观也！因题此，镌诸石，兼志其由，俾后之登是山者，知余履步所到焉。乾隆五十六年，岁在辛亥，春三月，惠龄并跋 。”

山海奇观石刻

桃花涧石刻

清　平度市崔召镇下马村

桃花涧石刻位于平度市崔召镇下马村附近，桃花涧清水瓮东侧的石壁上。

在清水瓮东侧有一处青砖老屋，是清代举人尚庆翰的居所，人称“举人屋”，周围一株紫薇、一株木瓜均为古树名木。桃花涧石刻即为尚庆翰所题，一处为“屏山西涧”，字径40厘米左右；另一处为“西涧”，落款是“屏山又题”，字径30厘米左右。

桃花涧石刻

东海奇观石刻

东海奇观石刻

清　崂山区沙子口街道大河东社区北

东海奇观石刻位于崂山区沙子口街道大河东社区以北约5公里的崂山巨峰之巅。

这是一面清代摩崖石刻，对崂山既往岁月中的人文与自然形象做出了恰当的概括。在一块巨大的花岗岩上，凿出一幅长方形平面，自上而下刻着“东海奇观”四个擘窠大字，看上去气度不凡。字径40厘米，楷书，阴刻，无款。书法遒劲有力，法度谨严，刻工亦称精当。站在石刻旁，更知其意脉之通畅。环顾四周，惟见群峰竞秀，海天一色，允为天地之奇观。石刻恰当地表达了自然精神，崂山所接黄海在古代亦称东海，而崂山也一直是作为东海的文化地标而存在于传统记忆中的，充盈着山海一体化的博大气象，独标东方之极。

近现代重要史迹及代表性建筑

Historic Sites andBuildings in Modern Times

罗头村党支部旧址

1938年　平度市旧店镇罗头村

罗头村党支部旧址位于平度市旧店镇罗头村。

1938年7月，共产党员周方在罗头村秘密发展程绍金、程光宝、程绍美三人入党，并在此成立了中共罗头村党支部，这是平度历史上的第一个党支部。

建筑原为清代所建的程氏祠堂，包括前后共三栋房子，其建筑样式基本一致。1936年重修，20世纪70年代再度重修，原建筑样式有所改变。现唯有中间一栋房子尚保持其原貌，为中式平房，砖木结构，面阔五间，进深5米。石基，青砖马头，檐头全部以青砖砌成。硬山顶，覆黑色小瓦。正脊平直，小筒瓦组成花墙，中间嵌有一个镜龛，东西两端饰有鸽子形鸱吻。

鸱吻

罗头村党支部旧址

灵山战役旧址

1949年 即墨市灵山镇金家湾村东南

灵山战役旧址位于即墨市灵山镇金家湾村东南方的灵山。灵山南距即墨城约15千米，为即墨城北的地理制高点，山下为丘陵地带，山上建有灵山老母殿等庙宇。

1949年春，山东全境之大部已解放，只剩青岛、即墨及长山列岛仍为国民党军所盘踞。灵山战役是解放青岛的首战，1949年5月3日，人民解放军向青岛市郊守敌发起进攻，首战灵山，激战一小时而告捷，一举打开了通向青岛的大门。1949年6月2日，青岛解放。

灵山战役旧址

薛家岛解放纪念地

1949年 黄岛区薛家岛街道烟台前村北

薛家岛解放纪念地位于黄岛区薛家岛街道烟台前村以北的烟台山主峰，南临黄海，北临薛家岛湾，东望凤凰山，其东北部的窟窿山与对岸的团岛构成了胶州湾的钳形出入口，是扼制胶州湾的咽喉要地，战略地位显要。

纪念地所在山头面积约500平方米。1949年春，为解放青岛，滨北军分区独立一团和胶南县指挥部接受了解放薛家岛的任务，于5月25日发起进攻，相继扫清外围阵地。当月28日拂晓，向烟台山守敌发起总攻，经两小时激战，占领了这处山巅高地。至此，薛家岛宣告解放，也奏响了解放青岛的序曲。

薛家岛解放纪念地

藏马县委旧址

1955年 胶南市泊里镇河北村

礼堂

办公与住宿用房

藏马县委旧址位于胶南市泊里镇河北村东北端。

建于1955年，原为藏马县委驻地。藏马县肇始于1944年8月，为中国共产党领导的抗日民主政权的一级行政建制，隶属滨海行政区滨北专区，新中国成立后，与胶南县一同改属胶州专区，其辖域分布在今胶南、诸城和五莲三地，包括胶南市南部的琅琊、泊里、张家楼、大场、海青、理务关、藏南和大村，诸城市的桃林乡、桃园和石门，五莲县的街头、潮河、户部和洪凝等地，以泊里为县城。县名得自境内的藏马山，为古代诸城“濒海八岫”之一，有“山藏天马出，蛰古远龙飞”的美誉。1956年，撤销藏马县，并入胶南县，泊里区政府曾在此办公，后曾作为部队营房使用。

旧址所在地是一个规模较大的庭院，大门朝北，房屋均坐北朝南，中间过道将其分为东西两区，每排有房屋12间。初建有房屋8排，分别作办公、住所和伙房使用，另建有礼堂1座，处于院落的西北部。部队使用时期增建3排营房，形成今日所见格局。花岗石砌基，青砖清水墙，红瓦坡顶。礼堂共11间，东山墙上标有“礼堂”两字，为当时的藏马中学校长杨琴五所书。

藏马县委旧址

纪念碑近景

昌里抗日烈士纪念碑

1946年　平度市店子镇昌里村南

昌里抗日烈士纪念碑位于平度市店子镇昌里村南。

1946年，为纪念抗日烈士，当时的平西昌里区在此敬立纪念碑。外设八角形围墙，门额镶有“死难烈士万岁”一语，落款“毛泽东”。纪念碑立于院落中心，碑阳镌“气壮山河”四字，上款“抗日烈士殉国纪念”，下款“中华民国三十五年四月五日”。通高227厘米，底座前镶有汉白玉石板，刻“为国捐躯”四字。背面刻有碑文，记述了共产党领导八路军抗日救国、解放平西的伟绩，表达了对于殉国烈士的敬仰。

昌里抗日烈士纪念碑

黄岛油库烈士陵园

1990年　黄岛区黄岛街道前湾社区

赵朴初题“山河酬壮志”纪念碑

黄岛油库烈士陵园位于黄岛区黄岛街道前湾社区东部。

烈士陵园占地面积3.3公顷，园内设有一座烈士纪念亭，为传统风格飞檐八角亭，檐下悬挂着一面匾额，“烈士纪念亭”五字由时任青岛市委书记郭松年题写。亭前立有一座纪念碑，造型庄重大方，汉白玉底座，黑色大理石碑身，正面刻有赵朴初所题写的“山河酬壮志”五个描金大字，背面刻有修德书写的碑文。

1989年8月12日，黄岛油库5号油罐遭雷击着火，从中央到地方，军警民齐心协力展开了惊心动魄的灭火大战，经过104个小时的浴血奋战，扑灭了油库大火。为纪念和缅怀19名英勇献身的烈士，1990年在原油罐区灭火现场建起了烈士陵园，亦称黄岛苏园。

黄岛油库烈士陵园

第一邮政代理处旧址

1898年　市南区常州路9号

第一邮政代理处旧址位于市南区常州路9号。

德占胶澳后的第二年，为应急处理往来青岛与德国之间的大量邮件而在青岛湾东北岸的城市黄金地带建造了这所房子，遂成岛上的第一个邮政枢纽，紧邻原先的清总兵衙门。对于当时的德军士兵、传教士和商人们来说，这里成为最受欢迎的地方，是他们与故乡联络的充满情感的东方驿站。随着1901年胶澳帝国邮政局在海因里希亲王大街（今广西路）上的启用，主要业务转移到了那里，它作为邮政枢纽的使命结束了。到了1929年，着眼于岛上穆斯林人口的迅速增加，迫切需要一处宗教活动场所，于是来自淄博的王万英阿訇就与穆华亭、刘尊五、石小坡等信徒发起募捐，在时任青岛市市长的回族人马福祥的鼎力支持下，以青岛回教协会名义购得常州路上包括此房在内的三座房子，翌年将此房改建为清真寺，礼拜堂可容纳百余人，于是青岛市区的第一座清真寺宣告诞生，成为岛上穆斯林的精神家园。

这是青岛最早出现的欧式建筑之一，建于1898年，砖木结构，建筑面积约425平方米。主立面山墙上嵌有“P.S 1898”数据记录刻石，就此站在了城市近代化历程的门槛上。归入宗教之年，山墙上出现了“清真寺”三字，山花造型也改为了三个拜占庭式尖券，以表征清真寺的伊斯兰文化性质。作为建筑，其造型简洁，然内涵丰富，集结着城市早期记忆的诸多经典元素，与城市一起走过了一个多世纪的漫漫长路，以其多元文化的历史积淀而形成了独特见证力。

第一邮政代理处旧址

胶澳帝国邮政局旧址

1901年　市南区安徽路5号

阁楼上的玫瑰窗

胶澳帝国邮政局旧址位于市南区安徽路5号，南邻青岛湾。

胶澳帝国邮政局是1897年德国占领青岛后设立的专门负责邮政业务的机构。建筑处于当时的海因里希亲王大街（今广西路）与阿尔贝特大街（今安徽路）路口，建于1901年，占地面积462.67平方米，建筑面积1277平方米。砖木结构，地上三层，有阁楼及地下室。其土木工程由汉堡阿尔托纳区F.H.施密特公司施工，这是德占时期青岛的一家著名建筑商，在城市发轫时期兴建了一大批重要建筑，其中包括胶澳总督府、总督官邸、福音堂、德华大学、警察署及啤酒厂等等。

这是一座有巴洛克与青年风格派特色的建筑，以其明丽的色彩、灵活的构图和挺拔的塔楼而引人瞩目，形成了一个丰富的审美体系。适应周边三条街巷的地势和走向，建筑呈非对称的多边折角形，艺术化地协调了街景。与青岛的多数德国建筑一样，地基和地下室墙体由花岗石砌成，以上则展示了清水红砖的魅力，它们砌成墙体并为门窗发券，与线脚、护墙等处以局部露出的帝王黄色墙面取得协调，勾画出色彩的层次感。主入口朝向西南方，其上二层和三层设计为微微起弧的平拱。两边设计为游廊，顺应街道走向，有序展开的连券廊带来了充满回旋感和通透感的空间体验，丰富的凹凸变化进一步增加了建筑审美的层次。在面街的大坡度的红屋顶上，开出了一排精致的圆形老虎窗，巧妙引出了阁楼所特有的诗意。建筑艺术的高潮出现在两个转角处，那由

东南向视图

红瓦和绿铁皮构成的塔楼带来一种尖耸入云的气势，一派挺拔之美，在某种宗教意识的浸润中显得卓尔不凡。塔楼之间，以一段女儿墙构成城蝶式山花，这是建筑师所特意强调的一个细部，其上嵌有一面数据记录徽标，铭刻着建造年代，表达着纪念意义；而在东西两端，则各以一面造型别致、包裹着老虎窗的三角山墙收住了构图，给出了曲线和直线的隐秘协调。看上去，屋宇在沉

塔楼尖顶

游廊

有数据记录徽标的山花

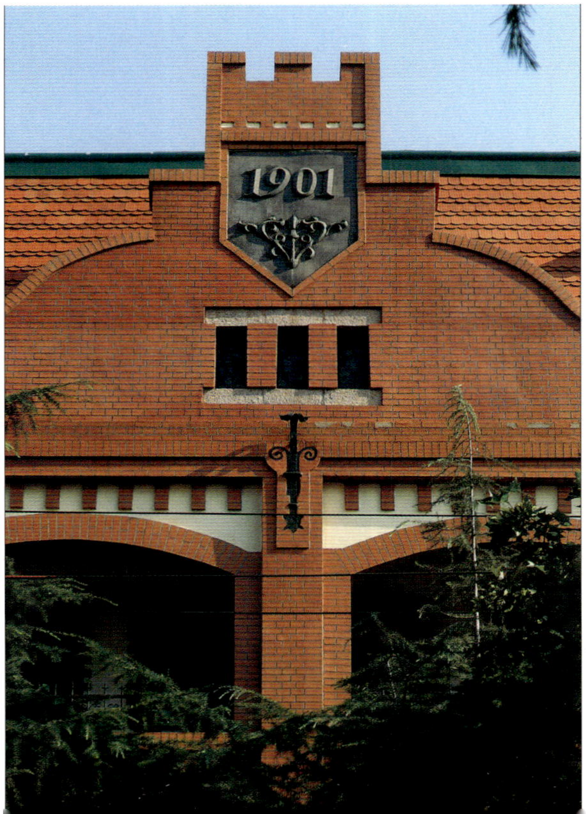

静之中放射着韵律，这是一座有浪漫主义韵味为之浸染的屋宇，红砖清水墙体和红屋顶铺陈出一番优雅迷人的浪漫色彩，而高耸的巴洛克式塔楼则加强了视觉冲击力，引出了建筑审美的新境界，带动着色彩与韵律的飞扬，表达着人间建筑所能彰显的天地关系。就此，巴洛克艺术的韵律美被强烈地渲叙了出来，某种城市心象也凸显了出来，在历史的街角演绎了一出巴洛克动感欢歌。同时，建筑师在构图中巧妙运用了方形装饰和铁艺装饰，适应了当时流行的德国新艺术——青年风格派的思维，见证了青岛为新艺术堡垒的历史。

这幢大楼是青岛早期德国建筑的代表作之一，位于青岛湾北岸的欧人居住区的中心地带，是当时城市的金融商贸中心——海因里希亲王大街（今广西路）上的一座地标性建筑。起初，它是由胶州贸易股份有限公司出资兴造的一处商业大楼，建成后的1901年5月，胶澳帝国邮政局即迁入此楼内办公运营（起初是租用，到了1910年买断了此楼的产权），其地上一层被用作了邮政营业厅，于是，青岛最早的现代化邮政业务场所遂出现在了城市记忆之中。缘此，我们看到了近代青岛邮政史的一个重新开始的端点，建筑也成为了近代以来交会万国信息的一大堡垒，诸多东西方之间有意义或者无意义的信息交流与对话之声借此而展开，也正是因着这一缘故，建筑超越了自身的一般价值而获得了象征意义，作为百年邮政史的一个新端点，其人文魅力凸显了出来。在以后的长期岁月间，这里也一直是青岛邮电事业的一个枢纽，刻录着时光的音符，集结着百年之间一座中西合璧之城的邮政信息与电讯密码，也在近代中国的邮政发展史上占有了一席之地。

2010年，这幢经历了世纪风雨的建筑全面修复，辟建为青岛邮电博物馆对外开放，这是迄今为止我国唯一以“邮电”两字命名的博物馆。

建筑及其周边全景

南视图

城阳邮政代办所旧址

约1901年　城阳区城阳街道寺西社区

城阳邮政代办所旧址位于城阳区城阳街道寺西社区，紧邻城阳火车站。

清光绪二十六年（1900年），胶州邮界开通青岛至即墨邮路，城阳为邮路中段驿站。翌年，德国人在此设立邮政代办所，主要办理青岛至胶州铁道的邮件业务，遂成青岛近代开埠以来早期邮政史的一个见证。1949年以后，房屋由城阳邮电支局使用。

建筑取欧式风格，砖石结构，占地面积约360平方米，地上一层，由一座主楼和一排裙房组成。蘑菇石砌出地基并做出檐口，红砖砌墙，表面做拉毛处理，主楼屋面取蒙莎顶，上开梯形老虎窗，裙房屋面为红瓦四面坡。主入口位于主楼的西南角，蘑菇石发券。建筑虽经维修，但基本保持了原有格局和风貌。

屋顶上的老虎窗

城阳邮政代办所旧址

大河町邮所旧址

大和町邮所旧址

1922年　市北区德平路1号

大河町邮所旧址位于市北区德平路1号，东北望贮水山。

1922年3月，日占时期的青岛邮局在当时的大和町（今热河路）设立分支邮所。当年12月，中国政府收回青岛主权，于1923年将其改为邮政支局，办理信函、包裹及汇兑等业务。1934年，邮政和电信业务合并，这里开始受理长话和电报业务。

建筑为日本仿欧式风格，砖石结构，地上二层，一层为营业厅，二层做办公室，占地面积1284平方米，建筑面积184.8平方米。花岗岩砌基，白色水刷墙，红瓦坡顶，上开三角形老虎窗，女儿墙上镶有花岗石雕饰，东南角以两面高耸的三角山墙加大了建筑向上的空间尺度。这座造型别致的建筑独立于街头三角地，构成当时小鲍岛一带的主要街景。

南北岭基督教堂

1873~1986年　崂山区北宅街道南北岭社区

南北岭基督教堂位于崂山区北宅街道南北岭社区。

清同治十二年（1873年），北美长老会牧师郭显德（Hunter Corbett）发起，信众自筹自建创设一座山村礼拜堂。原为中式建筑，有正房三间，东厢房四间，建筑面积191.1平方米，可容百余人礼拜聚会。

今所见为1986年翻建后的面貌，入欧式，建筑面积1077平方米。砖石结构，地上两层，外墙通体以花岗岩细方石砌筑，红瓦坡顶，开三角形老虎窗。南立面以七根圆柱分割空间，象征上帝创造世界的七日圣功。主入口为三连券，上起三角山花。门窗取哥特式尖拱，均衡分布于柱间。室内有礼拜堂，圣坛设于东端，花岗石发券，形成高耸的圆拱，以简洁表述着神圣。

圣坛

东南向视图

"1899" 数据记录刻石

墙饰

天主教会宿舍旧址

1899年　市南区湖南路8号

天主教会宿舍旧址位于市南区湖南路8号，南距青岛湾很近。

20世纪以前的地平线上，这是在青岛最早出现的德国建筑之一，也是天主教传入的一个标志。建于1899年，由来自慕尼黑的建筑师贝尔纳茨（P. Bernatz）设计，安治泰（J.B. von Anzer）主教统筹建造，位于原伊伦娜路（今湖南路）和俾斯麦路（今江苏路）路口，建成后供来青传教的天主教神甫居住。

这是一幢联体别墅，两套住宅相连，彼此对称，在东西两面各设有一个入口，占地面积1083.34平方米，建筑面积2397平方米。砖木结构，地上二层，有地下室和阁楼。花岗石砌基，双阶踏步引至主入口。面街墙体主要由青砖砌成，南立面则呈现了另一种风貌，其中段不再倾情于表述青砖清水的素雅之美，转而以雕饰精致

东视图

的朱红色木制花饰物铺陈着空间，色调鲜艳，浸染着宗教热情，并与中国传统建筑的营造法式取得了内在的协调，看上去显得特别温暖。这在青岛的德国建筑中是不多见的。在东西两端，建筑师继续追述着风格的历史轨迹，以两个彼此对称的塔楼形成呼应，让人想起以往岁月中的哥特城堡。尖耸的锥形塔顶向上引展着建筑的高

南立面局部

塔顶与风向标

度，覆墨绿色铁皮，复以紫铜风向标形成制高点。双塔十分醒目，无论从哪个角度眺望，都清晰可见。花岗石的造型与装饰作用也得到了充分发挥，做出檐口，包镶门窗，墙角几乎全部以细方石勒脚，勾画出清晰完整的轮廓线，实现了粗犷与精致的结合。在东西入口的门楣之上，皆嵌有标示建造年代的数据记录刻石。

20世纪20年代，建筑的东半部一度为刘子山的东莱银行所有。后来曾作为学校使用，现为民居。

建筑及其周边

柏林信义会旧址

1899~1900年　市北区城阳路5号

屋面上用以承托十字架的阶梯式山墙

柏林信义会旧址位于市北区城阳路5号。

始建于1899年，1900年落成，原为柏林基督教信义会（Lutheran Church of Berlin）差会驻地。信义会为基督教新教路德宗教会，亦称路德会。1898年4月15日，昆祚（J.Adolf Kunze）牧师受教会差遣首来青岛，致力于创办青岛的信义会。1899年9月2日，在今胶州路西端落成了柏林教会所属的第一座教堂。对于昆祚的工作，总督府予以大力支持，将鲍岛山上的一片空地划归教会所有。于是，昆祚主导设计了这所房子，信义会在青岛有了稳定的根据地，随后数年间，陆续在台东、李村、即墨、胶州等地建起了教堂。

东视图

柏林信义会旧址及周边区域俯视图
（右上方建筑物即为信义会旧址，左下方建筑物为礼贤书院旧址）

这是一幢砖木结构两层楼房，有地下室和阁楼，占地面积9332平方米，建筑面积约1985平方米。花岗石砌基，红砖清水墙面（今已涂刷，不复旧观），红瓦折坡屋面，上开三角形老虎窗。建筑中轴对称，东立面相对平直，西立面则产生了较大的凹凸变化，遂现“凹”型平面布局。主立面朝东，其南北两翼设计为山墙，山墙顶端开有玫瑰圆窗。主立面设有两个入口，左右对称，15级石阶引至门前。门窗取圆拱，以红砖发券，券肩两两相连。建筑师借鉴了中国古建筑的处理手法，在主立面一层的窗下设计了小瓦叠合的花墙，给出了一个可以表达文化融合思维的细部。建筑出檐较深，主立面檐上屋面中心位置耸起一面阶梯形山花，用以承托十字架，今十字架已不可见。院落中另有一座二层小楼亦为信义会所有，位于主楼东南方。

1925年，由于时局变化和财政困难等原因，柏林信义会将其在青岛和山东的全部教产让渡于北美信义会差会，自此后，改称鲁东信义会。1931年1月，在此开办鲁东信义会医院，直到1941年12月太平洋战争爆发而被迫停办。此后的一段时间，这幢大楼被用作了日本同仁会东亚医科学院宿舍。战后的1946年5月，鲁东信义会收回房屋并恢复为信义会医院。1962年，在此设立青岛市中医院。现由青岛市立医院使用。

窗下的花墙

东南向视图

釉面宝瓶栏杆

长老会宿舍旧址

1900~1901年　江苏路10号

长老会宿舍旧址位于市南区江苏路10号。

建于1900年至1901年，原业主为美国基督教长老会（Presbyterian Church in the United States of America），长期用作长老会牧师宿舍。1913年前后，长老会牧师伯尔根美利（Bergen Mueller）夫妇曾在此居住，因此亦称伯尔根美利旧宅。20世纪40年代赠与基督教青年会。

这是一幢砖石结构两层楼房，占地面积1113.33平方米，建筑面积1175平方米，有阁楼和半地下室。花岗石砌基，黄色水刷墙，隅石勒脚，多折坡屋面，覆红色板瓦，南北两面各开出一排拱形老虎窗。建筑带给人的直观印象是色调明快而造型规整，呈现了一种略有变化的中轴对称布局，重现了文艺复兴建筑的某些精髓，崇尚庄重与协调。平面取长方形，立面以入口为中心向东西两边延展，均衡分布着左右对称的圆拱窗，窗下均以精美的葱绿色釉面宝瓶栏杆做装饰，这种釉面材料在当时是深为青年风格派所崇尚的。蒙莎顶被处理为一种与中国古建筑常见的重檐结构相似的形式。室内有十六个房间，局部装饰上带有拜占廷艺术的痕迹。

东北向俯视图

清和路基督教堂

1900年 市北区清和路42~44号

东视图

清和路基督教堂位于市北区清和路42~44号。

1900年，柏林信义会差往青岛的首席牧师昆祚在此创建了信义会的第二座教堂，名“青岛基督教信义会路德堂”，简称“路德堂”，陶义修为本堂传教士，后由吴焕新接续其神职。1925年，北美信义差会接办柏林信义会全部会务以后，教堂更名为“青岛基督教中华信义会清和路教会”，驻会牧师为郭约翰。1940年，拆除旧建筑，重新设计建造了这座中国宫殿式大礼拜堂，工程于1941年7月告竣，重启教堂复名“青岛基督教信义会路德堂”。1965年停止聚会活动，1985年复堂。

建筑由俄国建筑师尤力甫（Wladimir Yourieff）设计，采用中国古典建筑重檐歇山样式，这在青岛地区的基督教堂中是绝无仅有的一例。教堂总高度为20米，砌有1米高的花岗石基座，平面近乎正方形，青砖墙体涂为赭红色，屋顶覆灰色筒瓦，正脊中心嵌有宝顶，上立十字架。室内高敞明亮，礼拜堂可容纳数百人。

西南向视图

东南向视图

圣心修道院旧址

1901~1902年　市南区浙江路28号

塔楼与山花

圣心修道院旧址位于市南区浙江路28号，青岛湾以北约500米的高地上，紧邻后来建的圣弥爱尔大教堂。

城市记忆中的第一座修道院出现在当时的欧人区西北边缘，近大鲍岛华人区，在原不来梅路（今肥城路）与菲舍尔路（今浙江路）路口标志着地域的精神价值。修道院占地面积约20968平方米，建筑面积约7606平方米。与修道院并存的还有一所女子寄宿学校，起初只收欧洲孩子读书，自1905年开始招收中国学生入读。

建于1901年至1902年，由来自慕尼黑的德国著名建筑师贝尔纳茨（P. Bernatz）设计，原业主为安治泰主教（Bishop Anzer），圣言会的白明德（Franz Bartels）神甫对工程进行了总体监督指导。首先建成了两层楼，平面呈多边围合布局，层高3.8米。建筑师在东南转角处设计了两个左右对称的新巴洛克式塔楼，就此形成视觉标志并赋予建筑以性格，双塔之间引出一面曲线山墙，山花非常洗练，看似简洁的几何构图中寄托着神秘的意旨。1928年，加盖第三层及阁楼，屋面为人字坡结合四面坡形式，上开长方形和三角形老虎窗。然不知何故，那彰显风格的塔楼却被拆除了，未加复原。现所见塔楼为近年来重建，与其初始风貌只是取得了外形上的基本一致，墙体颜色亦相差异。

由朝向东南方的主入口进入大楼，长廊环绕着教室和宿舍，光影交错，带来宗教和教育意义上的心理纵深感。相关情况可在1902年一位修女的日记中有所了解，她说："当初，我们想像中的住处是中国式的。与此相反，我们看到的却是很漂亮的一座地道的欧式楼房。所有的设施都十分完美：修道院、大小厅堂、餐厅、厨房，还有二层楼那条开有20扇窗户的走廊，既宽敞又明亮。这里毫无缺少空间和光线的感觉。优质的壁炉将温暖送向每个角落。……楼上是我们的住房，而城市在我们的脚下。从这里，可以望到一幅秀丽的海景……。"（原载理夏德·哈特维希《斯泰勒修士在中国》）。

与圣言会会馆一样，这也是天主教在青岛地区传播的一个路标。修道院在传教的同时，致力于社会慈善与福利事业，如兴办学校、诊所和孤儿院。早期的院长有荷兰神甫戴寿长、中国神甫张清如和熊炎。

1934年圣弥爱尔大教堂建成后，一幅天主教在青岛的文化图景呈现得清晰而厚重，圣心修道院与圣言会会馆分处东西两侧，在大教堂的韵律中构成内在的一体，虽然高度远低于高耸入云的大教堂，然而精神上相互贯通，俨如大教堂的两翼，延展着神性空间之美，人文地理上存在着精妙、深邃而浩大的协调。

楼梯

走廊

圣心修道院旧址（左）、圣弥爱尔大教堂（中）及斯太尔修会圣言会会馆旧址（右）的整体影像

西视图

斯太尔修会圣言会会馆旧址

1901~1902年　市南区德县路10号

斯太尔修会圣言会会馆旧址位于市南区德县路10号，紧邻圣弥爱尔大教堂，与圣心修道院旧址东西呼应，三者共同形成一个宗教建筑群。

1901年，斯太尔修会派来青岛的第一位传教士白明德（Franz Bartels）神甫在当时的柏林路（今曲阜路）与路易特波尔德路（今浙江路）路口开始营造这所房子，为他和他所皈依的信仰在这片陌生的海岸营造一个真实的家，于是就有了这处可容纳300多人的房子，是这片宗教建筑群中出现的第一所房子。

建筑弥布着坚固而明快的旋律，与圣心修道院一样都是由来自慕尼黑的建筑师贝尔纳茨（P. Bernatz）设计的。砖木结构，地上二层，有阁楼和地下室。花岗石砌基，青砖清水墙与黄色水刷墙结合，屋面则为人字坡和蒙莎顶组合，覆红色牛舌瓦，开三角形老虎窗。在沿街

山花

的南立面设有多个入口，中心入口设于西面一个巧妙安排的拐角处，显得隐秘而内敛。

建筑师在西立面北端和西南转角处安排了两个不同样式的塔楼，以此为标志，划分出相对独立而又贯通一体的逻辑段落，塔间中心位置设计了一面有雕塑感的山墙，就此给出了一个风格路标。这是一面具有复合魅力的山墙，集结起文艺复兴建筑的花蕊式柱头和洛可可式螺旋纹等经典细节，致力于共同强化一面巴洛克断裂山花的力度，极富质感，光晕中显得精美异常，整体与细部的秘密彼此实现，使得建筑韵律形成了深沉的回旋。缘此，新文艺复兴和新巴洛克风格成功交会，这是第一重景深。接下来，是东西方对话之门的一次开启，中国古建筑中常见的青砖出现在构图中，砌出一层的墙体，门窗则以红砖发券，共同凝结清水之美，与上层的黄色水刷墙面形成对比协调，从色彩到影像的过渡显得自然而然。中国元素的吸纳使得整体上的欧洲建筑语言变得更趋丰富，赋予建筑以新的沉思性格调。

这是天主教传入青岛的一个路标，随着它的建成，空白地带响起了哈利路亚的赞美之声。

入口

西南向视图

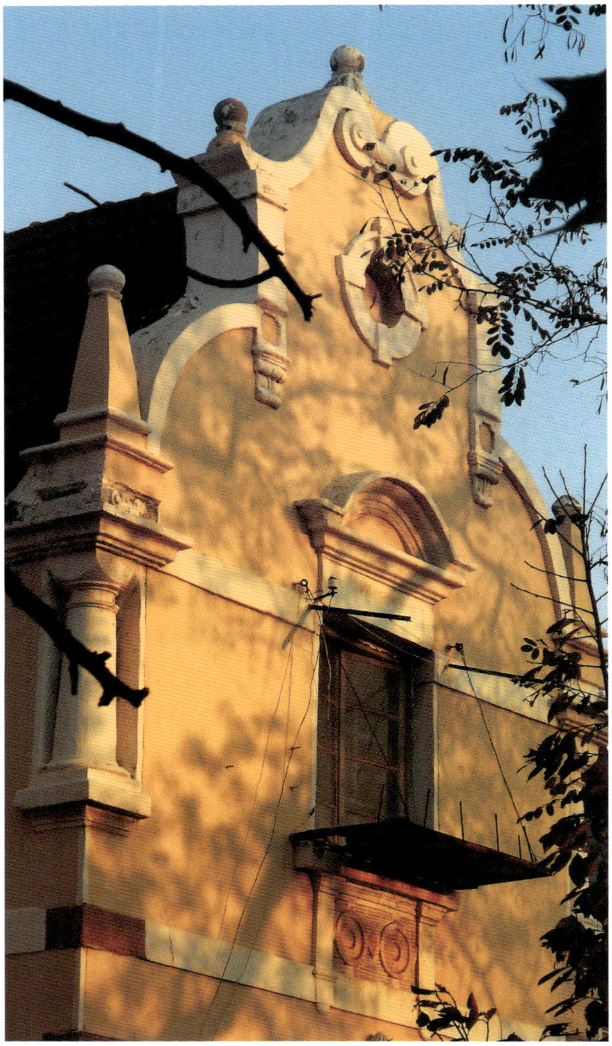

山墙

总督牧师住宅旧址

1902年　市南区德县路3号

总督牧师住宅旧址位于市南区德县路3号，观海山西南麓，东邻德国总督府旧址。

建于1902年，原为德商哈拉尔德·克列纳（Harala Kliene）投资营造的公寓，租给那些来青岛短期工作和旅游的欧洲人居住。1902年至1904年之间，总督府牧师舒勒（Schueler）曾在此居住，因而称总督牧师住宅。1912年，业主将其转手德国人雅克布·杜克尔。

这是一幢带有新文艺复兴风格的田园别墅，建于1902年，占地面积600平方米，建筑面积约530平方米。砖木结构，地上一层，有阁楼和半地下室。阁楼强调向上的动势，加之半地下室大部露出地面，使得这所房子看上去显得高峻了许多。花岗石砌基并勒脚，白色线脚清晰地勾画出檐口，折坡屋面覆红色牛舌瓦，上开三角形老虎窗。东立面以阁楼出挑的木结构露台式凸窗为特色，西南角露台采用了中式垂花柱和镂空檐板。西立面中部凸出一面雕饰精美的山墙，和谐的比例带来了一串音符的跳动节奏，那富于雕塑感的山花神情专注，与左右的三角形老虎窗在色调上形成对比，而造型魅力相互加深，像三面时光之帆，面向新世界作注目与谛听之姿，就此传达出了新文艺复兴的精神旨趣。

东南向视图

西南向视图

北美长老会旧址

1908年　市北区济阳路4号

北美长老会旧址位于市北区济阳路4号。

1908年，北美长老会（North American Presbyterian）在济阳路4号建起小礼拜堂一处，可容纳200人，在此成立青岛北美长老会差会，揭开了北美长老会在青岛传教的序幕。1927年，北美长老会与中华基督教会山东大会合作传教，礼拜堂归中华基督教会胶东区会管理。崇德中学和文德女中曾借用礼拜堂作音乐教室。1948年4月，胶东区会在此设立了中华基督教会济阳路备堂会。1966年停止活动，1995年5月26日恢复礼拜。

建筑为砖木结构，地上二层，有地下室。花岗石砌基，红砖清水墙面，人字坡屋顶，覆红色板瓦。南北立面各有两根红砖砌成的方形烟囱贴墙而立，形成扶壁，穿过屋檐直达屋顶。主立面朝南，东西立面为阶梯式山墙。其北侧楼房原为教会办公用房。

西向俯视图

基督教青年会旧址

1911年　市南区浙江路9号

南视图

基督教青年会旧址位于市南区浙江路9号，南邻青岛湾，北望圣弥爱尔大教堂。

建于1911年，占地面积3308.68平方米，建筑面积3041.75平方米，层高约4米。砖石木结构，地上二层，有阁楼和地下室。花岗石砌基，水刷墙，蒙莎顶，上开长方形老虎窗。主入口设在南立面中部，八级石阶引至门廊，上耸起一面曲线山墙，以此为轴心形成对称布局。平拱长条窗和方窗与墙面上点缀的方形装饰均入青年风格派理路。南立面东西两端各设有一座意大利风格的观景角楼，上覆绿色铁皮盔顶。建筑在其复古样式中呈现了折中主义色彩。

1917年，北洋军阀张勋在其复辟之年将此楼购入名下，时称张勋公馆。30年代初，张勋后人将此楼转与基督教青年会（Young Men's Christian Association）。青年会是基督教新教所创办的具有宗教属性的社会服务团体，推广普世基督理想。青岛基督教青年会是中国著名的城市青年会之一，初创于1908年，重建于1924年。1931年秋，青年会出资购得此楼为新会址，经常在此举办学术讲座等公益和慈善活动。1954年，青岛教师进修学院在此设立，1983年更名为青岛教育学院。

西南向俯视图

红岛耶稣堂旧址

红岛耶稣堂旧址

1911年　城阳区红岛街道后韩社区

红岛耶稣堂旧址位于城阳区红岛街道后韩社区。

清宣统三年（1911年），德国人在后韩村中央白街北侧建起了这座基督教堂，当地人称之为耶稣堂。为中式平房，砖石结构，五开间，建筑面积94平方米。单檐硬山，青色覆顶。主入口位于南立面中部，东西两面山墙均开有圆拱窗。现作为幼儿园使用。

姬宝路旧宅

1913年　市南区广西路5号

姬宝路旧宅位于市南区广西路5号，南距青岛湾很近。

建于1913年，为天主教圣言会的神职人员宿舍，德国神甫姬宝路（Gilberto）曾在此居住，因此这所房子一般被称为姬宝路旧宅。1941年后，芬兰驻青岛领事馆一度迁入此楼办公。

建筑入欧式，占地面积1271.14平方米，建筑面积1367.79平方米，砖石木结构，地上二层，有阁楼及地下室。建筑取中轴对称布局，结构严谨，色调明快。花岗石砌基，黄色拉毛墙，红瓦四面坡顶，上开长方形老虎窗。以水平腰线划分上下两层，主入口设在南立面中部，十级石阶引至双券门廊，其上为二层的露台。东西两翼前凸形成三角山墙，上开半圆形券窗。

姬宝路旧宅

胶州基督教堂

1913年　胶州市徐州路45号

东视图

胶州基督教堂位于胶州市徐州路45号，这一带自古即为胶州城的中心地带。

建于1913年，由瑞典基督教传教士任其裴发起并建造，成为基督教在胶州传播的一个重要见证。1999年，在其北侧建造新教堂。现由胶州市基督教“三自”爱国运动委员会使用。

建筑在一种内敛的格调中呈现基督教精神，造型简洁大方，看上去更像是一位异乡客旅的孤独屋宇。这是一幢砖木结构二层小楼，占地面积约156平方米。花岗石砌基，黄色拉毛墙，红瓦折坡屋面。主入口朝东，门窗均为平拱，造型简洁，无装饰。二层东南角设有观景露台。院内多古树名木，环境幽雅。

任其裴是20世纪上半叶胶州那段历史的亲历者，留迹深远，教堂之外亦多有建树，1902年创办了瑞华学校（今胶州一中校址），开胶州新式教育之先河。

胶州基督教堂全景

即墨长老会旧址

即墨长老会旧址

1918年　即墨市信义街105~107号

即墨长老会会址位于即墨市信义街105~107号。

1918年，朝鲜长老会差会的朴尚纯、李大荣、方之日牧师创设即墨长老会，1927年合入中华基督教会，称“山东省中华基督教会东海区会”，负责即墨与莱阳地区的教务。建筑为中式二层楼房，建筑面积99.79平方米。砖木结构，青砖砌体，单檐硬山，覆黑色小瓦。青砖叠出腰线，以勾勒上下层次。山墙饰灰塑山花，门窗亦以灰塑发碹。

东连戈庄天主教堂

1922年　平度市祝沟镇东连戈庄村

东连戈庄天主教堂位于平度市祝沟镇东连戈庄村。

中式天主教堂，建于1922年，由加拿大籍姜姓神甫出资，本地信徒张喜美、张树荣、张树典等共同修建。有正屋和东西厢房共十七间，占地面积1861.5平方米。正房东侧原有钟楼一座，另有菜园及草房数间。正屋为礼拜堂，面阔八间，为砖木结构平房。花岗石砌基，青砖清水墙，硬山顶，覆黑色小瓦，正脊平直。西山墙顶端耸起一座砖砌小塔，上立木制十字架。南立面门窗俱为拱形，以青砖发券。礼拜堂可容纳数十人，圣坛设于东端。

东连戈庄天主教堂

长老会同道堂旧址

1923年　市南区伏龙路1号

长老会同道堂旧址位于伏龙路1号，伏龙山西麓，南望信号山，西望观象山。

建于1923年，原为长老会教堂，名同道堂。1927年归入中华基督教会，该会谋求自立兴教，宣称“用中国化的教会谋求基督教”。建筑为砖木结构二层楼，有阁楼和地下室。花岗石砌基，混水墙，红瓦坡顶。它坐落于山麓高地，南立面整体设计为一面阶梯式山墙，顶端嵌有八瓣莲花图案，以示教会的中国性质，其上原立有大十字架，现已不见。门窗俱为券式，主入口处于南立面的中心位置，一个庄严的圆券门，由坡下登上十九级石阶来到门前，建筑显得高大雄伟。

长老会同道堂旧址

天主教临沂教区住宅旧址

1923年以前　市北区包头路31号

天主教临沂教区住宅旧址位于市北区包头路31号。

建筑面积1199平方米。砖木结构，地上二层，有阁楼。花岗石砌基，水刷墙，红瓦坡顶，开眉式老虎窗。

1923年2月20日，德籍神甫贾鹤严从杨公庶处购得此处房产，在此居住，归天主教临沂教区所有。1945年战后重返此处居住并传教，1958年纳入国家经租，1982年退还山东省天主教教务委员会，2006年交还临沂教区自管。

天主教临沂教区住宅旧址

全圣观旧址

1924年　市北区芙蓉山246号

全圣观旧址位于市北区芙蓉山246号，是芙蓉山上的一座传统形式庙宇建筑。

建于1924年，为宗社党人物曾明本所建造。虽为道观，却兼祀孔子和老子，显示了当时的一种历史文化语境。这里一度为部分谋求清室复辟的晚晴遗老的活动基地，原有山门、前后殿、东西厢房及钟鼓楼，庭院内凉亭花圃、假山鱼塘皆有所见，一派江南园林气息。现存后殿一栋和东厢房一栋，建筑面积约155平方米。为地道的传统庙宇建筑，青砖青瓦，单檐硬山。1954年，用作芙蓉山小学，今设为芙蓉学堂。

全圣观旧址

即墨女万字会旧址

1924年　即墨市瀚海街道平等街1号

女万字会旧址位于即墨市瀚海街道平等街1号。

建于1924年，为中式平房，有正屋和厢房各1栋，建筑面积159.9平方米，正屋外设有回廊。万字会为带有宗教与慈善双重属性的机构，全称“世界红万字会”。1924年，红万字会即墨分会成立，隶属青岛红万字会。为接纳会员的眷属入会，而专设女万字会。在此，万字会设立了一所女子学校和一处贫民救济机构。1949年6月解体。

即墨女万字会旧址

山墙上的窗厦

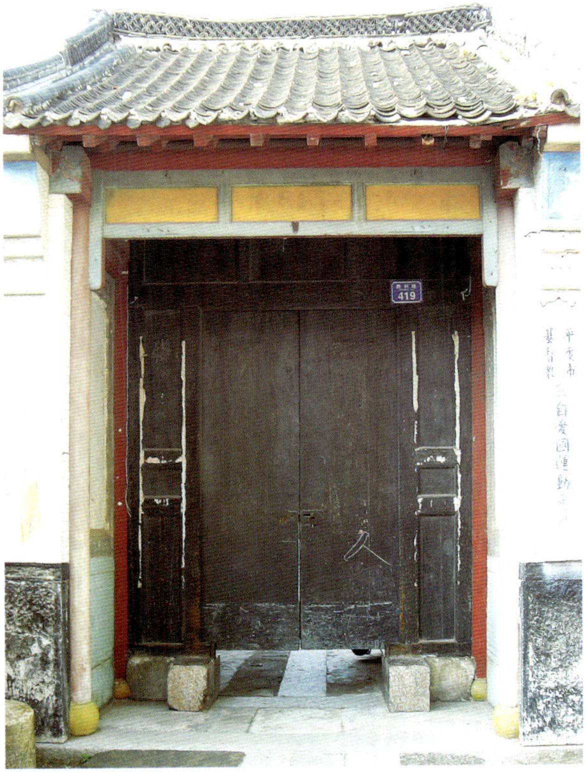

庭院大门

平度万字会旧址

1930年　平度市胜利路419号

平度万字会旧址位于平度市胜利路419号。

建于1930年平度万字会成立之时，四合院布局，包括正房、东西厢房、门楼及倒座房，均为中式砖木结构建筑，中轴对称，占地面积约856平方米，建筑面积约552平方米。花岗石砌基，青砖清水墙，硬山顶，覆黑色小瓦，正脊平直，筒瓦砌成镂空花脊，两端饰鸱吻。正房主入口朝南，四根花岗岩方柱形成柱廊，东山墙开有一窗，窗厦悬挑于墙面，作门楼状。建筑现由平度市基督教三自爱国运动委员会使用。

平度万字会旧址

北美信义会别墅旧址

1930年　市南区福山路2号甲

北美信义会别墅旧址位于市南区福山路2号甲。

建于1930年，庭院占地面积1734平方米，建筑面积510平方米。砖木结构，地上二层，有阁楼及地下室。花岗石砌基，红瓦坡顶，上开长方形老虎窗。建筑以一座五角塔楼为标志，它处于东北角，带来挺拔之感。

1937年初，林凤歧从常乐堂手中取得房屋产权并于当年4月11日将其让渡于北美信义会，由谷慕灵牧师签收。1957年，房屋归鲁东信义会所有。

北美信义会别墅旧址

神召会礼拜堂旧址

1935年　四方区嘉禾路15号

神召会礼拜堂旧址位于四方区嘉禾路15号。

建于1935年，砖混结构，花岗岩砌基，建筑面积约270平方米。神召会属基督教五旬节派的一支。1924年，美籍牧师部文昭（音）受加拿大神召会差遣来到青岛，先在北京路设会址，后辗转于胶州路和安徽路。1935年，司克慈（音）牧师来青接续工作，在此建成礼拜堂。1982年修复，重启教事。

神召会礼拜堂旧址

龙山路基督教堂

1943年　市南区龙山路4号

龙山路基督教堂位于市南区龙山路4号，信号山西麓。

建于1943年，占地面积1324.01平方米，建筑面积749.99平方米，可容1500人聚会。砖木结构，地上两层。花岗石砌基，黄色水刷墙，红瓦坡顶。通过沿街的圆拱门进入内院，三面内侧均设有木制环廊。室内礼拜堂南北两侧为复式结构，圣坛设于东端。初为基督教新兴教派“基督徒聚会处”驻地，该教派认为教会应包括广义上的所有基督徒，先设于锦州路，1942年，由阳本印染厂董事陈子万等信徒出资在现址建起会所，教派移址于此处。当时，因拒绝参加在青日籍牧师山村好美组建的“华北基督教团青岛分团”而被日本殖民当局强令停止聚会，1945年抗战胜利后复堂。1965年停止礼拜，1985年，信徒借用江苏路基督教堂恢复擘饼聚会，1994年聚会迁回龙山路4号会所。

礼拜堂

西南向视图

总督府童子学堂旧址

1900~1901年　市南区江苏路9号

铭文，屋檐与窗口

总督府童子学堂旧址位于市南区江苏路9号。

建于1901年，德国建筑师贝尔纳茨（P.Bernatz）设计，皮科罗公司施工，建筑面积758平方米。这是一幢砖木结构小楼，中部二层，两侧配以向外均衡凸出的平房，形成了错落有致的空间效果，很好地协调了整体的比例，强化了中轴对称的尺度。八级石阶引向主入口，四根花岗岩圆柱分列左右，支撑起门廊，很敞亮，开启了朗润透明的心理空间。在二层，以红色垂花柱和绿色镂空檐板传示中国韵致，而木椽出檐，亦是别有深意，其中或有文化对话的寄托亦未可知。檐下中心位置嵌有学堂的“1901”创始年代铭文。屋顶为四面坡，覆红色卷筒瓦，前端中心有一个精心设计的曲线老虎窗，窗檐灵动有趣，看上去就像是某一幅儿童画中闪现过的三片花瓣和两道波浪。这一细节提示了屋宇的性质和内蕴，寓意童心的开启。缘此，建筑师完成了自我与建筑的同一心理分析，童子学堂传出的琅琅书声已然超越了历史本身的变幻，也超越了东西方的界限。在20世纪初的地平线上，一座中西合璧的小楼有着与其功能相吻合的造型，在阳光中显得优美而生动，以其韵律齐整而开合有度的形象表述着教育理想，作为成长的象征，它注定要

西北向视图

要被许多人反复追忆。

1901年，胶澳总督府为培养德国贵族子弟而开办了这所小学校。虽然历经沧桑，但始终是一个表征人生与城市之共同梦想的起点，其特殊价值表现在，为青岛的新式小学教育史开山，延续着城市的教育根基。新中国成立后，设为江苏路小学。百年而今，这里始终是人们考察青岛小学教育之历史和现状的一个窗口。

一层门廊

西视图

童子学堂旧址所在区域全景

礼贤书院旧址

1901年　市北区上海路7号

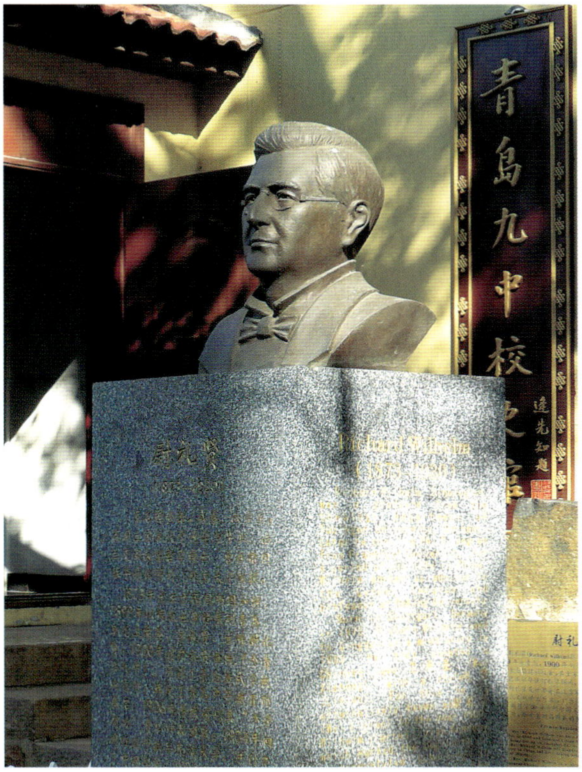

卫礼贤铜像

礼贤书院旧址位于市北区上海路7号。

礼贤书院（Deutsch Wilhelm Schule）为德国著名传教士、汉学家卫礼贤所兴办，1900年初设于胶州路，1901年在上海路现址开建新校舍。当时这一带集中了同善会、信义会和长老会的差会，牧师亦多在此居住，故有教会山（Missionberg）之称。书院开设了高级德文班，其余学科均依循清政府所颁行高等学堂章程来组织授课。1905年添设女学，是为青岛首家女子中学美懿书院（淑范女学）的前身。1919年改称礼贤甲种商业学校。1923年更名为私立礼贤中学。1935年开设制图科与德文专修科，与同济大学签订教育协议，优秀毕业生可直接升入同济大学读书。1952年设为青岛九中。百年之间，教育之路绵延不断。

西南向视图

书院建筑群为中西合璧的典范，现存屋宇原为卫礼贤及其夫人莎乐美的寓所，兼作研究室。这是一幢砖木结构两层楼，有阁楼，花岗石砌基，黄色水刷墙，墙角以花岗石做包镶，屋面为人字坡，上开三角形老虎窗。建筑中轴对称，体现出一种内敛的宗教精神。上下两层的南面均设计为木制敞廊，木椽出檐，一层东西位置各以九级石阶引至廊内。东西立面为三角墙，各设一个入口门楼，阁楼位置并排两扇窗楣微微起弧的平拱窗，左右各置一扇八角窗。关于当初书院的整体布局，卫礼贤夫妇在《我们在青岛的学校》一文中写道：“这是一所中国式的学校，包括它的建筑布局。学校的房屋各自封闭，并以著名的中国建房风格结为单独的院落。踏入正门，可看到一个正方形的院子，四周被教室包围起来。与此相连的东院面积较大，里面设有学生宿舍。……这个大约住着六十名学生的院落同时也作为游戏和运动场地使用。”中心校园取四合院布局，主入口门楼亦入中国传统建筑法式，雕梁画栋，飞椽出檐，其上鸱吻、瑞兽、川楣、雀替、额枋皆有所见。1911年增建教学楼一幢。1913年，东院增建藏书楼，典汇中西书刊三万册，被认为是青岛第一家近代公共图书馆。

南立面的敞廊和楼梯

卫礼贤原名理查德·威廉（Richard Wilhelm），原为德国基督教魏玛传教会（同善会）牧师。1899年5月，他受教会差派来到了青岛。1914年德日易帜后，他并未离去，直到1921年归国，后重返中国，出任北大教授，前后度过了25年中国岁月。礼贤书院是卫礼贤留给青岛的一份礼物，作为开风气之先的新式学堂，站在了近代青岛教育史的起点上。作为清末“废科举，兴学堂”的一个历史范例，礼贤书院着力熔铸一种文化对话与融合

东立面

东南向视图

二层的敞廊

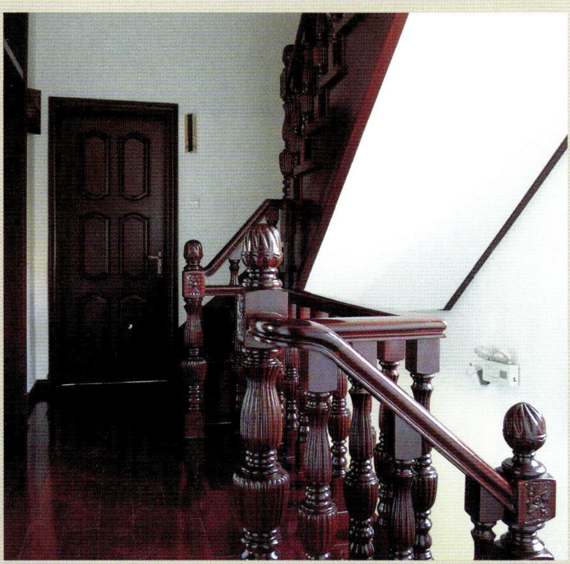

楼梯间

一层的敞廊

精神，一如卫礼贤所倡行的“有教无类，一视同仁”和“中学为体，西学为用”办学理念，它标志着中西教育理想的融合并兴。1906年，山东巡抚杨士骧奏请朝廷赏给卫礼贤四品顶戴，以嘉奖其办学之功。

1913年，卫礼贤在书院内开办尊孔文社。这是一个文人雅集的自由学术团体，主要由两部分人组成，一部分为晚清遗老，另一部分是在德华大学任教的德国学者，他们在一起进行东西方文化对话，因而文社也被称为中西文社。1911年到1921年之间，得京师大学堂首任总监劳乃宣鼎力相助，卫礼贤将《易经》、《论语》、《道德经》、《庄子》、《列子》、《孟子》、《大学》、《礼记》、《吕氏春秋》以及《太乙金华宗旨》等中国传统典籍译成了德语，并撰写了大量关于中国文化的研究著述。在礼贤书院展开的，是一项伟大的跨文化传译工程，为西方世界了解中国文化精神产生了极为深远的影响，卫礼贤也因此而进入世界顶级汉学家行列。主要是由于卫礼贤在这里开展的译经活动，青岛成为20世纪上半叶东学西渐的一大桥头堡，在东西方两大文化体系的对话中获得了话语权，德语文化圈乃至整个西方世界对中国文化理解的新道路由此展开。

礼贤书院不仅是近现代教育的一个路标，亦为东学西渐的一大堡垒，缘此而获得了非凡的历史价值。这是礼贤书院所呈现的人文图景，历久而弥新。

礼贤书院小校门

胶澳商埠公立通俗图书馆旧址

1903年　市南区莒县路2号

主入口

胶澳商埠公立通俗图书馆旧址位于市南区莒县路2号，近青岛湾。

建于1903年，当初业主为德商毛勒（F.X.Mauerer）建筑公司。1924年8月，胶澳商埠公立通俗图书馆在此设立。1929年4月，改设为国民党青岛市党部图书馆。1930年6月，青岛市立图书馆在河南路开办，1932年与国民党青岛市党部图书馆在此合并，称青岛市立图书馆。新中国成立后，改称青岛市人民图书馆，1950年迁至广西路14号，1953年改称青岛市图书馆，迁至鱼山路37号办馆。1992年，市图书馆迁至今延吉路109号。

这是一幢砖石结构三层楼房，有阁楼和地下室，占地面积1082.67平方米，建筑面积约917平方米。花岗石砌基，水刷墙面，红瓦折坡屋面，上开方形老虎窗。沿街的主立面朝向西北方，两侧分别设有梯形山墙和三角山墙，山墙二层开有相互对称的双券窗，以科林斯石柱承接券肩，窗台之下饰以曲线花格，就此形成一幅精美的构图。建筑沿街布局，整体造型严谨，细部装饰灵活，呈现了新艺术风格的基本风范。

西视图

德华大学农科实习地旧址

1909年　李沧区九水路176号

南视图

德华大学农科实习地旧址位于李沧区九水路176号。

现存砖木结构房屋一栋，地上一层，有阁楼，占地面积114.31平方米。花岗石砌基，黄色水刷墙，红瓦折坡屋面。南立面中部前凸，主入口设在其西侧，东西立面山墙开有窄长阁楼窗，室内铺木地板。原为德华大学农科实习基地用房。

1908年10月，德国与清政府合办德华大学（德华高等专门学堂），为青岛历史上首座高等学府，亦是德国在华开办的第一所大学。1914年德日战争后，德华大学南迁上海，与同济医工学校合并成立同济大学。

德华大学成立后的第二年，为满足农林科学生实习需要，在李村现址所在地开辟了农科实习地，占地面积约74亩，德人陆续从德国及欧洲引进了两百多个果树、蔬菜和林木品种，在此进行适应性栽培试验，其中最成功的案例当属刺槐，这一树种在这里引种成功后即被广泛用作了行道树，出现在大街小巷，人们呼之为洋槐，青岛因此而有了“洋槐半岛”之称，很快，刺槐就由青岛推广到了全国。1917年，实习地被用作日本守备军民政部农事试验场，规模逐渐扩充至270亩。1922年青岛主权回归后，成为胶澳商埠农场，1923年与林务局合并，称作农林事务所农事试验场。1949年以后由青岛农科所使用。现存建筑今为青岛师范学校体育器材室。

西视图

明德中学旧址

1911年　市北区阳信路2号

楼梯间

明德中学旧址立于市北区阳信路2号。

明德中学是青岛历史上一所著名学校，清宣统三年（1911年）由北美长老会牧师聂克林夫人创办。1919年北大学生发动“五四”爱国运动，明德学子奋起响应，要求日本交还青岛主权，学校因此而被日本殖民当局查封。1922年中国收回青岛主权后复校。1923年又因与美国学校学生械斗事件而被再度关闭。1926年原址开办胶东中学，1928年停办。1929年7月原址复建崇德中学。1939年，美国长老会在校内建起平房五间，作为圣教书局新址。太平洋战争爆发后，学校改为青岛市立二中。抗战胜利后，恢复崇德中学。1952年改为青岛十一中。今为青岛九中南校。

现存明德中学创校校长聂克林夫人寓所一栋，为砖木结构两层楼，有阁楼和地下室。花岗石砌基，黄色水刷墙面，墙角嵌隅石，红瓦多折坡屋顶，上开长方形老虎窗。主入口朝西，上起曲线上墙。南立面西侧设置露台，后来被封闭。开窗不大，多为窄长竖窗，整体排列于墙上，显得十分素雅。此楼原来有一个名字，叫“思聂楼”，是聂克林夫人为纪念其子聂侯而建造的。

西南向视图

日本中学校旧址

1921年　市南区鱼山路5号

日本中学校旧址位于市南区鱼山路5号。

小鱼山和八关山西麓的一大片坡地处于群山环绕之中，其北方还有青岛山，西侧则有信号山。这一带原建有章高元的清军嵩武兵营，德占胶澳后，1899年，在八关山西麓建起了俾斯麦兵营。1919年，小鱼山西麓的这片坡地被选为开办于1915年的“日本青岛中学校”的新校址，校方委托日本建筑师三上贞为待建校舍做出了古典与现代相结合的设计，土木工程由青岛公和兴营造厂承担，1920年3月5日开工，至1921年6月21日竣工，落成的校舍是一个由前后两座楼及其它附属建筑物构成的建筑群。当月底，日本中学校即由太平山下的原德军伊尔底斯兵营迁入其中。1945年抗战胜利后，这里与原俾斯麦兵营（日占时称万年兵营）一起收回，作为国立山东大学校舍，山大前身为启幕于1930年的国立青岛大学。1947年6月2日，山大“反饥饿、反迫害、反内战”

后楼（胜利楼）西南向视图

前楼（六二楼）南视图

的六二学运在此爆发。1949年6月2日青岛解放，为纪念这一天，1950年将前楼命名为“六二楼”，后楼则被命名为“胜利楼”。1958年，山东大学西迁济南以后，在此成立山东海洋学院。1988年更名为青岛海洋大学。2002年更名为中国海洋大学。

建筑群呈现了日本明治维新以后出现的仿欧式建筑的基本风貌和诸多精髓。前后两楼均为钢混结构两层建

前楼的门厅和楼梯间

前楼山墙局部

前楼主入口门楼

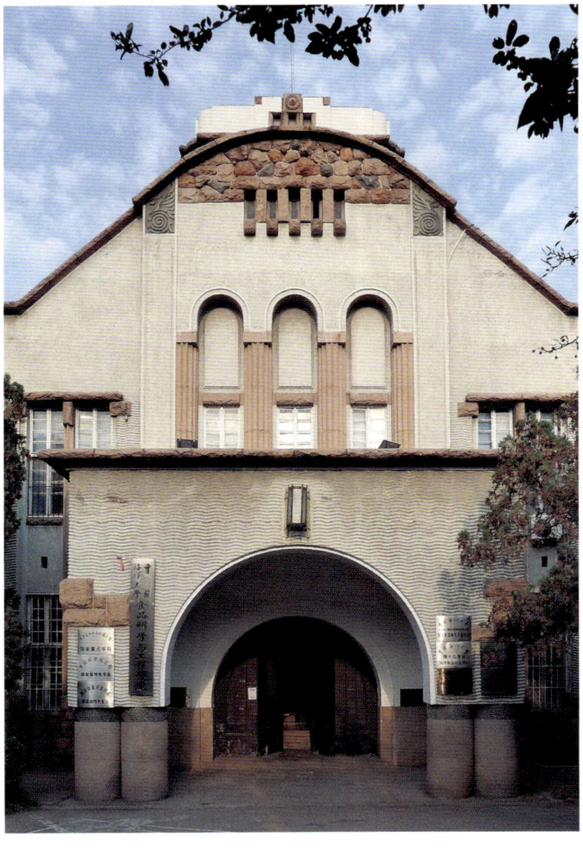

筑，有阁楼。花岗石砌基，墙体外观呈现为波纹墙和水刷墙的组合，墙角嵌有隅石。窗户均为双层联窗，取长方形平拱，或宽或窄，成排铺陈，窗台和窗楣多以蘑菇石做成。屋面除了局部的四面坡之外，其余均多为人字坡，上开眉式老虎窗，塔楼则可见城蝶式平顶和金字塔式尖顶。楼内装有现代化供暖设备和水流式下水道，走廊铺水磨石，主要房间铺木地板。

前楼（六二楼）原为教学楼，体量较大，建筑面积9166平方米。楼内分布着各种房间46个，主要用作教室、实验室和办公室。平面基本上可视为一个有长短变化的“山”字形。南立面取中轴对称布局，主入口门楼设于其中间位置，内外双重半圆拱带来了纵深感，石头做出的平檐协调着线条变化，其上立起的一面有雕塑感的曲线山墙寻求一种微妙的弧度变化，山墙雕饰精密繁复，上下排列一组窄小五联窗和一组装饰性三联券，顶端则以双色蘑菇石铺出山花，左右各嵌有一片反向对称的线刻凤凰图。山墙身后，屋顶中心耸起一座方塔，就此给出了建筑的制高点，并引出了某种城堡意象。楼内，门厅兼做主楼梯间，以三个半圆拱将视线引向主楼梯，是新艺术风格的现代铁艺楼梯，由此向上，在二层几乎复制了同样的三圆拱结构，逻辑清晰。无论楼内还是楼外，用以支撑拱券的柱子均粗壮敦实，无柱础，柱身以暗红色大理石包镶，柱头图案一致，以青石凿刻出中国古建筑中常见的乳钉纹。

后楼（胜利楼）初为学生宿舍，体量相对小一些，

后楼主入口

建筑面积2804平方米。南立面放弃了中轴对称布局，主入口门楼造型相对简约，却更见古朴之趣，大门两端各以三根连在一起的素面圆柱形成拱卫，它们立于一个圆形石墩上，省略了一切装饰。门楣以细石双层发券，上方是蘑菇石外凸形成的门檐，门楼之上是一排三联窗，再往上是蘑菇石砌出的檐口。屋面前端的眉式老虎窗有着与主入口门檐保持着一样的弧度。楼内，门厅亦兼作主楼梯间，不过与前楼不同，楼梯不设于中心位置，而是分置于门厅两侧。城堡意象再度显现，建筑师同样为其设计了一座塔楼，它处于楼体的西北角，上方三层蘑菇石垒出雉堞女儿墙，石椽探出墙体，向上托起一片金字塔形屋面，红色铁皮覆顶。塔楼的前方，南立面西端的山墙亦称精到，风格与前楼主入口所在的那面山墙一致，造型略有变化，基本上可视为一面三角山墙，前楼所见蘑菇石山花及线刻凤凰图案再度出现。

历史地看，德占时期为青岛建筑的第一个高潮，到了1929年南京国民政府接管以后出现了第二轮城市建设高潮，处于两者之间的年代在建筑上的表现相对贫乏，经典力作并不多，而目前所见这一建筑群是一个特例，可视为20世纪20年代青岛建筑的扛鼎之作，无论从建筑规模还是艺术价值上看，均称可观。

从小鱼山拍摄的俯视图

沧口寻常高等小学旧址

1922年　李沧区四流中路113号

沧口寻常高等小学旧址

沧口寻常高等小学旧址位于李沧区四流中路113号。

建于1922年5月，初为日占时期的沧口寻常高等小学。1946年改为沧口初级中学。1949年设为青岛三中。1956年改为青岛二十二中。占地面积468.5平方米，原由南北两楼组成，现南楼已拆除，仅存北楼。楼体不等高，呈阶梯式三进布局，由西段一层渐次升高为东段的三层。花岗石砌基，水刷墙面，蘑菇石檐口，人字坡结合局部的三面坡屋面，上开三角形老虎窗。窗户造型简洁，均为长条竖窗，嵌石板为窗台。

铁路职工子弟第二小学旧址

1924年　四方区杭州路3号丁

铁路职工子弟第二小学旧址位于四方区杭州路3号丁。

建于1924年，为青岛历史上的第二所铁路小学（第一所位于广西路），现为四方第二实验小学。今校园内存有当年所建教学楼一栋，为砖石头结构建筑，地上两层，砖砌墙体，红瓦四面坡屋顶。南立面设计为敞廊，出檐较深。另外，位于校园门口处的一座小楼原为日占时期的日籍铁路站长住宅，现亦归四方第二实验小学使用。

铁路职工子弟第二小学旧址

圣功女子中学旧址

1930年　市南区德县路27号

主入口

圣功女子中学旧址位于市南区德县路27号。

圣功女中是历史上一所著名的教会女子学校，由天主教青岛教区维昌禄主教和美国圣方济各会司坦利丝拉斯修女共同创办。校舍建于1930年，美国建筑师比洛克设计。现存主教学楼为砖石结构欧式建筑，地上三层，有地下室，建筑面积2496.01平方米。花岗石砌基，黄色水刷墙面，平屋顶。窗户造型均取高直的平拱。建筑中轴对称，主入口庄重典雅，位于南立面中心位置，花岗石发券形成圆拱，外侧再以细方石包镶形成一个平拱，拱心位置嵌有石十字架，以显明教会学校的性质，门拱两侧均刻有“4.10.1930”字样，以标示其建造年代。建筑体现了当时欧美教会学校的一些基本风范，造型大方，色调明快。当初一层为办公室，二层为教室，三层为学生宿舍。校内还设有一个小礼拜堂，为修女讲经、祈祷和做弥撒的处所。同时，圣方济各会所办的圣约瑟学校修女院一并附设于其中。

1931年9月14日，圣功女中启幕，前两任校长为林黄倩英和周铭洗，日常校务由司坦利丝拉斯修女主持。女中与北平辅仁大学、上海复旦大学属同一教派，信教而成绩优秀的毕业生可直接升入两校，部分学生被送至美国的大学深造。1937年“七七”事变后一度关闭，1938年10月复课。1942年改称市立第二女子中学。1945年恢复原名。新中国成立后，设为青岛七中。

东南向视图

李村师范学校旧址

1930年　李沧区九水路176号

李村师范学校旧址位于李沧区九水路176号。

前身是1930年启幕的李村中学，1932年秋增设乡村师范科和速成师范科。1935年改称李村乡村简易师范。1936年更名为市立李村师范学校。1938年校舍被日军强占为兵营。1950年改称青岛师范学校。

1930年所建校舍占地面积4342.8平方米，由两个连体四合院组成。1997年拆除部分房屋，其余部分保存。为砖木结构平房，红瓦坡顶，木制回廊环绕。1934年6月所立建校纪念碑尚存，石质，通高228厘米，宽87厘米，厚19厘米，记载了学校创始渊源与早期面貌。

胶济铁路青岛中学旧址

1931年　四方区杭州路3号乙

胶济铁路青岛中学旧址位于四方区杭州路3号乙。

铁路中学肇始于1925年，初附设于广西路上的铁路小学。后数度迁址，至1931年在现址建起新校舍，为当时青岛面积最大的中学。1940年，济南铁路局青岛铁路学院设于此。1945年改为青岛扶轮中学。1950年改称青岛铁路职工子弟中学。1984年改称青岛铁路职工子弟第一中学。2003年改称青岛第六十六中学。

现存早期建筑六栋，均为砖木结构平房，造型简约，注重实用功能与工业教育的适应性，呈现了教育遗产与工业遗产的复合景深。

李村师范学校旧址

胶济铁路青岛中学旧址

双山小学旧址

双山小学旧址

1931年　莱西市夏格庄镇双山村

双山小学位于莱西市夏格庄镇双山村。

建于1931年，由前后三排房屋和东西厢房组成，总建筑面积900余平方米。砖石结构，平面布局取四合院式。门楼造型别致，青砖发券形成圆拱门，上起半圆券山墙，左右再接出相互对应的曲线山花，其上原有灰塑浮雕。前排房屋的东西山墙顶端有圆头形装饰，民间称之为“防火墙”。屋面原覆小瓦，后来维修时换成了大瓦，主体建筑和布局维持原样。

双山村有东西两村之分，是明代大理寺卿张梦鲤的故乡，素有教育风气。双山小学是莱西市保存下来的规模最大且基本完好的一座民国时期学校旧址。

武备乡校旧址

1933年　莱西市武备镇武备五村

武备乡校旧址位于莱西市武备镇武备五村。

建于1933年，是当时著名的乡农学校之一。现存建筑前后两排共20余间，取当地流行的民居建筑样式，建筑面积超过1000余平方米。20世纪30年代，著名学者梁漱溟在山东进行乡村建设，莱西一带是重点区域之一，其乡农学校建设经验在全国引起了强烈反响。乡农学校实行“管教养卫”四位一体制度，即行政、教育、经济、武装统一管理，设校长、副校长、董事长、文牍、教员、军事教官各一人，正副班长12人，全面承担原区公所的一切事务。

武备乡校旧址

圣吉尔斯学校旧址

1933年　市南区栖霞路16号

圣吉尔斯学校旧址位于市南区栖霞路16号。

这是一所造型大方而格调清新的小楼，砖木结构，地上二层，有阁楼和地下室。花岗石砌基，混水墙，蒙莎顶，覆红色牛舌瓦。主入口朝东，长条窗，一层墙面做横向线条分割，流露出国际式建筑气息。

圣吉尔斯学校（S.Geers School）是20世纪30年代英国人在青岛开办的一所国际学校，教学质量高，为当时同类学校中的佼佼者，不惟青岛，山东乃至其他省份的外侨子女亦纷纷慕名入读此校。1938年停办。

圣吉尔斯学校旧址

傅家埠小学旧址

1936年　城阳区惜福镇街道傅家埠社区

傅家埠小学旧址位于城阳区惜福镇街道傅家埠社区。

建于1936年，1937年竣工启用，占地面积2444平方米，建筑面积1207平方米。四合院式布局，共有教室22间，每间约60平方米。砖木结构，混水墙，人字坡屋面，覆红色板瓦。空间流畅，四周环以游廊，三十根石础木柱支撑起游廊。南面外侧中心设置一面三阶曲线山墙，中开圆拱门，为进出校园之通道。这是20世纪30年代所建乡村学校中规模较大、保存完整的一处。1952年扩建，20世纪70年代以后曾用作傅家埠中学。今设为傅家埠幼儿园。

傅家埠小学旧址

海滨生物研究所旧址

1936年　市南区莱阳路5号

从庭院主入口看建筑

海滨生物研究所旧址位于市南区莱阳路5号。

建于1936年，为我国近现代最早的海洋研究基地之一。1938年改称山东产业馆。1952年与水族馆合并，称青岛人民博物馆，1955年改称海产博物馆，延续至今。

这是一幢中国传统风格建筑，以海上宫殿的形象示人，坐落在汇泉湾的西北岸。建筑总高度为11米，内部设有大小房间11个，占地面积195.04平方米，建筑面积399.67平方米，砖木结构，地上两层，有地下室和阁楼。花岗石砌基，一层墙面贴水磨石，二层为混水墙，着红黄两色。窗户俱为平拱，花岗石窗台下饰以传统吉祥图案。面海的南面设有庭院主入口，十八级石阶引至庭前。建筑中轴对称，南立面中部凹入，两翼凸出。南北两向设置穿堂对应的入口，北入口面街，以四根圆木柱支撑起飞檐，南门构造简单，六级石阶上一扇红色大门给出古朴的面目。屋顶为重檐歇山式，上覆黄色琉璃瓦，正脊平直，局部镂空成为花墙，两端立有鸱吻，山花垂以悬鱼，边脊列仙人瑞兽，檐角挂铜制风铃。建筑师采用了当时的新材料，以水泥浇铸成型的梁架和斗拱

南视图

俯视图

庭院主入口

来结构整体，在现代时空中营造出了一个可供沉思的古典境界。置身海上，境界当然博大。

20世纪30年代，青岛出现了民族建筑思潮的回归，欧化城市的天际线上，赫然涌现了一批古香古色的中国传统建筑，其中汇泉湾西北部海岸就是一个典型区域，海滨生物研究所与水族馆、海滨公园内的牌坊及凉亭一起组成了一个传统建筑群，引导出了一幕意味深长的本土艺术景深。不仅如此，还有另一重图景的深沉展开，为建筑注入灵魂的是科学。历史地看，在青岛创辟国家海洋科学基地，这是当时中国科学界的一次成功谋划，亦是科学大脑的一次精彩闪光，时任中央研究院院长的蔡元培、青岛观象台台长蒋丙然等人发挥了重要作用，他们视野开阔，目力精深，创造性地形成了青岛在一个大海洋视野与大文化体系中的科学定位。建成后的海洋生物研究所隶属于当时的太平洋科学协会海洋组中国分组，由青岛观象台和山东大学共同主持运作，积极致力于海洋生物调查、海洋研究与科普推广工作。缘此，青岛在中国近现代海洋科研体系中的地位得以进一步夯实。这是一个新路标，在标示历史的同时开启了未来，它与1932年启幕的水族馆并称双璧，在海边的红色礁岩上呈现了一重深邃的科学人文图景，昭显着青岛海洋科学城的生动气象，取精用弘，渐成大观。

中国水准原点

1954年　市南区观象二路

中国水准原点位于市南区观象二路，观象山之巅。1954年，这座神秘而典雅的小石屋面世，其中有一眼旱井，深处装有一颗球形玛瑙标志，外加铜制和石制两层护盖，浑圆的黄玛瑙上有一个红色小点，标明“此处海拔高度72.260米”，这就是神圣的中国水准原点。其自身高程是以青岛验潮站常年测得的黄海平均海平面为依据，由精密水准仪科学测定的。它具有独一无二的特性，是中国高程系统永久性唯一起始点，被称为中国高程测量的“格林威治”。珠穆朗玛峰海拔8844．43米，就是从这里起算的。另外，在青岛市区内还建有附点两个，参考点三个，组成中点多边形原点网。

建筑通体以崂山红花岗石砌成，平面呈四方形，立面中轴对称。入口朝南，上起一面半圆形山花，这面山花在其他三个立面复现。屋面取攒尖式，上立一尊雕花宝顶，四面山花之上亦可见同样造型的小塔，就此形成五方塔格局，以象东西南北中五方，赋予建筑以天地象征意义。外围环以花岗岩护栏，柱头及镶板皆刻有传统的吉祥纹饰。建筑体量不大，然其科学价值与标志意义重大，在一派庄重与精妙的古典艺术气息中昭显着现代科学精神，实现了科学与艺术的会通。

山花与宝顶

南视图

西南向视图

南视图

南立面徽标

北立面徽标

青岛建筑工程学校旧址

1954年　四方区抚顺路11号

青岛建筑工程学校旧址位于四方区抚顺路11号。

青岛建筑工程学校的前身是著名建筑刘铨法主持礼贤中学期间所开办的高级工程科及制图科，以此为基础创建，1952年底开始筹设建筑工程学校，1954年校舍落成启用。1960年，青岛建筑工程学校升格为山东冶金学院。1985年，改称青岛建筑工程学院。2004年，更名为青岛理工大学。

主体建筑为教学楼一幢，今由理工大学国际学院使用。这是一幢钢混结构四层建筑，取三段式中轴对称布局，造型典雅，于庄重中透出清新浪漫的气息。墙面有序展开构图，一层为混水墙，其上为红砖清水墙，两者取得了良好的协调。主入口朝南，处于高台基之上，十八级石阶引至门前，三扇圆拱形红色大门并立，其上凸起花岗石门檐并形成了二层的挑台。上面三层，三排平拱大窗分列上下，它们中间饰以双菱图案。顶端的三角山花雕饰精美，建筑师特别嵌入了一个由光芒四射的五星、漫卷的红旗和沉静的书卷所构成的浮雕图像，其上镌刻“1954”建筑初始年代，就此构成一个历史徽标并昭显着建筑的权威性，也对建筑的风格体系与时代特征做出了交代。北立面对应位置亦嵌有一枚徽标，垂花

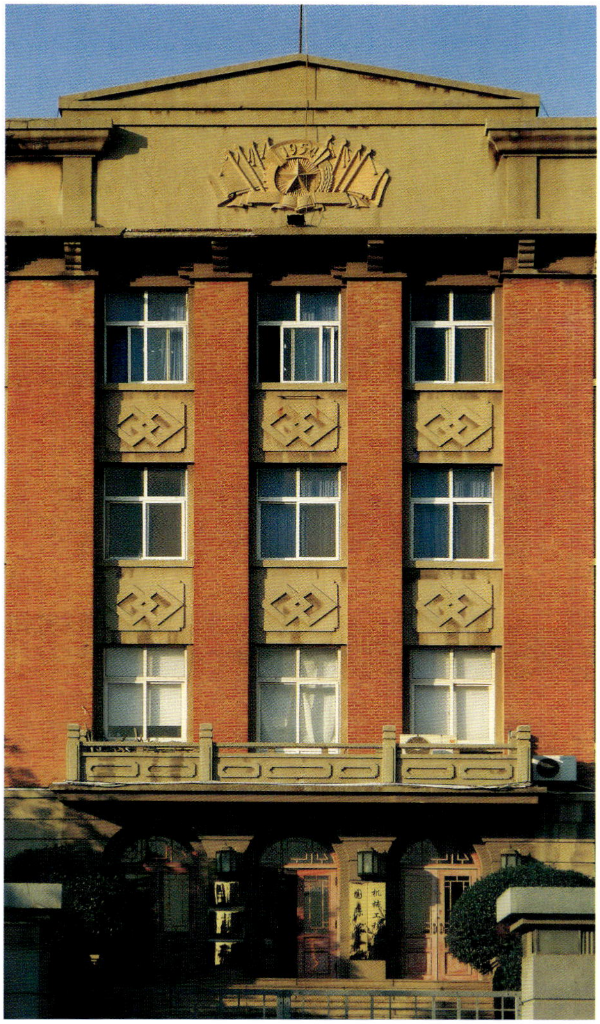

绶带环绕着制图工具，以此来标示学校的专业特性。建筑采用平屋顶，均衡延展的女儿墙与檐口相连，清晰地勾画出建筑的边缘层次。主楼身后有一所平房，现用作大学生俱乐部，亦取中轴对称布局，红瓦坡顶，红砖清水墙，主入口之上的三角檐口可见悬鱼饰。另有两栋宿舍楼，亦以红砖清水墙与主楼相协调。

建筑采用了20世纪50年代通行的一种设计模式，反映了当时苏式公共建筑设计思想的影响痕迹，从而具备了鲜明的时代特色。它集结着半个多世纪以来青岛中等和高等教育的发展轨迹，这是另一重景深。

南立面中段

俱乐部外观

东南向视图

医疗卫生建筑

总督府野战医院旧址

1899年　市南区江苏路18号

主入口

总督府野战医院旧址位于市南区江苏路18号。

德占青岛后第二年，即开始规划建设大型综合性医院，以满足驻军和市民需要。1899年开工建设总督府野战医院，1905年告竣，总投资198万马克，占地6.62万平方米，建筑面积7282平方米。建筑群分布在主城区东北部，绵延的山岭在其身后形成屏障，整洁的西式楼房和绿色环境协调了起来。初名总督府野战医院，1900年改称胶澳督署医院。1914年德日战争结束后，日本守备军接管，改称陆军医院，1916年易名青岛病院。1927年转为同仁会医院。1946年设为国立山东大学附属医院，简称山大医院。现为青岛大学医学院附属医院。20世纪初，青岛成为中国最健康的城市，其中就有这所医院所

东南向视图

东立面

发挥的特殊作用。作为青岛第一座大型医院，它在公共医疗卫生发展史上具有标志性的地位。

当初的办公楼已拆除，病房楼留存下来，透过它，可看到19世纪德国公共建筑的面目，亦可发现20世纪初盛行的青年风格派的造型逻辑与装饰意趣，方形思维随处闪现，古典美感借助新艺术之手得到了证解。这是一座砖木结构二层楼房，中轴对称，呈东西向作大跨度延展。光影之中，水刷墙面与花岗石交错闪现，相互映衬，这是立面的印象。屋面为红瓦坡顶，上开弧形或长条形老虎窗，檐下挂深绿色落水管，就此，立面与屋面构成建筑的色彩体系，淡雅与鲜艳、精致与粗犷达成了有渗透力的平衡。主入口设在南立面中部，七级石阶引入，花岗石方柱分列两边，额枋之上延展出涡纹石，向内造成呼应之势，门拱以花岗岩细方石发券，嵌有拱心石，它与上方的装饰性围栏相连。南立面东西两翼略微凸出，各设有一个入口，其上探出典雅的门檐并在二层形成了挑台，若眉在目，同样的挑台构造也在东西两个立面得以复现。北立面中央位置一门楼凸出，戴有一个帽盔式红色塔顶，显得十分雅致。借着上述这些构图要点，消解了大型公共建筑所往往具有的肃穆感，造成了生动活泼的局面，有效丰富了建筑的审美层次。根据房间功能的需求，设置了不同大小的窗户，多取长方形，只在南立面一层的中段列出了一排圆拱窗。建筑师灵活运用花岗岩细方石的造型与装饰作用，或为门窗发券，或用作窗台和窗梁，或用作勒角石，在自我展示的同时也衬托出水刷墙面的细腻之感。

另外，医院的传达室也完好地保留了下来，它由一个红瓦四面坡小屋和一座造型别致的小塔组成。

北立面的小塔

传达室

福柏医院旧址

1906年　市南区安徽路21号

窗户

福柏医院旧址位于市南区安徽路21号，观海山西南麓，南距青岛湾不远。

建于1906年，1907年竣工启用，占地面积8432平方米，建筑面积1116.63平方米。原为砖木结构两层楼，1946年冬阁楼失火焚毁，次年将其改建为第三层，红瓦坡顶也变成了平顶，艺术质感有所减损，不过功能进一步完备。建筑呈现了19世纪德国公共医疗设施的某些基本特征，造型端正，色调柔和，重实用功能而较少着力于艺术装饰。花岗岩砌基，黄色拉毛墙，门窗皆为双层。建筑师为一层的窗拱嵌上了造型独特的窗套，上有垂花绶带纹饰，作为荣誉的象征。室内层高约4米，原镶护墙板，铺木地板，走廊为水磨石地面。

青岛历史上曾有两所福柏医院，俱为基督教同善会所创办。1901年，同善会在今武定路首开福柏医院，这也就是现在的儿童医院的前身。1906年，同善会与欧洲人协会共同筹资在原阿尔贝特路（今安徽路）建造了这家为欧洲人服务的医院。为纪念前辈传教士福柏，循例将其命名为福柏医院，而原先的同名医院则改以福柏的

恩斯特·福柏（Ernst Faber）原服务于德国基督教礼贤会，1865年来华，十年后脱离该会。1885年，他加入同善会，1898年自上海转来青岛，担负起同善会在青岛的初创工作。他拥有传教士、医生、植物学家和汉学家等多重身份，名作《自西徂东》展现了东西方文明的比较视野。1899年9月20日，福柏在青岛去世。他的助手卫礼贤接续善功，实现了他开办医院的夙愿。

1951年，此楼由青岛市人民医院使用，2005年由青岛市皮肤病防治院使用。作为历史悠久的现代化大型医院，它见证了青岛医疗卫生事业百余年的发展进程。

东南向视图

普济医院旧址

1919年　市北区胶州路1号

东南向视图

普济医院旧址位于市北区胶州路1号。

建于1919年，原为日占时期所建普济医院。1922年，中国政府收回青岛主权后，接管医院，命名为胶澳商埠普济医院。1925年，改称市民卫生院。1928年，复称胶澳商埠普济医院。1931年，合并多家医院，始以"市立医院"之名行世，延续至今，为青岛最大的综合性医院之一，见证百年医疗之路。

建筑由日本建筑师三上贞设计。现存主体建筑面积563.7平方米，平面呈"工"字形布局，地上二层，有地下室和阁楼。花岗石砌基，混水墙面，四面坡屋顶，覆红色板瓦。建筑中轴对称，主入口位于南面，两根花岗石圆柱支撑起琉璃瓦门厦，柱头刻有回纹。接门厦向上开出窄长的平拱五联窗，细方石镶出窗套，并向上铺展至顶端，形成一面曲线山墙，其中部呈弧形，上端阴刻5枚椭圆山花，以与其下的五联窗相互应。山墙两端设置了同样由细方石拼成的装饰性方柱，左右对称，柱头饰牵牛花线刻图，柱上置铜钵，以托慈悲布施之意，今铜钵已不可见。建筑师复现了其惯用的山墙后造塔的手法，设计了一个攒尖式屋面小塔，四面开窗，看上去有点像一个小亭子，就此给出了整座建筑的制高点。门窗除了个别未加包镶的单个小窗洞之外，俱取平拱联窗，并以花岗石作半封闭包镶。整体上看，建筑体现了明治维新以后日本仿欧式建筑的基本特点，构成尺度相对较小，比例较紧，平面布局规整，构图逻辑性强，希望在简朴中表达精致，喜用轴线以形成对称和对等，不追求造型的突变和立面的高耸之感，柱式简约，少用柱础，屋面坡度较缓，开窗相对狭小，细部装饰上注重对东方元素的采纳，强调功能性和适用性。

南视图

数据记录刻石

北九水疗养院旧址

1938年　崂山区北宅街道双石屋社区西

北九水疗养院旧址位于崂山区北宅街道双石屋社区西，北九水内一水处。

北九水疗养院的前身是天主教会所办神职人员疗养院，建于1938年，1951年由青岛市卫生局接管，经多年扩建而成东西两院，占地面积超过13万平方米，建筑面积10317平方米。东院有一主楼，为欧式建筑，砖石木结构，加阁楼和地下室上下共四层。花岗石砌基，土黄色混水墙，多折坡屋面，青色板瓦覆顶，出檐较深。南立面一层至阁楼层均设计为敞廊，以简洁的白色圆柱做支撑。北侧外墙上嵌有数据记录刻石，中外文并存，上书“ANNO DOMINI MCMXXXVIII XIX APRILIS”，上款为“耶稣降生后一千九百三十八年”，下款为“民国二十七年四月十九日”，俱标明建造年代。东院另有平房四栋。西院有欧式建筑十五栋，1～2层不等。建筑群顺应地势布局，错落有致，在山坡的不同高度上彼此相守，均衡地享有同一片风景。

疗养院一角

东院主楼

青岛市第三次全国文物普查新发现

近现代重要史迹及代表性建筑

金融商贸建筑

春和楼

1891年　市南区中山路146号

春和楼位于市南区中山路146号，南近青岛湾。

春和楼肇始于清光绪十七年（1891年），是为青岛建置之年，缘此而具备了独一无二的纪念价值。现址启幕于光绪二十二年（1896年），为春和楼第二代掌门人朱子兴所创。早期建筑古香古色，与中国传统城市里的餐馆无异。到了20世纪20年代完型时期，建筑形式明显带有了中西合璧色彩，其青砖青瓦的形象显示传统建筑风貌，而山墙造型则入欧式，其上出现了文艺复兴建筑中常见的三角山花和花蕊式柱头。今所见春和楼基本保持了原有格局，但山墙造型简化，细部装饰多有变化。为砖木结构两层楼，沿街成折角形展开，主入口设于东南转角，上起三角山墙，顶端镌“1891”年代徽标。

甫一诞始，春和楼即成为一个地标。1897年德占胶澳后，所在街巷名山东街（今中山路北段），自此始，它就不期而遇地进入了两种文化相遇的历史洪流中，呈现了文明碰撞、华洋杂处的图景。20世纪二三十年代，它与顺兴楼、聚福楼并称岛上鲁菜“三大楼”，许多重要历史人物曾来就餐，包括恭亲王溥伟、维新变法领袖康有为、京师大学堂总监劳乃宣以及作家萧军、萧红等人。新中国成立后，其“岛上第一楼”的形象更加深入人心，绵延至今，被评定为中华老字号，多种菜品收入《中国名菜谱》，传统名菜有香酥鸡、油爆海螺、扒原壳鲍鱼、九转大肠、银丝花卷、水晶包子等。城市视野中，春和楼已成为一个象征，以其深厚的本土渊源而集结着岁月之谜，醇厚的魅力与日俱增。它与城市一起走过一百二十年的风雨历程，在见证传统餐饮业及城市历史变迁的维度上有着重要价值。

东南向视图

伊伦娜旅馆遗址

1899~1902年 崂山区沙子口街道大河东社区北

LERCHE 铭牌

伊伦娜旅馆遗址位于崂山区沙子口街道大河东社区以北，茶涧大圈子，海拔750米。

1899年，德国人在此筑造旅馆，以接待那些远道而来的欧洲旅行者，由德国海军上尉克罗帕尔设计，取德皇威廉二世胞弟海因里希亲王之妻伊伦娜（Irene）的名字，而命名为伊伦娜旅馆。它与同时期在柳树台建造的麦克伦堡疗养院共同成为青岛最早的山间度假旅馆。建成后次年，旅馆就被山洪冲毁。1902年，德人在青设立的登山协会筹资重建，落成欧式小楼三栋，就地取山中的花岗石砌筑，占地面积约200平米，可供近二十人在此下榻。青山绿水间的这处夏日旅馆时有盛名，在谋乐撰写的《青岛及周边指南》中有专门介绍，一时为许多欧洲人所向往。德国的海因里希亲王游历崂山时曾在此下榻，并在附近山谷中留下刻石。1914年德日易帜后，旅馆无人管理，渐荒废。现仅存残垣废基，前两座仅剩基址，后面一座尚可见一米多高的墙壁。

所在小环境至为幽秘，是深藏群峰间的一片平阔谷地，向东南方敞开一口，那里一面岩壁上嵌有一块青石铭碑，上镌有德文“ LERCHE ”，既为“莱尔切”之名，亦托云雀之意，表达一种自由飞翔的意志。

伊伦娜旅馆遗址

车站饭店旧址

1901年　市南区兰山路28号

车站饭店旧址位于市南区兰山路28号，青岛湾西北部岸边。

建于1901年，靠近火车站，因以为名。建筑面积约1800平方米，砖木结构二层楼房，有阁楼及地下室。主入口设在与火车站成对角的西北角，上为二层挑台，护栏取哥特式鱼鳔图案，拱窗强调了竖向线条分割，再往上就是高耸的塔顶，原先为墨绿色盔顶，近年修复中被改成金色。建筑师独具匠心，塑造了这座挺拔的八角形塔楼，双层盔顶高扬着向上的空间韵律。以塔楼为中心展开的构图丰富多变，西立面与北立面沿街呈折角形扩展，引出了三面巴洛克式山墙，山花极具雕塑感。屋面上的老虎窗进一步强化了造型意图，前凸至檐口，与山墙齐平，看上去也像山花一般，这同样体现了巴洛克所崇尚的空间模糊策略。

一座街头对景建筑，以其新文艺复兴塔楼和新巴洛克山墙勾勒出自我的形象，与火车站钟楼一起引领出一个区域的艺术气息，充满动感的韵律渲染着城市风格。当年它在霍恩措厄路（今兰山路）西端甫一落成，即成街景中心，表达着城市的问候，人们一出火车站，首先看到的往往就是它，身后不远处就是青岛湾。

西北向俯视图

西北向视图

兰德曼商业大楼旧址

1901　市南区广西路27号

老虎窗

兰德曼商业大楼旧址位于市南区广西路27号，南邻青岛湾，东西与胶澳邮电局旧址和医药商店旧址相邻。

这幢建筑曾被称为德国理发厅旧址，其原业主是德国商人兰德曼（Landmann），他在1901年投资建成了一层和二层，后来在1905年增筑了三层和阁楼，形成现在所见整体，建筑面积约776平方米。主入口位于南立面西端，而在南立面与东立面转角处设有另一个入口。

可将其视为一座被巴洛克思维所重组过的新文艺复兴式建筑，在一派奢华气息的弥漫中倾注着建筑师的设计意图，要以一座有艺术质感的房子来实现情感价值，为新城市确立地标，于是整体布局上的严整有序与灵活多变取得了协调，细部装饰也获得了整体的“祝福”，构图逻辑令人印象深刻。建筑师特别强调了向上的空间尺度，使得这处体量并不是很大的建筑拥有了某种超然的高耸之感。在立面构图上，可以看到带有文艺复兴韵味的圆盔状塔楼、三角门楣、漏斗形飘窗、花蕊式柱头以及瓶式围栏，线脚精美，不过这一切都因为两面巴洛克式山墙而发生了意味深长的飘转，又因着多处取自大自然的植物造型的花饰所强化的曲线美灌注了充分的新思维，于是，呈现在巴洛克艺术家视野中的文艺复兴式

东南向视图

建筑就具有了一种动感节奏，协调之中焕发出了新的突变之美，而又在多变之中保持着比例与尺度上的统一。细节同样令人称道，阁楼屋面上凸起三面老虎窗，造型别致而精巧，隐约之间扩展着一种童话式的波浪，表述着一抹隐秘的心理暗示，渲染着某种未曾言明的阁楼意味。在东南转角处，建筑师设计了一座高耸的圆盔形塔楼，有效地平衡了整体的节奏。时光流转，这是一处失而复得的塔楼，整体的审美韵律缘此而形成。

东山墙

门楣上的玫瑰花饰

建筑带给城市以个性，每一所房子都是整体岁月的一个凝结点，晨昏之际，在适宜光线的照射下，屋宇显得温暖，汰除了噪音，街景也变得绚烂而宁静，洋溢着一种浪漫而温暖的格调，展开它自身与城市所渴望的诗意安居之路。街头，一东一西分布着胶澳邮政局旧址和兰德曼商业大楼旧址，形成犄角之势，扼守着时光的转折点，成为两条街的双重对景，城市的自由式与艺术化布局在这一个点上得到了精彩的展现。街角西南方的这幢楼宇在构图的丰富性上一点也不亚于对面的那一座，其平面布局也沿街形成了折角。色彩的变化也透露了某种历史的痕迹，这一点也可以透过南立面山墙顶端所镶嵌的一颗红五星得到验证。建筑外观原本取黄色调，后来沿街立面被刷成了红色，如此一来，它就与西面的医药商店旧址和东面的邮政局旧址在色彩上连成了一片，一路看过去，一组红色调的西洋楼沿街展布开来，别具风情，展开了一部巴洛克式的城市交响曲。

西南向俯视图

西姆森公司旧址

1901年　市南区广西路9～11号

西姆森公司旧址位于市南区广西路9～11号，南距青岛湾很近。

建于1901年，原业主为当时的施耐特拉格—西姆森公司（Snethlage & Siemssen Co.），部分房间用于出租。占地面积约850平方米，建筑面积约2400平方米，高约14米。砖木结构，地上三层，有地下室。花岗石砌基，红砖砌体，红瓦折坡屋面。建筑沿当时的海因里希亲王大街（今广西路）呈东西向延展，以其通体的红砖清水墙为最醒目的外观特色。后来维修时外墙被加上了新涂层，造成艺术效果的减损，不过结构未予改变。西入口以罗马柱支撑起二层的方形露台，形成门廊。沿街一面设有两个入口，呈现了一种独特的柱廊结构，内外呼应，外部以两联券形成门廊，通往楼内的大门则以两根花岗岩爱奥尼柱拱卫，柱头雕刻中国传统图案，内嵌双鱼图。上两层原先亦为通透的敞廊结构，红砖发券，垂接圆柱，均衡扩展，带来了光影交错的效果。想来，这样的连券廊足以诱发一种穿越时空的心理体验，钟情于阳光、海风与风景的渗透，缘此而完成了一次对古典时代的追溯。建筑师灵活运用了多种细部装饰，特别注重对门的装饰，无论沿街入口还是走廊通道的入口，都镶有券花，在门廊、窗楣及檐口等处可以发现不少精美的砖雕和木雕。

门廊

西南向俯视图

新艺术特别是青年风格派的构图手法被充分表达，在曲线与直线的流动与交映中布局，段落清晰，空间流畅，注重使用功能、艺术与心理的有效结合。同时，由于采纳了不少中国元素，使得它获得了新意，成为当时异质文化对话的一个例证。

劈柴院

1902年 市南区江宁路

劈柴院中的一条街

劈柴院位于市南区江宁路，中山路北段。

初辟于1902年，为青岛市井商贸与民俗的一大集汇地，占地面积13907平方米，分布着各种各样的商铺近百家。这一带地处大鲍岛，青岛建置之前即已形成民生群落。德占胶澳后的1902年，在此修建江宁路，随后这里逐渐聚集起各种民间商铺。到了20世纪20年代，已然成为岛上民间商贸、餐饮和各种娱乐业态最为集中的场所，呈现出五方杂处、南北交会、华洋混合之状，各种小型茶馆、酒肆、饭铺、货栈、书坊及土产摊等竞相罗列，伴之以戏曲、相声、评书、琴书、大鼓乃至电影等娱乐形式，纷纭杂陈之间，展开了一面市井生活之镜，照出世情百态，浓缩了百年的风俗烙印，对于近代以来城市的原生态民生习俗与商贸文化具有独特的融合力和见证力。

街巷迂曲蜿蜒，大致呈“人”字形格局，建筑则是极具地域特色的双层里院，多为江浙商人出资兴建，因而也染上一抹江南民居色彩。百年而今，虽历尽沧桑，但其基本风貌保存了下来，成为独一无二的市井风情与民间商贸标本。老青岛人对劈柴院感情深厚，视之为溯源怀旧之地。今经过修复，劈柴院已重现生机。

劈柴院俯视图

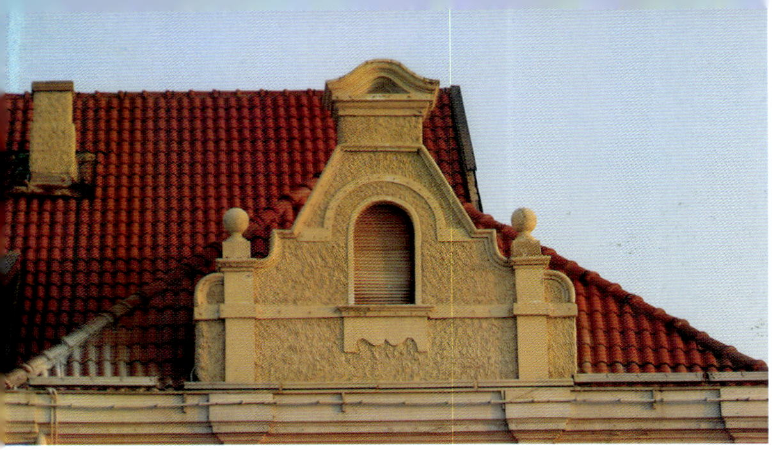

山花

礼和洋行旧址

1902年　市南区太平路41号

礼和洋行旧址位于市南区太平路41号，青岛湾西北部岸边。

19世纪末到20世纪初，礼和洋行（Carlowitz & Co.）作为远东最具影响力的德资企业而活跃在中国，其创始人是理查德·冯·卡洛维茨（Richard von Carlowitz），德国总部设在汉堡，在中国广州、上海、香港、青岛、天津、汉口、济南等各大城市皆设有分支机构，1908年中国总部迁至上海。青岛的礼和洋行设立于1902年，位于当时的威廉皇帝岸（今太平路），主要经营航运、重型机械、精密仪器及路矿设备等业务。

建筑带有新文艺复兴和新巴洛克风格，为青岛早期商业建筑的代表作之一。建于洋行初创的1902年，建筑面积约1513平方米。砖混结构，地上二层，有阁楼及地下室。与当时德式建筑多用花岗石砌基并勒脚这一做法不同，未见蘑菇石的影子，墙体以多孔沙浆抹面。多折坡屋顶，覆红色卷筒瓦。南立面构图精美，主入口设于中心位置，红砖发券，嵌拱心石，由此伸展开的东西两翼取对称布局，一二层原设计为敞廊，护栏取文艺复兴建筑所喜用的宝瓶栏杆，檐口线脚勾画清晰，由此向上隆起两面具有雕塑感的山花，寓意时光之帆。

西北向俯视图

东南向视图

皮卡特商业大楼旧址

皮卡特商业大楼旧址

1903年 市南区广西路9号

皮卡特商业大楼旧址位于市南区广西路9号。

此楼为德商卡尔·皮卡特（Carl Pickardt）于1903年所建，是当时的商业中心街海因里希亲王大街上的一幢商业综合楼，卡尔·博迪克公司（Carl Boedicker Co.）曾长期租用此楼办公。1909年，房屋产权转与德华大学教师格拉赫（Grlach）。

建筑入新文艺复兴式，砖木结构，地上二层，有阁楼及地下室。花岗石砌基，水刷墙面，屋顶坡度相对舒缓，上开拱形老虎窗。建筑中轴对称，面街的南立面设计为通透的敞廊，以五连券勾画空间，表现出新文艺复兴建筑对柱廊的喜好。两边山墙适度前凸，山花、檐口及线脚均强调立体感，造成审美力度的加强。内部空间流畅，走廊中可见精美的圆拱和券花装饰。

梅尔商业大楼旧址

1906年 市南区中山路21～25号

梅尔商业大楼旧址位于市南区中山路21～25号。

1906年，在当时的弗里德里希路（今中山路南段）东侧出现了这幢精美的商业综合楼，原业主为德商奥古斯特·梅尔（August Meier），他就是伊尔梯斯山下的矿泉水厂的负责人，在此设立了办公室。出版商奥托·罗泽也在此楼租用了部分房间，当时很受欢迎的出版物《青岛通讯录》等书刊就是在此编纂刊行的。

新文艺复兴风格建筑，占地面积1246.7平方米，建筑面积2387.56平方米。砖混结构，地上三层，有阁楼及地下室。花岗石砌基，黄色水刷墙，红瓦坡顶，上开老虎窗。建筑结合了新文艺复兴与青年风格派的造型手法，构图的逻辑关系十分清晰，于平稳之中透出了灵活之趣。主立面朝西，三层中段设有挑台，上起一面半圆形山花，北侧则以一面凸肚窗加强了凹凸效果，它向阁楼延伸，以三扇竖窗为过渡，覆墨绿色盔顶，形成一座极富造型美感的悬挑式塔楼。建筑师充分运用了石头的装饰作用，窗套、窗台及窗楣等处均可见花岗岩细方石的形影，有效协调了建筑的色调体系，与平滑的水刷墙形成了有意味的对比。门窗造型丰富，或方或圆，灵活多变。室内装饰可见拜占廷艺术的痕迹。

梅尔商业大楼旧址

广东会馆旧址

1906年　市南区芝罘路45号

广东会馆旧址位于市南区芝罘路45号。

建筑入欧式，地上二层，有地下室。花岗石砌基，黄色水刷墙，红瓦坡顶。西立面设计为连券廊，圆券内加铁艺花饰。主入口所在山墙适度外凸，檐口以上凸起一面三角山花，其顶端的白色小塔与花蕊式柱头的组合十分洗练，可视为一个简化了的文艺复兴式构图。

广东会馆为青岛历史上第一个带有商业行会性质的同乡会馆，肇始于1906年，由广东香山人、大成记经理古成章发起创办。1912年9月30日，孙中山先生莅临会馆并发表讲话，他说："民国肇建，需要全体国民的努力。中国人必须破除夜郎自大的心态，学习西方先进的文化，只有把中国文化的精华和西方文化结合起来，中国才有希望产生质的飞跃。青岛的建设就是一个极好的明证，中国人当以此榜样。"这是会馆记忆中的一个经典时刻。1923年以后的几年中，戊戌变法领袖康有为寓居青岛，亦多次莅临会馆。

门廊

山墙

西南向视图

三江会馆旧址

1907年　市南区四方路10号

三江会馆旧址位于市南区四方路10号。

清际旧省江南省（含江苏和安徽两省）及浙江、江西省商人创办的同乡会馆，带有商业行会性质。1907年落成之际，胶澳总督特鲁伯陪同时在青岛访问的山东巡抚杨士骧出席了开张典礼。1912年晚清重臣周馥应邀执掌三江，当年9月底，孙中山先生来青岛，莅临会馆。

其初始格局是，临街设影壁，两侧竖刁斗旗幡，三进院落依次为戏楼、财神殿和议事厅。院内叠石理水，给出一个颇具江南韵味的小环境。20世纪30年代，一度为和声社驻地，戏楼檐下挂“和声鸣盛”匾额，洪深与老舍皆曾加盟，俞珊在此演出《贵妃醉酒》，京剧名伶言菊朋、周信芳等亦曾来此献艺。现仅存议事厅。

三江会馆旧址

谦祥益青岛分号旧址

1911年　市南区北京路9号

谦祥益青岛分号旧址位于市南区北京路9号。

百年老字号，肇始于1911年，为章丘孟家“祥”字号企业之一，逐渐发展成为青岛最著名的绸布商店。其门头牌匾及楹联由时居青岛的前清法部侍郎王垿题写。“文革”期间更名为东风绸布商店，1985年恢复老字号。建筑占地面积1173平方米，建筑面积4394.02平方米。砖混结构，地上二层，地下一层。建筑中西合璧，中轴对称。主入口券门高阔，四根科林斯柱贯通整个立面，对空间形成明确划分并带来高耸之势。屋檐呈现了中国传统建筑的飞椽出檐效果，线脚细密而透彻，檐口之上凸起山花，上嵌“1911”建造年代徽标。室内装饰考究，穹顶取藻井式。

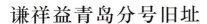

谦祥益青岛分号旧址

俄罗斯饭店旧址

俄罗斯饭店旧址

1915年　崂山区北宅街道双石屋村东

俄罗斯饭店旧址位于崂山区北宅街道双石屋村东。

1915年，俄国人在北九水峡谷中开设俄罗斯饭店，接待各国游客，为当时著名的山间度假宾馆。1949年以后收归国有，现由国家海洋局北海分局使用。

建筑通体以花岗石筑成，地上二层，红瓦坡顶，依山就势，错落有致，与北九水的山水幽境取得了基本上的协调，院中广植虎皮松、紫薇、绿樱等花木。

青岛商会旧址

1921年　市南区中山路72号

青岛商会旧址位于市南区中山路72号。

建于1921年，为砖石木结构两层楼，有地下室和阁楼。花岗石砌基，水刷墙，红瓦坡顶，上开长方形老虎窗。主入口朝东，花岗石包镶门套精美大气。南北立面各耸起一面阶梯式山墙，东立面三座尖塔均衡分布，其上覆墨绿色铜皮盔顶，就此给出建筑的视觉要点。

青岛商会的前身是1902年暂厝天后宫而设立的商务公局。1910年，青岛华商商务总会成立，1916年改组为青岛总商会，在会商号有180个。1940年，在会商号达2840个。1946年，在此组建新的青岛商会。

青岛商会旧址塔楼

青岛商会旧址西北向俯视图

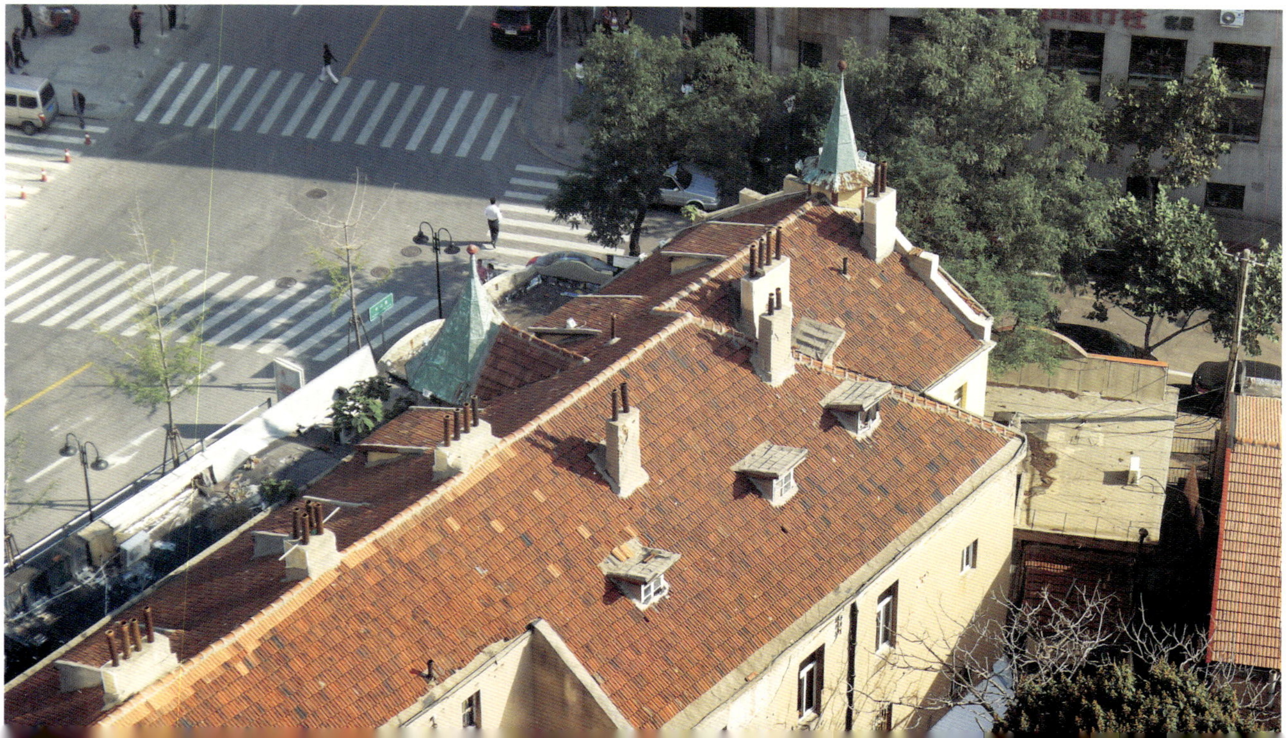

东莱银行旧址

1923年　市南区湖南路39号

观景角楼

东莱银行旧址位于市南区湖南路39号，南距青岛湾不远。

建于1923年，为东莱银行总行及其青岛分行的办公营业大楼，当时覆顶瓦片上留有“青岛刘子山监制”字样。东莱银行成立于1918年，由掖县人刘子山所创办，初设于天津路。1923年，进行股份制改造，遂成青岛的首家股份制商业银行。1926年，总部迁往天津，1928年停业。1933年1月，东莱青岛分行在此楼恢复营业。同年，总部迁往上海。1938年日本第二次侵占青岛后，大楼被日本宪兵队强占，银行移址惨淡经营。1949年后，此楼长期作为青岛档案馆使用，后归平安保险公司。

庭院占地面积4217.1平方米，建筑面积3403.91平

西南向视图

方米，砖混结构，地上三层，有地下室及阁楼，主楼层的层高为4.8米，总高度达27.6米。花岗石砌基，水刷墙面，在门楼、敞廊、露台及角楼等位置凡折角处均以花岗岩细方石做包镶。屋面取蒙莎顶，覆红色牛舌瓦，上开长方形老虎窗。

建筑适应了20世纪二三十年代世界范围内盛行的新古典主义思潮，也取得了与当时银行建筑普遍规制与功能定位的协调。就营造法式来说，整体上遵循了新古典主义的造型原则，给出了一种宏大庄重的印象，结构严谨，尺度合理，在中轴对称中建构一种充满权威感与可信度的建筑形象。主入口位于南立面中部，门前置石狮

东莱银行旧址主入口的爱奥尼柱式门券

两尊，花岗岩石阶引至门廊，两根爱奥尼柱分列左右，形成门廊并支撑其上层露台，顶部隆起带有玫瑰窗的三角山墙。建筑师特别注重对柱式的运用，以此来勾画出具有纵深感的柱廊效果，带来光影交错之感，立面构图在严整中强调凹凸有致的层次感，四角均衡凸出，均设计为意大利文艺复兴式观景角楼，就此显示了建筑的标志性艺术语言。同时，亦可见新艺术元素的闪现，如在敞廊和露台等位置，宝瓶栏杆均使用了当时很时兴的釉面材料，显得新颖别致。

楼内有各种房间三十余个，在强调空间流畅与功能完备的同时，着力营造一种豪华气氛，中央大厅及各主要房间内均镶有木制雕花护墙板，主楼梯雕饰精美大气，各种灯饰璀璨夺目，以古典与现代的融合为诉求，空间洋溢着一派富丽堂皇的宫殿气息。

亨得利青岛分号

1924年　市南区中山路144号

亨得利青岛分号位于市南区中山路144号，南距青岛湾不远。

建于1924年，为砖混结构，地上二层，有阁楼及地下室。主入口设于东北转角处。1924年3月9日，浙商郑章华等人合资在青岛注册成立亨得利钟表眼镜店，将肇始于1915年的亨得利字号引入了青岛，此处为其办公与营业大楼。根植青岛后，迅速发展成为青岛及山东最著名的大型钟表眼镜专业店，1956年公私合营，采取前店后厂式经营模式。“文革”期间曾易名长江表店和红岩表店，1980年恢复亨得利字号。1996年完成股份制改造，转制为青岛亨得利钟表眼镜珠宝公司。亨得利为中华老字号，见证了民族钟表眼镜行业的百年之路。

亨得利青岛分号

麦加利银行青岛分行旧址

1925年　市北区馆陶路2号

主入口

麦加利银行青岛分行旧址位于市北区馆陶路2号。

20世纪20年代兴起的馆陶路商务区的一座领航建筑，以其庄重坚固的形象立于路的南端。1925年10月，英资麦加利银行（Standard Chartered Bank，即渣打银行）青岛分行在此设立，一直持续到1942年太平洋战争爆发时，此后其业务由朝鲜银行接管。战后的1946年，麦加利银行在此重新开业，1949年2月停业。另外，在1927年至1937年之间，这里还是法资万国储蓄会山东总分会的会址。新中国成立后，此楼曾长期用作青岛市百货站文化用品公司。

建筑兼容古典艺术与现代主义，反映了20世纪20年代建筑风格的变易轨迹。建筑面积1609平方米，砖石结构，地上两层，有半地下室和阁楼。平面取方形，主入口所在南立面通体以花岗石砌成，古朴厚重。门窗皆取平拱，淡化了装饰元素，红色牛舌瓦覆顶，上开老虎窗。看上去，它的蒙莎顶在第一层屋脊的造型中刻意追求微妙的弧度变化，就此传达出某种双重飞檐之韵。

南视图

五起楼

五起楼

1931年　市南区北京路25号

五起楼位于市南区北京路25号。

原为洪泰商场，由栖霞人李莲溪出资建造。1931年落成时，这座五层楼引人瞩目，在当时青岛是最高的商厦，因楼高五层，故老百姓直呼之曰“五起楼”。

这是一幢现代主义风格建筑，平面布局齐整，立面层次清晰，在流畅的线条中实现着新的建筑逻辑。主入口设于西南转角，以此为中心，沿街向两翼展开简洁有序的立面构图，窗户均为高直竖窗，外墙浮凸起线，以强调竖向的线条分割，屋面为平顶。楼内设有当时青岛乃至华北地区的第一部商业电梯。东侧贴墙立起一座牌坊门楼，就此构成古典与现代相融合的建筑景观。

物品证券交易所旧址

1931~1933年　市南区大沽路35号

物品证券交易所旧址位于市南区大沽路35号。

一幢现代主义风格的证券交易专用建筑，外观构图简洁，内部装饰豪华，特别注重功能的完备性。中国著名建筑师刘铨法设计，1931年9月开工，1933年告竣，建筑面积3062.97平方米。砖混结构，地上四层，局部五层，有地下室。花岗石砌基，水刷墙面，平屋顶。主入口所在山墙朝向三条道路的交会点，以此为中心向两边等比例放射延展，四条扶壁般的方柱贯通山墙上下，一层和二层窗户作横向线条分割，三层以上的窗户则以纵列的高直竖窗来强化建筑向上的尺度，凸显高耸之感。室内，中央的交易大厅贯通两层楼，高达6米，周边环绕着经纪人办公室，层高不低于4.5米。

1931年，为抗衡日资取引所的垄断，岛上著名华商宋雨亭、柳文亭、张立堂等21人发起创建物品证券交易所，初设于馆陶路齐燕会馆，1933年迁入此楼后，期货与现货交易并举，迅速成长为国内外颇有影响力的交易所，至1935年达到鼎盛，其商品成交指数受到国内外相关行业的高度关注，特别是在花生、土产及纱布等的期货交易方面享有权威，对当时的市场行情产生了重要影响。1937年“七七事变”后，交易所停业。新中国成立后一度设为青岛市工业展览馆。

物品证券交易所旧址

南立面局部

两湖会馆旧址

1933年　市南区大学路54号

两湖会馆旧址位于市南区大学路54号，这一带为信号山与青岛山之间的山谷地带。

建于1933年，占地2993平方米，建筑面积777.19平方米。砖混结构，地上二层，有阁楼及地下室。花岗石砌基，水刷墙，红瓦坡顶。主立面取中轴对称布局，中间设有主入口，七级石阶引至门前，花岗石发券形成门廊，券顶嵌有拱心石，二层原为露台，后封闭，檐口以上隆起一面曲线山花，带花蕊式柱头。由山墙向两翼延伸的墙体左右对称，墙角均以花岗石包镶，檐口以上设计为城堞式女儿墙，由此构成了建筑的标志性元素，为整体构图带来了变化。主入口北侧嵌有时任青岛市市长的沈鸿烈题写的“两湖会馆基石”铭文碑。

两湖会馆是青岛历史上一所著名的带有行会性质的同乡会馆，由当时的湖北、湖南两省的在青商人所办。20世纪30年代，与广东会馆、三江会馆、齐燕会馆并称岛上四大会馆。1952年，大学路小学在此设立。

基石铭文碑

东北向视图

福生德茶庄

1939年　市南区中山路179号

龙头雕像

福生德茶庄位于市南区中山路179号。

1939年，福生德茶庄在城市的主商业街中山路北段开业，燃起一炷茶香。以后的岁月中虽偶有中断，然芳茗不息，终于延续至今，为岛上历史最久的茶庄之一，在茶叶经销方面夙负盛名，为中华老字号。1987年，复现老字号对外营业。

这是中山路上稀见的一座中西合璧建筑，今所见面貌主要以民族风格示人，楼高三层，砖石结构，立面取中轴对称布局，顶部以四根汉白玉雕花柱为划分空间，做出了三段黄色琉璃瓦覆顶的装饰性屋面，两端皆有鸱吻。面街的主入口及窗户均取平拱，主立面墙体两端各置汉白玉龙头雕塑一尊，作龙吟吐纳之状，既有镇宅之意，亦含清流之思，寓意水与茶妙合无尽。

西立面

大港火车站

1899~1901年　市北区商河路2号

东南向视图

大港火车站位于市北区商河路2号，近胶州湾。

1899年秋，胶济铁路建设揭开序幕，当时大港火车站是规划中的东端起始站，1901年首先开通到胶州的火车就是由大港站始发的，稍晚才建好青岛站。作为青岛最早的火车站，大港站承载着胶济铁路的初始记忆，历史从这里延伸。站房为砖石木结构两层楼，有阁楼和地下室，建筑面积978平方米，内设站长室、行车室、售票房、候车室、行包房等房间。主入口朝东，为两扇并立对称的圆拱大门，花岗岩蘑菇石发券并包镶，嵌有拱心石。上起阶梯式山墙，第三阶安置圆形柱头，顶端取三角形。这面朝向东方的山墙构成了车站的视觉标志。其南北两侧对应设置露台。红瓦坡顶，上开长方形老虎窗。楼内设有木制旋转楼梯，地面铺木地板。

1904年，胶济铁路全线贯通，沿线成为多种产业的集结带，工业文明开启了新道路。经历了一个多世纪的历史沧桑，大港火车站的风貌得以延续，是胶济铁路沿线保存最好的一个，特别是因为青岛站的改建，它成为历史原真性的第一显现者。

东视图

海泊河水源地遗址局部

海泊河水源地遗址

1899~1901年　四方区康宁路1号

海泊河水源地遗址位于四方区康宁路1号，文化公园内，西距胶州湾不远。

始建于1899年，是青岛市区最早的市政供水设施。当时，迫于城市匮乏清洁饮用水源的状况，德国殖民当局专设供水管理机构第二工部局，由工程师斯坦因麦茨（Steinmetz）负责勘探找水，终在海泊河近海处河床探得水脉，遂于年末辟建海泊河水源地，打水井50眼，按照先进卫生条例予以集中消毒后，通过沿途敷设的供水管道送至水道山（观象山），其上建有贮水池，由此转送至用户。1901年9月13日，海泊河水源地工程竣工启用，日供水量达400吨，青岛因此而成为全国最早具有现代供水能力的城市之一。1922年刊行的《青岛及四方沧口李村附近全图》上标注有海泊河水源地。20世纪40年代后期，因工业发展等原因，大量工业废水和生活污水排入海泊河，水源地受到严重污染，遂于1948年停止供水，1950年废弃。

据查，现存主储水井一口和水井数口，其它水井已被填埋。作为青岛城市早期的一个重要的基础设施，海泊河水源地为城市供水的功能一直发挥了近半个世纪，缘此而显示了特殊的历史价值和工业遗产价值。

海泊河水源地遗址局部

海泊河水源地遗址

胶济铁路四方工场旧址

1900年　四方区杭州路16号

胶济铁路四方工场旧址位于四方区杭州路16号，靠近四方火车站，沿胶济铁路线两边分布。

1900年10月，随着胶济铁路工程的全线展开，山东铁路公司在四方车站南侧开始兴建胶济铁路四方工场，总投资158.7万马克，于1903年顺利建成投产，主要功能是维修和组装机车车辆。1914年，德日战争德国战败后，工场被日本占领。1923年，北洋政府赎回了工场。1938年，日本第二次占领青岛期间，改称华北株式会社青岛工场。新中国成立后收归国有，更名为铁道部四方机车车辆工厂，简称四方机厂，逐渐发展成为中国机车车辆及其他轨道交通装备制造的骨干企业，创造了数个中国第一，如1952年研制成功新中国第一台独立生产的蒸汽机车、1956年研制成功中国第一台干线客运蒸汽机车、1958年研制成功中国第一台液力传动内燃机车等等，不仅结束了中国不能自主制造机车的历史，而且不断翻开中国铁路机车车辆工业史的崭新一页，被誉为新中国机车车辆的摇篮。2002年进行股份制改造，现称南车青岛四方机车车辆股份有限公司，为高速动车组的主要研发生产基地。

杭州路厂区占地面积约43万平方米，厂房建筑面积约30万平方米，部分老厂房和老设备尚有存留。靠近厂门口有一幢老办公楼，为第二次日占期间所建，上下两层，有阁楼和地下室，砖混结构，花岗岩砌基，红瓦坡顶，房间内铺木地板。厂区东北角是历史上的四方公园所在地，与海云庵相邻，初名铁路公园，建于20世纪20年代，叠石为山，理水为池，并建有一座庙宇，允为传统园林之佳构，如今假山依旧，亭阁尚在。历史在这里发生了深沉的回响，这里见证了古代文化遗产保护的一段史话，公园内原置有一组北魏佛造像，包括两尊佛像（丈八佛）和两尊菩萨像。原为临淄龙泉寺旧物，被日本人劫至淄河店车站，准备偷运出境未遂，1928年日本人将菩萨头凿下盗走。1930年，四方机厂厂长栾宝德派专车将这批石像运回了青岛，置于四方公园之内，弥足珍贵的古代佛造像有了安身之地。后移藏青岛市博物馆，为镇馆之宝。

胶济铁路四方工场旧址全景

朝连岛灯塔

1902年~1903年 崂山区沙子口街道沙子口社区东南

灯塔近景

朝连岛灯塔位于崂山区沙子口街道沙子口社区东南39千米的潮连岛上，距陆地最近点崂山头31.4公里。

德占胶澳之初，即开设筹划建造航标塔，特别是随着青岛港筑港工程的展开，航标塔的设计与建造也随之展开，这是现代化港口通航的一个基本条件，它必须先于港口而建设。1900年至1904年，陆续建成了游内山灯塔、朝连岛灯塔、小青岛灯塔和马蹄礁灯塔等四大航标塔，它们一起构成了黄海海域最早出现的航标塔群，其

朝连岛灯塔全景

中朝连岛灯塔规模最大，距离主城区也最远。1902年开工，1903年10月竣工启用，至今仍完好地发挥着为海上航运导航的功用，见证了近现代航运史。

建筑由塔体和守塔人住房组成，两者连为一体，平面呈“工”字形布局，建筑面积约333平方米。塔体呈八角形，高12.8米，海拔高程68.8米。塔身下部石砌，石椽出檐，线脚粗犷而精致；顶部为铜质构造，外观略呈灯笼状，上挂风向标，内装设有当时世界领先的航标灯，灯质闪白10秒，射程24海里。主入口设于北向，内部通过一架石砌旋转楼梯通达塔顶。守塔人住房为中轴对称的两层楼，通体由花岗石砌成，屋顶为四面坡，覆红色牛舌瓦。南北立面各以两座阶梯式山墙形成对称，或可释出风帆高举之意。看上去，塔与楼存在着精密的协调，整体上给出了海上城堡所特有的坚固与神秘感，允为兼具科学性与艺术性的近代海标。

守塔人住房

雾号

西北向视图

总督府屠宰场旧址

1903年　市南区观城路67号

南立面山墙

总督府屠宰场旧址位于市南区观城路67号，西距胶州湾不远。

1903年1月，胶澳总督府选址台西镇，投资建设屠宰场，1906年6月5日竣工投产。这是依照科学的卫生条例而建造的一座先进的屠宰加工企业，耗资75万马克。1914年11月被日本占领。1922年中国政府收回青岛主权后，改称胶澳商埠局屠宰场。1938年再度被日本占领。1945年抗战胜利后，南京国民政府接管，更名为青岛畜产股份有限公司。新中国成立后，更名为青岛肉联厂。一个世纪当中，这里长期作为青岛最主要的肉类屠宰加工企业而存在。

建筑由德国建筑师艾格布雷希特（Eggbeecht）设计，斯托塞尔（Stoessel）督造，总建筑面积1078.7平方米，由办公楼、屠宰车间及相关辅助设施组成。现仅存有办公楼一座，为典型的德式建筑，砖木结构，地上二层，有阁楼及地下室。花岗石基座，黄色水刷墙，墙角以花岗岩细方石包镶，红瓦坡顶，南面开有长方形老虎窗。主入口设于东面三角山墙的中心，为平拱大门，细方石发券并包镶，嵌有拱心石。山墙的上部呈现了半木构和鱼鳞饰的质感。南立面构图更趋精美，以三面山墙为构图要点，两端山墙适度外凸，二层墙面同样做出半木构，阁楼层复现鱼鳞饰。呈现了德国建筑的典型风格，坚固性、丰富性与灵活性得到了均衡表现。

东视图

胶济铁路职工宿舍旧址

1904年　四方区海岸路16号

胶济铁路职工宿舍旧址位于四方区海岸路16号。

这是青岛地区现存最早的近代工业职工住宅群，建于1904年，为胶济铁路四方工场职工宿舍，俗称“铁路工棚”和“西公司”。由二十余间房舍及公共卫生间组成，整体平面呈不封口的三角形布局。砖石木结构，地上一层，部分房舍有阁楼。花岗岩砌基，红砖清水墙，人字坡结合四面坡屋面。门窗均以红砖发券并嵌有拱心砖，檐口以双层红砖垒出线脚，层次清晰。

胶济铁路四方工场职员宿舍旧址

胶济铁路四方工场总经理住宅旧址

1904~1911年　四方区杭州路3号戊

四方工场总经理住宅旧址位于四方区杭州路3号戊。

建于1904～1911年，原为德占时期胶济铁路四方工场总经理住宅，日占后为日本翻译住宅。1949年以后用作四方机厂招待所。

这是一幢德式别墅，上下两层，有阁楼和地下室。花岗岩砌基，黄色水刷墙，红瓦四面坡屋顶，上开三角形老虎窗。室内设有木质楼梯，地面铺木地板，配备有当时先进的供水和供暖设施。

胶济铁路四方工场总经理住宅旧址

李村水源地旧址

1906年　四方区周口路371号

李村水源地旧址位于四方区周口路371号。

李村水源地是为青岛历史上的第二个城市水源地，亦称阎家山水源地。1906年，在李村河与张村河的交汇处打井建设水源地，从这里到贮水山，铺筑内径400毫米、长11公里的输水管道，1909年建成投产，日供水高达6000立方米，是海泊河水源地的15倍。1922年、1928年、1929年的青岛地图上均有李村水源地标注。新中国成立后改称第一送水厂，几经扩建，最大日供水量达334万立方米。1979年至1988年，由于李村河下游河床污染严重等原因，下流机室逐渐停止为城市生活供水。1990年，上流机室亦停止供水，只作工业用水开采利用。今为青岛海润自来水集团阎家山水厂。

东南向视图

1906年创始时期的主体建筑至今保存完好，为一座典型的德式建筑，砖石结构，花岗岩砌基，原为黄色水刷墙，后改为蓝色，人字坡双重屋面，红瓦覆顶。南立面设计为阶梯式三角山墙，开有两个平拱大门，其上部开有一扇圆窗，四周以花岗石嵌出象征图案，以示水通四方之意。院内有数棵栽植于1907年的梧桐树，与水源共同形成亘古水木之思，参天垂荫，见证百年。

西南向视图

龙泉盐场遗址

1909年　黄岛区红石崖街道龙泉河东社区东

龙泉盐场盐池现状

龙泉盐场残留的墙基

龙泉盐场遗址位于红石崖街道龙泉河东社区东，胶州湾西海岸。

龙泉盐场曾经是胶州湾西岸规模最大的盐业生产基地，始于清宣统元年（1909年）。1975年改称龙泉盐场。20世纪90年代后期停止晒盐，逐渐废弃，部分盐池及建筑基址尚清晰可辨。它见证了青岛地区百年来海盐业的兴衰历程，集结着特殊的工业遗产价值。

红石崖码头遗址

1913年　黄岛区红石崖街道红石崖社区北

红石崖码头遗址位于黄岛区红石崖街道红石崖社区北，胶州湾西南岸。

建于1913年，全长300米，宽4米，其中岸上部分长100米，高2米，经一斜坡伸入海里部分长约200米，高1.3米。码头东侧150米处建有一堵长80米、高1.2米、宽2米的防波堤。1963年扩建，码头延长至350米。1975年，码头扩宽为12米。作为青岛近郊的一处货物周转口岸，它伴在城市身边，经历了半个多世纪的繁忙。20世纪70年代以后，随着黄岛码头的兴建和公路汽车运输的发展，红石崖码头逐渐废弃。现为周边渔村小型渔船的泊地。

红石崖码头旧址

内外棉纱厂旧址

1916年　四方区海岸路22号

内外棉纱厂旧址

内外棉纱厂旧址位于四方区海岸路22号，胶济铁路沿线，靠近四方火车站。

1915年10月，总部设在大阪的日本内外棉株式会社与当时的青岛军政署签约租下四方村外空地约7.8万平方米，于1916年2月开工建厂，土木工程由公和兴工程局承担。1917年12月竣工投产，时有纱锭2.72万枚，线锭1.12万枚。全称日本内外棉株式会社青岛支店，简称内外棉纱厂，使用“银月”和“七弦鸟”商标。1946年，中国纺织建设公司青岛分公司接收工厂，改称中纺公司青岛第二纺织厂。新中国成立后，更名为国营青岛第二棉纺织厂，简称国棉二厂，为青岛的九大纺织厂之一。1999年，转型为联创集团实业有限公司。

旧址分布面积20.76万平方米，现存建厂初期所建房屋五栋、仓库及水塔各一座，另存有当年修筑的货运铁路和货运栈台。五栋楼房均为日本仿欧式风格，其中两栋二层楼，其余三栋为平房，均为砖石木结构，红瓦坡顶，花岗岩砌基，室内铺木地板。

消防水塔

铁路专用线和栈台

大康纱厂旧址

1919年　四方区杭州路12号

老厂房

大康纱厂旧址位于四方区杭州路12号，胶济铁路沿线，靠近四方火车站。

大康纱厂为日占时期出现的主要纱厂之一，由总部设在大阪的日本纺绩株式会社投资开办，全称为日本纺绩株式会社青岛大康纱厂，简称大康纱厂。1919年11月于现址填海建厂，占地面积21.78万平方米，初期投资5.2亿万日元，土木工程由公和兴工程局承担。1921年10月建成投产，首任经理仓田敬三，厂长原田忠雄，雇佣中国工人3500名，有纱锭5.8万枚，织布机150台，年产棉纱6.55万件、棉布8.25万匹，为当时青岛规模最大的纺织厂，使用“童鱼”、“金货”、“宫女”及“花鸟”牌商标。1938年，重建后的厂区扩大至33.9万平方米。1945年抗战胜利后，由中国纺织建设总公司青岛分公司接收，改称中纺青岛第一纺织厂。新中国成立后，更名为国营青岛第一棉纺织厂，简称国棉一厂，为青岛的九大纺织厂之一。

现厂房大部分已拆除，1938年所建的一幢主体建筑保留了下来，原为纺纱车间，兼办公用。这是一幢钢筋混凝土结构大楼，地上三层，局部有地下室。平屋顶上设有一座瞭望塔，下为方形，上取圆形，墙体做出装饰性的雉堞图案，就此形成一座楼上塔，给出了建筑的主要视觉标志。

大康纱厂旧址

钟渊纱厂旧址

1921年　李沧区四流中路46号

钟渊纱厂旧址位于李沧区四流中路46号，胶济铁路线，西临胶州湾。

1920年，日商钟渊纺绩株式会社选中沧口海滩附近的1300余亩土地为厂址，规划在青岛建设新钟渊纱厂。1921年3月，一期工程破土动工，1923年4月纺纱一厂建成投产，1924年一期工程竣工，占地面积92.4万平方米，总投资白银100万两，神崎昌太任经理，雇佣中国工人3400名，有纱锭4.22万枚，织布机865台，年产棉纱9.6万件，棉布68.4万匹，使用“花蝶”和“双龙”两个商标。1931年，纱厂更名为钟渊纺公大第五厂，1935年全部建成。1937年12月，为紧急应对日本预谋中的对青岛的侵略，南京国民政府下令将日本在青岛的纱厂及港口设备全部炸毁。1938年1月，日本第二次占领青岛后，日商重建了该厂。1946年1月，由中纺青岛分公司接收，改称中纺青岛第六纺织厂。新中国成立后，设为国营青岛第六棉纺织厂，简称国棉六厂，为青岛九大纺织厂之一，著名的郝建秀工作法在此诞生。

现存多栋建厂初期营造的房屋，均为日本仿欧式建筑，或一层或二层，建筑艺术价值较高。它们在结构上

厂区一角

厂区一角

钟渊纱厂旧址

的共同特点是，均为砖石木结构建筑，花岗石砌基，水刷墙面，木质檩梁，红瓦坡顶。钟渊纱厂事务所旧址入国际式，具有造型美感，立面凹凸有致，主入口取柱式门廊，其上为二层的露台。原钟渊纱厂总经理寓所和总工程师寓所东西并列，建筑结构与样式完全一致，主入口设计为柱式门廊。纱厂俱乐部旧址呈中轴对称布局，南北立面的东西两侧均凸出为山墙。纱厂医院旧址是一座两层小楼，亦设有一个柱式入口，造型典雅，细节精到，富古典气息。纱厂图书馆旧址建筑面积176.55平方米，窗户取高直竖窗。另外，老车间、仓库、水塔、铁路支线及货运栈台皆有所见，是青岛九大纺织厂中历史建筑存量最多的一个，在见证青岛纺织工业遗产与城市发展的维度上具有重要价值。

钟渊纱厂事务所旧址

钟渊纱厂图书馆旧址

钟渊纱厂经理住宅旧址

钟渊纱厂俱乐部旧址

钟渊纱厂医院旧址

维新化学工艺社旧址

1922~1938年　四方区杭州路28号

早期建筑之一

维新化学工艺社旧址位于于四方区杭州路28号。

1919年，民族实业家杨子生在青岛创办维新化学工艺社，这是国内首家化学染料厂，创始性地研制生产出了“煮青”硫化染料，被誉为“民族染料第一家”，同时标志着青岛化学工业的诞生。维新工艺社初设于台西镇今团岛二路，1922年迁至下四方村今北山二路一带重启工厂。1935年，工厂被日商控制，改称株式会社维新化学工艺社。同年，择址半壁巷（今杭州路）建造新厂房。1939年改称维新工业化学株式会社。1949年青岛解放后收归国有，1952年更名为青岛染料厂，后逐渐发展成为国内四大染料厂之一。20世纪90年代转制为双套精细化工（集团）有限公司。

工厂占地面积近10万平方米，厂区内的石砌仓库为该厂最早建筑之一，原用以储存危险化工原料。原日本高级职员宿舍为日本仿欧式建筑，花岗岩砌基，水刷墙，红瓦坡顶。另存早期所建的一栋办公楼，为砖石结构建筑，带有国际式建筑特色。

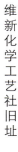

维新化学工艺社旧址

大英烟草公司旧址

1924年　市北区华阳路20号

利用老厂房辟建的烟草博物馆

内景

大英烟草公司旧址位于市北区华阳路20号。

1919年，英资大英烟草公司进入青岛，在大港火车站对面设立办事处，承转海陆运输烟叶业务，后设厂生产卷烟。1923年，在现址租地约130亩建设新工厂，转年竣工投产，定名为大英烟股份有限公司青岛分公司，是为山东省第一家机器卷烟厂，设烟叶部、卷烟部及印刷部，美国人沙威奇担任经理。1934年12月，易名英商颐中烟草股份有限公司，翌年改称颐中烟草股份有限公司。1941年12月，企业被日人控制，改称颐中烟草公司青岛事务所。1953年，更名为国营青岛卷烟厂。20世纪90年代，联合、兼并省内多家卷烟厂和烟草公司组建颐中烟草（集团）有限公司。2006年加盟山东中烟工业公司。历史品牌包括“老刀”、“红锡包”、“黄锡包”、“大前门”、“三炮台”、“哈德门”、“红金”、“双马”、“宏图”、“泰山”、“壹支笔”等，驰名海内。

现存初期厂房一栋，原用作印刷厂，高约4米，砖石木结构，南北横向大跨度展开，特以其红砖清水墙而醒目，其上整齐地排列着十几扇平拱窗，檐口以五层红砖垒出。2010年，辟建为青岛烟草博物馆对外开放。

南视图

大英烟草公司老厂房

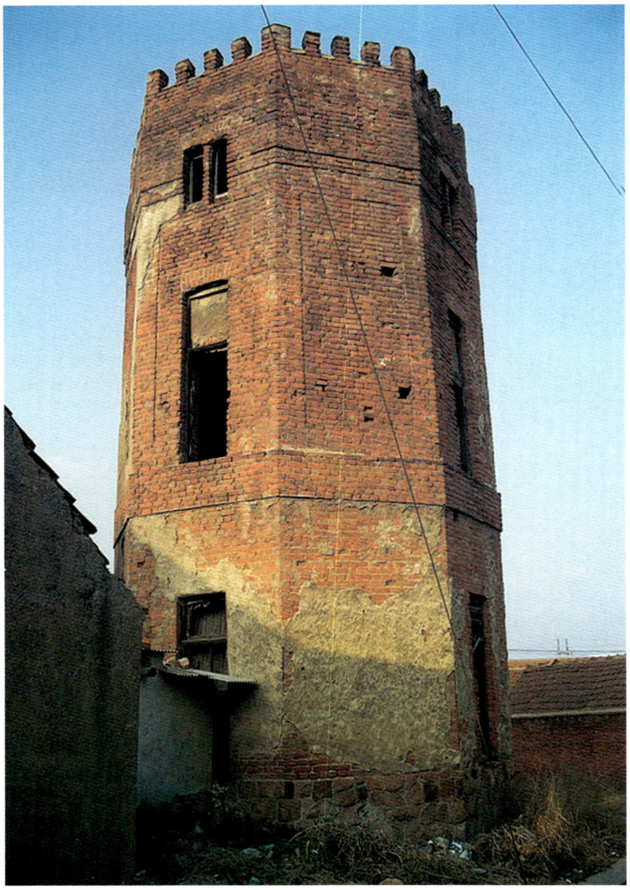

水塔近景

双山水塔

20世纪20年代　四方区双山村

双山水塔位于四方区河西街道双山社区，崂山余脉双山的东麓。

一座造型别致的水塔，建于20世纪20年代。据了解，当时有一位白俄妇女带着女儿来到了双山村，准备在此开设一家俄罗斯风味的葡萄酒厂，先后建起了生产用的厂房和水塔。双山村外台柳路旁，有一口优质水井恰好可供酿酒使用，从此井汲水上塔。未想水塔建成之后不久，卢布贬值，日本金票大量流入了中国，未及投入生产，母女俩只得将厂房和水塔转卖给了公和兴工程局。1938年日本第二次占领青岛后，将水塔改建为哨所，遂成日本侵华的历史见证。

这是一座八角形水塔，通体由红砖砌成，高约9米，建筑面积约200平方米，顶部取雉堞式，内部设有木制楼梯连通上下。整体造型大方，结构匀称，于古朴中见精致。作为青岛市区现存唯一的红砖水塔，双山村水塔显示了其稀有性。历史上很长一段时期，它曾被视为一个地理标志，呈现了城乡记忆的复合景深。

双山水塔及其周边

茂昌蛋业冷藏公司旧址

1928年　市北区商河路4号

茂昌蛋业冷藏公司旧址位于市北区商河路4号。

建于1928年，原为上海茂昌蛋业冷藏股份有限公司青岛分公司的厂房。1939年曾改称青岛东亚蛋业株式会社。1945年后一度用为美国海军仓库。1949年11月恢复生产。1954年实行公私合营。1984年改为国营青岛罐头食品厂。1993年改制为青岛罐头食品厂有限公司。

早期建筑为一幢大体量、大跨度四层厂房，呈流线式沿街蜿蜒近百米。建筑造型简洁，线条流畅，注重功能性的实现。原为红砖清水墙，后修缮时覆橘红涂料。

茂昌蛋业冷藏公司旧址

上海纱厂旧址

1934年　四方区四流南路80号

上海纱厂旧址位于四方区四流南路80号，胶济铁路沿线。

建于1934年，原为日资上海纺绩株式会社在青岛开设的分厂，名为上海纺绩青岛支店，简称上海纱厂。1938年重建。1946年中纺公司接收后改称中纺青岛第五纺织厂。新中国成立后的1951年，更名为国营青岛第五棉纺织厂。厂区占地面积19.8万平方米，建厂初期所建消防水塔一座矗立其中，为钢混结构水塔，高达10余米。

上海纱厂旧址

同兴纱厂旧址

1935年　李沧区沔阳路5号

同兴纱厂旧址位于李沧区沔阳路5号，胶济铁路沿线，靠近沧口火车站。

建于1935年，原为总部设在上海的日资同兴纺绩株式会社青岛分厂，占地面积20.79万平方米。首任经理为日本人鸟羽智加造，厂长为三岛祯三郎。有“喜鹊”和“阳鹤”牌商标。1945年抗战胜利后，由中纺青岛分公司接收，改称中纺青岛第八纺织厂。

现存同兴纱厂俱乐部为日本仿欧式建筑，占地面积812.21平方米，地上二层，局部三层，砖石木结构。花岗岩砌基，水刷墙，平屋顶。主入口朝南，四级石阶引至门前，两根圆柱支撑起挑门廊。原同兴纱厂职员宿舍是一个由十栋楼房组成的住宅群，占地面积约1.15万平方米，砖石木结构，地上两层。花岗石砌基，黄色水刷墙，红瓦坡顶。主入口朝南，为尖顶挑檐拱门，南立面东西两侧以山墙相呼应。

原同兴纱厂职员宿舍

华昌铁工厂旧址

华昌铁工厂旧址

1939年　四方区四流南路22号

华昌铁工厂旧址位于四方区四流南路22号。

建于1939年，原为华昌铁工厂的厂区。华昌铁工厂肇始于1920年，由时任青岛商会会长的民族实业家隋世卿创办，初设于天津路，1929年改称利生铁工厂，迁址内蒙古路，一度为青岛最大的民族实业工厂。1938年日本第二次占领青岛后，工厂被日人强行收买，改称丰田式铁厂。1939年在大水清沟现址购地百余亩建新厂，1941年3月投产，主要业务是为各大纱厂维修机械并生产配件。1943年转手日商三井洋行经营，一度从事军火生产。1945年抗战胜利后收回，更名为中纺公司青岛第一机械厂。1951年更名为国营青岛纺织机械厂。

厂区分布面积约27万平方米。办公楼、车间等早期建筑保存状况较好，其中一处俗称“海军楼”的建筑具有较高的艺术价值，为砖石结构欧式建筑，地上二层，有阁楼和地下室，以其绿色外墙给出了厂区的视觉标志，具有较高的艺术价值。生产车间为连续性的单向坡顶建筑，具有鲜明的时代特色。

南墅石墨矿

1943年　莱西市南墅镇南墅村西

运送石墨矿石的桥梁

石墨矿厂区一角

南墅石墨矿位于莱西市南墅镇南墅村西，属莱西市西北低山丘陵地带，富藏石墨矿。

从明代至20世纪40年代初，不断有人来此地挖坑采样，以期探明矿脉。正式开采始于1943年，日本人在此建厂开矿，掠夺资源。后几经周折，到20世纪80年代中期，经过了40年的发展，达到巅峰，发展成为我国鳞片石墨的重要生产基地和出口创汇企业之一。

南墅石墨矿曾有干部职工3000多人，十个车间，三大矿坑，并建有南墅轻轨火车道一条（今废）和发电厂一座。矿区总占地面积约150万平方米，总建筑面积约50万平方米，存有早期日本人所建的办公大楼、影剧院、体育场、大型生产线车间以及辅助用房。整个矿区至今保护完好，有些厂房仍在继续使用中，多数生产线亦原样保留。在文化遗产与工业遗产的双重视野中，南墅石墨矿都有着重要的研究、保护和利用价值。

南墅石墨矿老矿坑

瑞昌涌烧锅旧址

1940年　李沧区保和路18号

瑞昌涌烧锅旧址建筑位于李沧区保和路18号。

建于1940年，为一处近代民间工业作坊，专门酿制烧酒，创始人为王揆一。作坊为砖木结构二层楼，占地面积119.51平方米，花岗石砌基，红砖清水墙，红瓦坡顶，二楼南立面设为木制回廊。作坊的大部分房屋已被翻新改造，仅其二层尚基本保持原貌。作为一处罕见的留存至今的民间作坊，它是20世纪上半叶本地民间酿酒业的一个写照，体现出了特殊的工业遗产价值。

瑞昌涌烧锅旧址

中纺青岛第一化工厂旧址

1947年　四方区四流南路66号

中纺青岛第一化工厂旧址位于四方区四流南路66号。

20世纪40年代，青岛的纺织、印染业已具相当大的规模，但生产所需的烧碱及其副产品来源匮乏，鉴于此，日资上海纱厂和德山曹达（日语译音，指烧碱）工厂共同投资建厂，利用本地丰富的海盐资源生产烧碱，至1945年日本战败投降时工厂尚未建成。战后，中纺青岛分公司重建工厂，命名为中纺青岛第一化工厂，1947年7月首期工程竣工投产。新中国成立后收归国有，现为青岛海晶化工集团有限公司。早期厂房现多已改建，存有20世纪60年代所建仓库一座，上下两层，钢筋混凝土结构，因需存放化学易燃易爆物品，所以特别坚固。

中纺青岛第一化工厂旧址

即墨黄酒厂

1949年　即墨市鳌蓝路106号

即墨黄酒厂位于即墨市鳌蓝路106号。

建于1949年6月，系在旧时一批小作坊基础上组建的地方国营企业。1978年迁至现址建厂，1980年建成投产。现在，年产能达15000吨。现有制作车间一栋、即墨老酒博物馆一栋、老酒贮藏地窖一处及老酒坊一栋，总占地面积50232.62平方米。

即墨老酒作为中国黄酒中的精品，也是世界上最古老的饮料酒之一。北方为中国黄酒发祥地，以即墨老酒最为著名。其酿造工艺独树一帜，延续传统的“古遗六法”工艺，清代称之为“老干榨”，亦称黄酒。1963年，在全国第二届评酒会上，即墨老酒被评为全国优质酒，荣获银质奖章。厂区内现存黄酒酿造车间目前仍能正常生产，无论酿造器械还是厂房建筑均保存完好，是青岛地区唯一的一处传统黄酒酿造工业遗产。

即墨老酒历史悠久，充满文化性灵，凝结着北方黄酒工艺的精髓，是中国黄酒酿造史延续和发展的一个生动缩影。20世纪30年代，它与国立山东大学的教授们结缘，老舍、台静农、王统照等人对其钟爱有加，常相聚饮，呼之曰“苦露”，留下了一段人文佳话。

即墨黄酒博物馆

酒窖

厂房

青岛葡萄酒厂旧址

1956年　四方区四流南路13号

老厂房

青岛葡萄酒厂旧址座落于四方区四流南路13号，北岭山西北麓。

青岛的葡萄酒酿造可追溯至1912年，德国人克拉克首先在今湖南路34号开办了一家葡萄酒作坊，1930年为德商美最时洋行收购，并投资添置设备，建成美口酒厂。1947年，美口酒厂被国民党官僚资本收购，附属于青岛啤酒厂，对外仍称美口酒厂。新中国成立后，设为青岛啤酒厂果酒车间，所产葡萄酒被周恩来总理选为外交礼品和国宴用酒。1956年，国家投资100万元在现址建起新厂房。1959年，从啤酒厂独立出来，定名为青岛葡萄酒厂，两大类三十三个品种畅销国内并出口海外。现改制为青岛葡萄酿酒有限公司。

旧址占地面积约13300平方米，现存有威士忌生产线的部分设备，包括古铜威士忌蒸馏釜和发酵罐，特别是其地下葡萄酒窖保留完好。这里，在地下约10米处均匀分布着八个拱形储酒洞，内存德国制造橡木葡萄酒桶三百余只，最大单桶容量达6千升；另存有可供2000瓶大香槟酒发酵用的倾斜酒架，这是当时国内唯一的单瓶发酵香槟专用设备。酒窖内有六排石条砌成的老式水泥发酵池，是历史特定时期葡萄酒生产工艺的见证。地下酒窖复现了欧洲传统葡萄酒窖的工艺技术与文化风貌，是一处独具特色的工业遗产。

地下葡萄酒窖

阿里文别墅旧址

1899年　市南区鱼山路1号

西立面局部

阿里文别墅旧址位于市南区鱼山路1号，北依小鱼山，南望汇泉湾。

1899年，这座小楼出现在鱼山南麓，系当时的维多利亚湾（今汇泉湾）别墅区首批建造的房屋之一。它的主人和设计者是时任胶海关税务司的德国人恩斯特·奥尔默（Ernst Ohlmer），阿里文是他的中文名字。

这是一幢砖石结构二层小楼，有地下室，建筑面积394平方米，拥有一个占地13300平方米的开阔庭院。花岗石砌基，水刷墙，红瓦折坡屋面，东西各开两扇拱形老虎窗。主入口朝西，为平衡地势，在东南角巧妙利用落差构造出一个堡垒般的通道，让人想起了某个遥远年代的小城堡。南立面构图中轴对称，中部凸出半圆形露台，四根罗马柱等距离矗立其上，托起上层的观景露台，围以宝瓶栏杆，在二层窗台下亦可见同样的宝瓶栏杆。至此，文艺复兴建筑的韵律开始发生。窗拱造型独

南视图

具匠心，一个大圆拱之内包含着两个小圆拱，三拱的黄金分割中心嵌以圆形图案，两个小拱均衡落肩于中间的回环往复的节奏在发生，合于中国思维。对于通晓中国文化的阿里文来说，这是一个理所当然的设计，与建筑整体造型合起来观察，方与圆的精神奥秘已然隐含其中。在东西两端木制露台的垂花柱和檐板上，同样可见中国元素的存在。建筑师明确表达了文化对话的意图，因而这所海边的房子就有了路标价值，它向自我和历史同时发出了提示。建筑东南向堡垒般的通道中，嵌有数据记录刻石，镌阿里文自撰铭文："陡坡高岗，濒临南海。筑室于此，宜其遐福。"上款为"光绪贰拾伍年阳月造"，下款为"胶海关税务司阿里文志"。

东北向视图

西北向俯视图

东北向视图

艾瑞思别墅旧址

1900年　市南区鱼山路2号

东南向视图

艾瑞斯别墅旧址位于市南区鱼山路2号。

建于1900年，原为胶海关副税务司艾瑞思（E.Reis）的寓所，与阿里文住宅隔街相望。1912年，中国海关第三任总税务司安格联（ F.Aglen ）将其购入名下，并有所改造和加建，形成主辅双楼格局，中间以木制楼梯相连，整体呈凹形，建筑面积约1023平方米。主楼为砖石结构两层楼，有地下室和阁楼，花岗石砌基并垒出地下室墙体，素面水刷墙，其上分布着圆拱或平拱门窗，红瓦折坡屋面，坡度不大，顶部开有三角形老虎窗。

建筑在造型和色调上呈现出简约风尚，外立面最大限度地淡去了装饰热情，合于当时初露端倪的国际式建筑理念。西南角以两根花岗岩圆柱来构造露台，除了柱子本身，全然放弃了柱式的古典影像，柱础、柱头和额枋等一概不见踪影。其上以蘑菇石垒出五层线脚，古朴之中见精致，这是外立面唯一可见的装饰性细部。

总督府公寓旧址

1901年　市南区沂水路3号

总督府公寓旧址位于市南区沂水路3号。

1901年，为接待和安置那些受命来此地承担重要工作的德国高级官员和著名专家，胶澳总督府在当时的迪特里希街（今沂水路）东端北侧的高地上专门建造了这处乡村别墅式的公寓。首位房客是德意志帝国大法官保罗·格尔匹克（Paul Gelpcke）。1902年至1907年间，总督府野战医院主治医生亨利·科尼西（Herry Koeing）在此寓居。1913年，曾任清陕甘总督的蒙古王公升允下榻于此。日占后，为日本守备军参谋长山田的住所。

庭院占地面积约1995平方米，建筑面积637.5平方米。砖木结构，地上二层，有阁楼和地下室。北立面设主入口，南立面原有木栈道沟通上下。平面布局颇具匠心，以两个局部叠合的正方形为基础来错位布局，在不对称之中实现了规整。外立面造型的灵活多变被发挥到了某种极致，于繁复之中求得协调。花岗石勒脚，黄色水刷墙与半木构结合起来，显得温暖，墙角嵌浮雕隅石。建筑出檐很深，浸染着一抹南欧风情，取多折坡屋面，覆红色牛舌瓦，上开圆形、方形和三角形老虎窗。为强化构图上的自由与秩序，建筑师释放了浪漫主义者的怀旧情怀，以西南角一座高约20米的新哥特式塔楼形成制高点并传示了风格密码，其铁皮盔顶上复又耸起一个屋面小塔，攒尖式塔顶上装有铜制风向标。色调之明媚与造型之灵动令人印象深刻，它带着足够的新奇感现身于城市高地上，在自由变化中寻求着统一。

建筑师娴熟运用了中世纪以来小别墅的造型语言，有序展开自由式布局，适度强调了尖塔、半木构、老虎窗及风向标等要件的审美作用。同时，有意识地借鉴了

林中小屋

盘龙柱

中国古建筑营造法式，合理吸纳了一些东方元素，如在墙角、门窗等处嵌入带有龙凤图案的白色雕刻版，特别是在门厅内设置了一根意味深长的盘龙柱，龙之外，麒麟、燕子及蝙蝠等形象皆有所见，俨如图腾柱。建筑师明悉中国传统中的镇宅祥瑞的价值，用这样一根图腾柱来寄托对屋宇和居住者的祝福，进而取得一种基本的文化理解，这也证明了文化融合的必然性。

与屋宇的斑斓面貌形成对比的是围墙，落差较大的高坡地形被合理利用，形成护坡，形成梯次上升的庭院，蘑菇石围墙绵亘于路旁，将相邻庭院连接起来。光影交错的行列依次展开，在一面面假拱之间开出大跨度拱门，拾阶而上，感到时光的节奏被适度延长了，引导人们去往古老岁月，探寻一座久已淡忘的小城堡。

东南向视图

蘑菇石砌成的庭院围墙

卡普勒别墅旧址

1901年　市南区浙江路26号

南立面的露台和山花

卡普勒别墅旧址位于市南区浙江路26号。

建于1901年，建筑面积719.2平方米，高13.4米。砖石木结构，地上二层，有阁楼和地下室，主入口朝北。花岗石砌基，四面坡屋顶，覆红色卷筒瓦，上开筒形老虎窗。南立面以大理石方柱支撑起挑台，环以瓶式围栏，由檐口向阁楼升起一面集结着多重影像符号的山花，钟情于巴洛克主题的表达。山花如此繁复，多少造成了审美的迷失，目光耽溺于已逝美好事物的追忆，晨昏之际的藏青色天穹下，尤其显得精致而感伤。花岗石

东立面窗冠及人头塑像

东南向视图

东立面的露台和山花

方柱在门窗两侧亦多有所见，不过消解了承重作用，被合理地处置为一种装饰元素。随着光线的移转，南立面的雕饰主题在另外三个里面被适度淡化，东、西和北立面的构图相对简约，对建筑整体的审美韵律形成制衡，以相对舒缓的节奏演绎着城堡意象和童话韵味。西南角一座圆葱形塔顶出现的时候，建筑多变的韵律体系也就获得了一个有效的平衡点，这是一座具有瞭望塔性质的塔楼，凝聚着古朴、神秘而从容的气息。外观的装饰主题在室内得以复现，护墙板、门窗、楼梯扶手等木构线皆显雕琢之趣。建筑师如此迷恋于奢华的装饰，以至于艺术风格多少显得有些模糊。

这所房子与东西方的两位著名商人联系在一起，原先它是德国砖瓦商罗伯特·卡普勒（Robert Kappler）所营造的别墅。1918年，此楼由岛上华商首富刘子山购入名下，因此它也常被称作刘子山公馆。当初，作为砖瓦制造商的卡普勒营造此楼的时候，兴许是要借此来举办他的制成品艺术博览会，因而极尽装饰之能事。一幢色调温暖而装饰繁复的屋宇，带着一部复调音乐的节奏回响，处于城市记忆与建筑审美的多元图景之中，回应着那遥远天穹发出的空旷回声。

西北向视图

李特豪森旧宅

1901年　市南区湖南路11号

李特豪森旧宅位于市南区湖南路11号，近青岛湾。

建于1901年，原为在青岛经营进出口贸易的德商奥托·李特豪森（Otto Ritthausen）的住宅。1932年，岛上名医姜如心在此开设如心医院。现作为幼儿园使用。

建筑为砖木结构，地上二层，有阁楼和地下室，建筑面积1260.29平方米。花岗石砌基，水刷墙面，红瓦坡顶。南立面取中轴对称布局，以主入口的柱廊为中心构图，八级石阶引至门前，四根圆柱分列两边，形成柱式门廊。阁楼层设有观景露台，上起一面阶梯式山墙。多层次的线脚整齐而流畅，勾勒出富于立体感的檐口，带来构图上的纵深感。建筑师在山墙顶端和檐口转角安置了八尊小塔，它们以挺拔的姿态置身于建筑整体构图最后完成的时刻，错落有致，加强了建筑的纵向尺度，缘此而开启了这幢新文艺复兴风格小别墅的风格秘密，给出了小中见大的空间体验，这是一个有纪念性的细部。室内装饰典雅，主要房间内设有壁炉，墙面镶有雕花护墙板，地面铺装木地板。

宝塔山墙

南视图

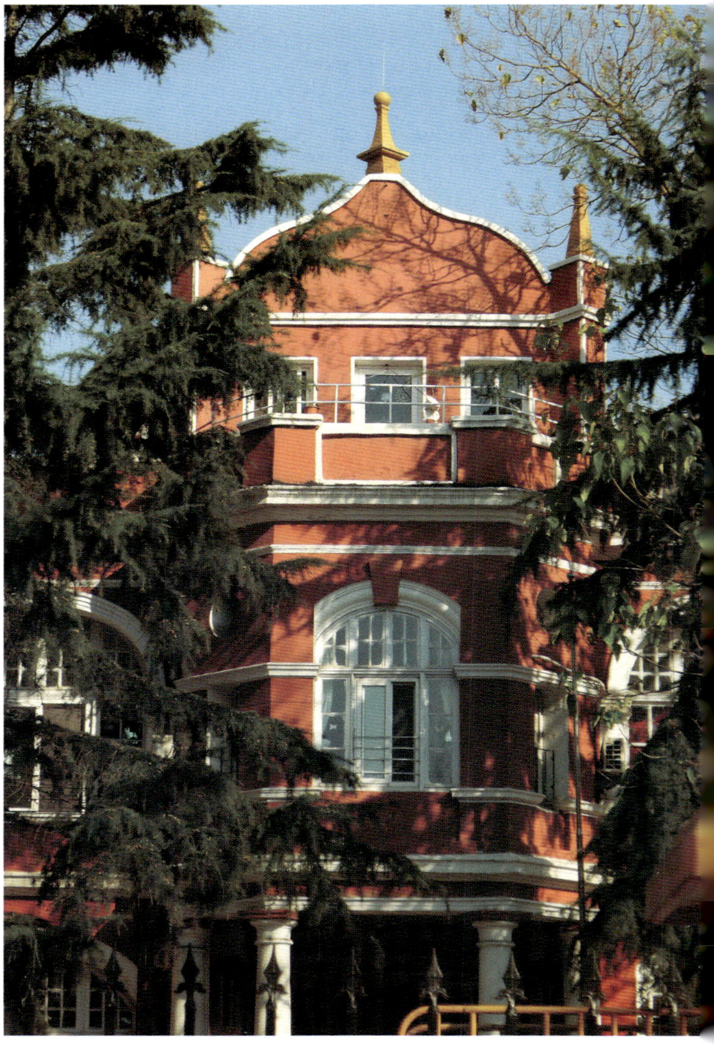

迪特瑞希旧宅

1902年 市南区沂水路7号

半木构

东北向视图

迪特瑞希旧宅位于市南区沂水路7号，观海山东南麓，南距青岛湾不远。

建于1902年，初为捷成洋行所建别墅，其经理迪特瑞希（Diederichsen）在此居住。砖木结构，地上二层，有半地下室和阁楼，建筑面积约550平方米，主入口朝南，东面和北面设有便门。

建筑师的造型手法极为娴熟，小型艺术化乡村别墅的比例和尺度体现得恰到好处，从容展开了一幅风景画，色彩与造型的诗意律动被巧妙地表达出来。花岗石砌成的半地下室墙体构成了外立面的第一道风景，看上

屋面北视图

去颇有点古堡的感觉，为其上方的色调艳丽的构图提供了基点，达成了稳固的平衡，新的视觉图谱在古老岩石的记忆中不断生成，屋宇弥漫着一种浓郁的中世纪田园气息，合神秘与浪漫于一体。红砖砌出一层的清水墙，并为窗户发券并砌出窗台，窗台下有意留白，券上则镶嵌着围棋状黑白釉面砖，这在红墙面上形成了有意味的沉淀和回旋。二层墙面取半木构样式，露木着蓝绿色油漆，在米黄色水刷墙面的衬托下显得清新烂漫，与一层

东立面局部

的墙面相区别，并形成上下区域的过渡带。屋面有效渗透到了立面的构图之中，坡度较大的屋面重现了红色调，间以老虎窗和蓝色线脚，看上去精致而浪漫，形成色彩的倾泻与呼应。

造型的多样化令人印象深刻，东立面一层中部凸出一个半圆堡结构山墙，托起其上二层的半木构凸窗，就此亮明了艺术风格的一个标志点。半木构线脚雕饰精美，显示了地道的手工风范。凹凸有致的画面层次在屋顶得到了进一步的强调，建筑师深谙变化之道，在半圆堡以北区域打破了二层与阁楼层的分界线，进一步加大屋面坡度的同时，也带来了一种巴洛克式空间体验。这样，从北侧观察，攒尖式屋面看上去就获得了一座尖耸金字塔所具有的质感，而在檐部和塔顶开出了一大一小两扇老虎窗，很别致。那又深又低的檐口也成为艺术个性的一种表达方式，不仅使得大对比度色调体系获得了某种深邃感，更重要的是一个精神指标，意在昭示屋宇对人生的庇护之意。这是一种有想象力的手法，田园别墅所特有的隐秘、优雅和安逸的精神气息因此而凝结起来，引领日常生活进入了艺术领地，让人想起德国建筑大师密斯的那句名言：“上帝存在于细部。”

有意无意之间，这所房子已进入了东西方对话的图景，反证了文化冲突和理解的必然性。它的檐口上出现了斜交十字形桁架，这在德国中古建筑中是一种常用的处理手法，不过在中国，这样的斜交图形往往被认为是一个不吉利的符号。1902年山东巡抚周馥造访青岛，在维多利亚湾（今汇泉湾）的总督临时官邸中也曾看到过这一符号，他向德国人说明这有悖于中国习俗，很容易引起中国人的反感。德国人接受了这一告诫，此后的建筑中就不再运用斜交十字形桁架。

斯提克弗茨旧宅

1904年　市南区沂水路5号

东北向视图

斯提克弗茨旧宅位于市南区沂水路5号，观海山东南麓，南距青岛湾不远。。

建于1904年，原为德国筑港工程师约翰·斯提克弗茨（John Stickforth）的住宅，他于1898年来青岛，参与青岛港的规划建设，1910年离开时将此楼产权转让与德商奥古斯特森。1925年，英资麦加利银行（渣打银行）青岛分行购得此楼，供其经理居住。

这是一幢砖石木结构二层楼房，有阁楼和地下室，建筑面积1506.08平方米。整体布局紧凑，构图严整，外立面以一种错落有致的形式呈现出来，不事雕琢，着意强调线条的流畅感。花岗岩细方石砌出地基和半地下室，以上为平滑的水刷墙面，屋面为大坡度蒙莎顶，覆红色牛舌瓦，上开有弧形老虎窗。南北立面的中部皆处理为复式三角山墙，在二层开出一排敞亮的高直竖窗，引展着建筑向上的视觉尺度，阁楼层则以隐秘的三联小拱窗形成呼应。山墙的东西两侧均设计为露台，装铁艺栏杆。东立面以一面曲线山墙为中心构图，立面与屋面相互渗透。门窗拱券造型简洁，拱腹较深，无砖石为之发券，无装饰，带来一派清新素雅之感。

东南向俯视图

东视图

伯恩尼克别墅旧址

1905年　市南区栖霞路10号

伯恩尼克别墅旧址位于栖霞路10号，小鱼山以东，八关山以南，近汇泉湾。

这所房子是德占时期维多利亚湾（汇泉湾）别墅区早期的见证者之一，建于1905年，初为德商赫尔曼·伯恩尼克（Hermann Bernick）的寓所，由其合伙人波特尔（Pötter）设计，他们共同创建了伯恩尼克与波特尔公司。屋宇出现在当时的阿达尔贝特王子路（今栖霞路）与克里斯特路（今福山路）路口高坡上的时候，周边只有包括总督临时官邸、总督副官官邸、单威廉住宅在内的少数几栋房子，拥有充满野趣的田园之美，在空旷与宁静中，屋宇的艺术化旨趣得以彰显，成为了地景。

一幢新文艺复兴与新巴洛克风格别墅。建筑面积约860平方米，砖木结构，地上二层，有阁楼及地下室。花岗石砌基，水刷墙与清水墙相结合，多折坡屋面，原覆红色牛舌瓦，后换成板瓦，上开长方形老虎窗。主入口设于南面，东北角另有一个入口。多次维修中存在着局部改造和露台封闭现象，致使整体的审美效果有所减损，然透过沧桑，其历史风貌仍清晰可见。

建筑因应地势而构造，首先以其大坡度的屋面形成视觉冲击力，西部的主体屋面有着超过50度的大倾角，从顶端直插底层，造成高屋建瓴的倾注之势，与山麓高坡地形取得了精密的协调，直可带来某种壁立万仞的心理印象，立面与屋面渗透在一起，高低错落之间，引出建筑审美的佳境。在南立面，建筑师设计了一座文艺复兴式五角塔楼，塔中设有露台，塔顶开观景窗，覆绿色铁皮盔顶，如今虽已锈迹斑斑，然犹可想见往昔的精致与超逸。半木构的作用得到了充分展示，有意味的线条穿插往复，使得处于整体布局中的塔楼、露台、敞廊、桁架和墙面有效衔接在一起。看上去，屋宇浸在自身与自然的艺术精神中，已然进入一体化融合状态，在时光悠长的节奏中展开一部诗意安居的咏叹调。

西北向视图

密斯别墅旧址

1905年　市南区德县路23号

密斯别墅旧址位于市南区德县路23号，观海山西南麓，南距青岛湾不远。

这座红瓦黄墙小楼位于德占时期的霍恩洛厄路（今德县路）与阿尔贝特路（今安徽路）路口西北角，建于1905年，建筑面积约921平方米。1925年增建车库，建国后增建裙房。1912年以前为施密特公司经理康拉德·密斯（Conrd Miss）的寓所，后转手华商李梅荪。

主楼为砖石木结构二层楼，有阁楼和半地下室。花岗石砌基，黄色水刷墙，红瓦坡顶，开长方形老虎窗。西南角设有主入口券廊，其上为露台。西立面中部耸起一面三角山墙，出檐较深，半木构装饰线将二层和阁楼的平拱窗给联结了起来，形成了统一的视觉效果。

密斯别墅旧址

波特尔别墅旧址

1906年　市南区德县路7号

波特尔别墅旧址位于市南区德县路7号，观海山南麓，南距青岛湾不远。

建于1906年，原业主为德商波特尔（Pötter）的寓所，由其本人设计建造。为砖木结构二层楼，有阁楼和半地下室，建筑面积约1178.5平方米。花岗岩蘑菇石砌出地基和地下室墙体，其上为黄色水刷墙，红瓦坡顶。主入口设于东面，门窗多取哥特式尖拱。建筑以西北角一座圆形堡楼为标志，原带有一个攒尖式塔顶，现塔顶已不存。

波特尔别墅旧址

贝恩旧宅

1905年　市南区江苏路8号

贝恩旧址位于市南区江苏路8号，近青岛湾。

建于1905年，是德商罗兰德·贝恩（Roland Behn）建造的房子，他是当时青岛顺和洋行的创办人。1911年，此楼转手前清津浦铁路局总办李德顺。

房屋坐西朝东，占地面积1026.67平方米，建筑面积571.47平方米，砖木结构，地上二层，有阁楼和地下室。花岗岩蘑菇石砌基，黄色水刷墙面，局部为拉毛墙面，多折坡屋面，覆红色牛舌瓦。主入口设于朝街的东立面，七级石阶从南北两侧引向门前，上方雕饰精美的红色木制门檐十分醒目，就像一个久远的问候那样令人感到意外。檐下饰以白色徽标，为屋宇打上了一颗洛可可心印。同样的构图在屋檐得到了复现，带给人与屋

屋檐

东视图

宇以双重祝福。两者中间开出一扇圆拱窗，在内部这是二层楼梯间的那扇窗户，采光效果很好。以此为中心，南立面向两边作等比例凹入，向北引出了两扇宽敞的半圆形拱窗，向南引出一座六角形塔楼，就此给出了多变而协调的画面，比例匀称，凹凸有致，整体与细部彼此彰显。塔楼扼守着屋宇的西南角，以一个墨绿色盝顶形成制高点，白色线脚清晰地勾画出檐口，其下在六角形的每一边都开出了两扇小窄窗，传达出隐秘的意趣。塔楼以西，以一面高扬的山墙和一扇丰满的凸肚窗勾画出南立面的层次。同一样式的山墙也出现在了北立面，形成对称，有效平衡着色彩与韵律的流动。

进入室内，感到建筑韵律一下子变得沉静了许多，悄然淡去了外观色彩斑斓的装饰之美，呈现了一种适度的典雅与素朴，钟情于家居生活本身的意蕴，空间弥漫着一种优雅、洁净的舒心感。与小别墅的紧凑感相适应，楼梯间并不开阔，却有着良好的沟通性能，置身于东南角那个六角形塔楼的内部，在竖窗撒入的均匀的光影中，木制楼梯和护墙板缓缓延伸着朗润、温馨与光洁之意。

天花板

壁炉

西南向视图

从这座造型雅致的小楼身上，可以看到德国新文艺复兴思潮与洛可可艺术趣味在小别墅建筑样式中形成的某种融合状态，风格相互渗透，一幅画的展开方式充满了自由与纯真的想象力，整体感的形成过程独具匠心，在外观具有冲击力的视觉图像中，色调的鲜艳感与造型的丰富性成为必然，而内部空间的宁谧、素雅与温馨同样是珍贵的，缘此而生成了愉快的日常生活的诗意。屋宇不大，却给出了丰富的审美可能性，每一局部都传达着整体多变而协调的脉络，弥漫着一种庄严而灵动的气息。屋宇显得温馨，在阳光的照射下熠熠生辉，追忆着每人内心所憧憬的一个童话。

总督府高级官员住宅旧址

1908年　江苏路12号

总督府高级官员住宅旧址位于市南区江苏路12号。

欧式乡村别墅，建于1908年，由F.H施密特公司施工。建筑面积559.92平方米，砖木结构，地上二层，有阁楼和地下室。原为德占时期胶澳当时总督府为其高级官员所建住宅，因总督副官曾在此居住，故老百姓曾呼之为“二提督楼”，以别于信号山上的提督楼。

它在当时的俾斯麦路（今江苏路）上甫一出现，即以其色彩斑斓的形象而引人注目，看上去，就像一个曾被童话色彩渲染过，也曾被浪漫主义者想象过的彩色小城堡，绝不混淆于别的房子，而又与周边环境融为了一体，表达着一切屋宇所共有的安居之想。海雾轻启时光的路径，恍若置身于中世纪的某个欧洲小镇。

南视图

东南向视图

东便门

色调和构图的关系被着重强调，聚合起多种造型元素。外立面以空旷的时光为底子挥洒着色彩，有饱和度的黄色块被巧妙地嵌入红砖清水之中，以门窗造成过渡和协调。门窗的造型有圆拱和平拱，亦可见拜占庭式的尖拱。光影加深，色彩因着造型的灵活多变而渐趋强烈，建筑师勾画着内心的诗意脉动，从模糊到清晰，在克服了对比度很大的色彩体系有可能带来的审美约束之后，他成功了，从容地控制着节奏变化，引导细节逐步

与基督教堂钟楼相伴的影像

实现整体的意图并昭显其秘密。当贯通二层与阁楼的半木构消隐于暗影时，韵律回旋，萦绕在深深的屋檐下。从恰当角度看过去，每一立面乃至每一局部的独立意图都被淡化了，不同风格的界限也差不多被消解了，形成了浑然的一体，转折点基本上模糊了，造成了新的审美体验。在经历了多种风格的彼此映衬与隐匿之后，屋宇告别了其外在的新奇感，悄然置身于某种平行时空的意图之中，缓缓展布着无边界的色彩和韵律。这样的空间过渡策略可以被艺术史证实，显然，这是一种巴洛克式的显现、逃逸和回归。

1911年，前清津浦铁路局总办李德顺出资，将此楼连同临近的江苏路8号贝恩住宅一起购为己有，产权登记在他的德国太太玛格丽特·克鲁格名下。1922年，日商三井物产株式会社青岛支店经理佐佐木栋太郎购得此楼。1947年，一度为青岛保安总队队长高芳先住宅。

院里各种植物已见繁茂，无花果和紫藤萝守护着屋宇，留住了田园感。时光流逝着，屋宇的安居之意并未随着人事的变幻而有所减损，反而在城市风雨中变得洗练，养成了一种沧桑后的闲适格调，一无所思，只钟情于建筑艺术自身韵律的生成、消隐和复现。

观象台台长官邸旧址

1910~1912年　市南区观象二路10号

与观象台在一起的影像

观象台台长官邸旧址位于市南区观象二路10号，观象山南坡，与观象台相守。

建于1910年至1912年，德国建筑师海因里希·舒巴特（Heinrich Schubart）设计。1914年德日战争以前，观象台台长布鲁诺·梅尔曼（Bruno Mellman）博士在此居住。20世纪初来，梅尔曼来到青岛，主持肇始于1899年的气象天测所，1911年他被任命为“皇家青岛观象台”台长。1924年3月，中国政府收回观象台主权后，蒋丙然出任观象台台长，在此居住。

德式住宅，砖木结构，地上二层，有阁楼和半地下室，另有辅助平房。地势北高南低，视野开阔。半地下室墙体由黑色和土黄色蘑菇石拼合砌成，给出了一种坚固而神秘的基调。四面坡屋面，覆红色牛舌瓦，上开眉式老虎窗，局部起屋上山墙。主入口设于北面，双色蘑菇石发券，嵌有拱心石，门窗俱为平拱。院中有百年银杏树，每至深秋，灿灿金黄，带来诗意联想。

西北向视图

英商住宅旧址

1897~1914年　市南区江苏路1号

英商住宅旧址位于市南区江苏路1号，近青岛湾。

建于1897～1914年，占地面积1106.67平方米，建筑面积834.7平方米，砖木结构，地上二层，有半地下室和阁楼。花岗石砌出地基和半地下室墙体，以上为平滑的白色水刷墙，蒙莎顶，覆红色牛舌瓦，上开方形老虎窗。它有一个较大的庭院，大门朝向西方敞开。

建筑以相对朴实的构图来呈现一种古希腊式的宁穆之感，于简洁中透露庄重气息。花岗石砌出地基和半地下室的墙体，并在南立面拓出一个半圆形平台。处于整体布局中心位置的是西南角一座开放式五角形堡楼，给出了建筑的造型要点，二层露台两端各列出三根圆石柱，前面两根为对柱，以此来勾划出堡楼的外形轮廓并托起上方的外挑屋檐。在南立面的东部另有一个方形露台，与西南角露台一样，亦环以格栅状镂空围栏，这一点合乎青年风格派的图形思维。

东南向视图

西南向视图

吕海寰旧居

约1912年　市南区鱼山路6号、13号

吕海寰旧居位于市南区鱼山路6号和13号，两者相距百米，均坐落于小鱼山区域。

建于20世纪10年代，原业主为晚清遗老吕海寰。两处寓所均为砖木结构二层楼房，有阁楼和地下室。它们都处于路口的弧形拐角处，围墙俱以花岗岩乱石砌成，铺陈着一派古朴自然的气息，与屋宇本身达成了良好的协调，形成艺术风格和视觉形象上的一体。

鱼山路6号寓所坐落在鱼山西南麓的高坡上，距汇泉湾不远。花岗石砌基，水泥抹灰墙，红瓦坡顶。主入口朝西，设计为柱式门廊，其上耸起一面曲线山墙，顶端嵌有四瓣莲花图案，看上去如同一枚徽标。山墙两端为相互对称的观景平台，红砖砌出镂空花墙。屋边荒草萋萋，映衬出一番特殊的历史心境。

鱼山路13号寓所深藏在鱼山路旁边一条马牙石小径

鱼山路6号东北向视图

鱼山路6号西北向视图

鱼山路13号东北向视图

鱼山路13号西视图

上，与20世纪30年代所建的万字会建筑群一墙之隔，共同成为这一带的地景标志。它以小巧雅致的造型和柔和亮丽的色调见长，呈现出纯正的田园别墅韵味。花岗石砌基，米黄色水刷墙，人字坡屋面，坡度较大，立面表现为多个不同面三角山墙的组合，主入口朝北，其上一面三角山墙带有醒目的半木构装饰。门窗俱为平拱，西立面一派高直窄窗强化了屋宇向上的尺度。

吕海寰为晚清重臣，曾任外务部侍郎和铁道大臣，他有出使德国的阅历，1897年，他被任命为驻德公使，正是德占胶澳之年，青岛事务成为他外交生涯的一个重要议题，因而对德国治下青岛的历史气质并不陌生，怀有一份混合着警觉和期待的文化心理。1911年辛亥革命爆发后，清廷倾覆，与德国的良好关系是他选择避居青岛的一个重要原因，于是加入了东行青岛的遗老行列。来青后，暂厝湖南路，翌年即筹划在鱼山路筑造新宅，两处寓所为晚清遗老在青岛住宅中的代表者，艺术价值较高而且保存较好，隐含着建筑与历史的双重景深。卜居期间，成《庚子海外纪事》四卷，追述晚清一段外交迷津，其书房多藏古代碑帖，其中不乏《淳化阁帖》、明摹本《兰亭集序》等珍品。他还是中国红十字会的创始人，1904年与盛宣怀等人发起肇创“上海万国红十字会”，1907年出任改名的“大清红十字会”会长，1912年10月，他被民国政府任命为“中国红十字会”会长，旋赴任。家眷留居岛上，本人往返奔走。

吴郁生旧居

约1912年　市南区湖北路33号

吴郁生旧居位于市南区湖北路33号，临近火车站，1911年后来青避居的晚清遗老起初多在附近落脚。

约建于1912年，原为晚清军机大臣吴郁生的寓所。砖木结构，地上二层，有阁楼。蘑菇石砌基，黄色拉毛墙，红瓦坡顶，开长方形老虎窗。主入口设于东南角，楼后另有辅楼一栋。当时室内陈设豪华，人称吴公馆。

在青岛，吴郁生的人生角色较他人转换得更为彻底一些，他更多是以佛教居士和书法家的身份出现的，1936年曾为湛山精舍题铭“回头是岸”，镌刻于山前牌坊，今已不存。他是卜居岛上时间最长者之一，历三十载，期间，学佛写字，游历崂山，隐然忘忧。

陈葆徐、包幼卿旧宅

1919年　市北区海泊路15号

陈葆徐、包幼卿旧宅位于市北区海泊路15号，所在地为20世纪初形成的大鲍岛华人商住区的中心地带。

建于1919年，为中西混合式建筑。砖木结构，地上两层，二层居住，一层用作店铺。花岗石砌基，混水墙，红瓦坡顶。建筑中轴对称，主立面朝向街角，一面贴墙影壁处于中心。红砖成为构图的基本元素，为门窗发券，砌出檐口和腰线，并为墙角做包镶。原业主为陈葆徐和包幼卿，1933年转与刘环球，后产权屡经变更。

陈葆徐、包幼卿旧宅

詹姆斯旧宅

1920年　市南区齐东路8号

庭院一角

詹姆斯旧宅位于市南区齐东路8号，南望信号山，西望观象山。

建于1920年，原为美商美孚石油公司总经理詹姆斯（James）的寓所，1928年，他的儿子詹姆斯·罗德里克·李在此出生，这就是20世纪90年代曾任美国驻华大使的李洁明。1941年12月太平洋战争发生后，房屋产权转让与时任四方机厂厂长的栾宝德。新中国成立后，青岛市文联和市文化局曾在此办公。

这是一幢欧式住宅，砖木结构，地上二层，有阁楼及地下室。花岗石砌基，黄色水刷墙，四面坡屋顶，覆红色牛舌瓦，上开长方形老虎窗。南面和西面各设有一个入口，十六级石阶引至门前，两个入口之间原设计为敞开式露台，后来维修时予以封闭。沿街围墙及庭院入门通道由花岗岩蘑菇石砌成，以其古朴厚重的面目示人，有效提升了建筑的艺术质感。

东南向俯视图

南视图

刘子山旧宅

1921年　市北区武定路18号

刘子山旧宅位于市北区武定路18号。

1920年3月，青岛富商刘子山从上海人王立鳌手中购得该处土地使用权，于1921年12月请照营造住房，这是他在青岛的多处房产之一。后产权屡经变更。

建筑面积621.6平方米，砖木结构，地上二层，有阁楼。花岗岩蘑菇石砌基，水刷墙，局部拉毛墙，蒙莎顶，覆红色板瓦，上开长方形老虎窗。主入口朝东，南立面起三角形山墙，东立面起半圆形山墙。

刘子山旧宅

延国符旧宅

1922年　市南区齐东路1号

延国符旧宅位于市南区齐东路1号，信号山西北麓。

建于1922年，原为日本驻青岛总领事馆的职员宿舍。1948年，时任鲁青救济总署青岛分署署长的国民党中将延国符买下此楼居住。为砖石木结构二层楼，有阁楼及地下室，建筑面积约396平方米。花岗石砌基，黄色水刷墙，四面坡屋顶，局部为蒙莎顶，覆红色牛舌瓦，上开长方形老虎窗。南北两面各设有一个入口，门窗俱为平拱。

延国符旧宅

从良弼旧居

1925年　市南区齐东路2号/信号山路18号

信号山路18号西视图

从良弼旧居位于市南区齐东路2号和信号山路18号，分处信号山的东西两端。

齐东路2号寓所坐北朝南，建于1925年，1937年增筑车库，1942年转让与孙雅然，后产权屡经变更。由主楼及其西侧的一座二层辅楼组成，占地面积1564.11平方米，建筑面积869.46平方米，庭院中设有喷水池。主楼为砖木结构二层楼，有阁楼，利用东高西低的地势落差形成半地下室。花岗石砌出地基和半地下室墙体，其上为黄色水刷墙，门窗或圆拱或平拱，上下均镶有深色装饰线。屋顶为四面坡，覆红色牛舌瓦，上开有带三角檐的筒式老虎窗。主入口设于南面，以爱奥尼柱形成三连券门廊并支撑起上层的露台，露台围以宝瓶栏杆。在立面构图中，建筑师灵活运用了多种造型元素，特以东南角一座文艺复兴式八角塔楼为标志，它有着雍容典雅的造型，金色盔顶上装有铜制风向标。塔楼原设为开敞式的观景露台，后被封闭。屋宇内部装饰富丽堂皇，房间高敞明亮，陈设豪华，着力营造贵族别墅的艺术格调，门厅兼做主楼梯间，二层楼梯间向南连接一个大型露台，置身其上，山光海色相周流，弥布田园之美。较一般住宅，阁楼层要高一些，梁架纵横交错之间，呈现出木结构的自然品质与闲适气息，在一种沉静韵律的浸染中，阁楼所特有的庇护之意得到了恰当传示。

信号山路18号寓所坐西朝东，为砖木结构二层楼，有阁楼和地下室。花岗石砌基，黄色水刷墙面，红瓦蒙莎顶，上开有长方形老虎窗，屋面错落有致。主入口朝西，花岗石雕砌而成一个带有三角山花的门楼。

齐东路2号西南向视图

两所房子均为著名民族实业家丛良弼的寓所，人称从公馆。丛良弼一向被称为火柴大王，在青岛及山东近现代工业文明发展史上留迹深远。屋宇营造之年，他同时开启了在青岛创办振业火柴厂的序幕，设址于曹县路29号，1928年建成投产。同时，他还是一位有建树的慈善家，1922年在新泰路创办了世界红万字会青岛分会，后来经熊希龄、沈鸿烈等人的协调支持，于1935年在今鱼山路37号建起了万字会新址，由本土建筑师刘铨法和王翰所设计的万字会建筑群有着非凡的文化禀赋，标举“五教合一”理念，融古罗马、中国宫殿和拜占庭风格于一体，围以赭红宫墙，蔚然大观。齐东路2号寓所亦以文化融合的面目示人，具体而微地体现了艺术的多样性，文艺复兴、巴洛克、洛可可、新艺术及装饰主义等多种艺术风格达成了内在的协调。历史地看，它是20世纪20年代出现的一幢具有代表性的贵族别墅，有着典雅的造型、合理的尺度和富丽的色调，整体布局与细部处理均具匠心，允为佳构。近年维修过程中，历史沧桑感有所迷失，过度装饰造成了局部艺术质感的减损。

齐东路2号阁楼

齐东路2号南视图

塔楼

殷桐声旧宅

1925年　市南区大学路46号

殷桐声旧宅位于市南区大学路46号，西望信号山。

建于1925年，中国建筑师王屏藩设计，原业主为殷桐声，1937年转与顾志鲲，后产权屡经变更。

这是一座造型简洁的小楼，砖木结构，地上二层，有阁楼和地下室。花岗石砌基，黄色水刷墙，四面坡屋顶，覆红色板瓦。主入口朝东，取柱式门廊，其上是二层的露台，檐口之上起曲线山花。

殷桐声旧宅

日本居留民团学校教员宿舍旧址

1926年　市南区大学路8~12号

日本居留民团学校教员宿舍旧址位于市南区大学路8～12号。

建于1926年，原由青岛的日本居留民团作学校教员宿舍，1926年登记在井上源太名下，后房屋产权屡经变更。新中国成立后接管为公房。建筑群由三栋结构与样式完全一致的小楼组成，总建筑面积1145.22平方米。砖木结构，地上二层，有阁楼。花岗石砌基，水刷墙，红瓦坡顶，上开长方形老虎窗。建筑中轴对称，面街的主立面设有入口，两翼均处理为有弧度变化的三角山墙，其上纵列三联窗，窗檐雕饰精美并呈弧形微微外凸，两侧镶白色装饰线以突出立面的层次感，顶部则开出一排四个椭圆小窗，就此给出了建筑的一个视觉标志。

日本居留民团学校教员宿舍旧址

杨振声旧居

1928年　市南区黄县路7号

杨振声旧居位于市南区黄县路7号，信号山东南麓，小鱼山西麓，原青岛村河岸边。

建于1928年，砖木结构，地上二层，局部有地下室，占地面积315平方米，建筑面积287平方米。花岗石砌基，黄色水刷墙，檐口由红砖叠错出线脚，四面坡结合攒尖式屋顶，覆红色板瓦，上开长方形老虎窗。平面呈取折角形布局，立面以伸展的姿态向东南方敞开，东北角设计为圆形堡楼结构，与之相近的露台折角亦处理为弧形。从恰当的角度看过去，它有着近似骑楼的构造，二层露台悬挑于墙面，未见立柱支撑。另有一座辅楼处于南侧。

一座朴素的小楼，被历史打下了非凡的人文烙印。1930年至1932年，国立青岛大学创校校长杨振声在此居住，这是小楼记忆中的一段闪光的岁月。当时与杨振声同住一楼的还有教务长赵太侔和校医邓仲存。屋宇坐落在信号山的东南麓，紧邻先前的青岛村河，与河上那座青年风格派小石桥相伴，环境优雅，宜于思考。这里

东视图

南视图

距离大学很近，往昔飞落在时光小径上的，不仅是四季花影，也是一座城市的人文足迹。1930年，经蔡元培举荐，南京国民政府教育部任命杨振声为国立青岛大学的首任校长。他满怀热情开始了创校工作，遵循着当年蔡元培校长在北大倡行的“学术自由，兼容并包”理念，广邀天下名师前来任教，闻一多、梁实秋、张道藩等学界名流纷纷响应，一时群星璀璨，两年之中就将青大引向了某种巅峰状态，青岛也一度获得了国内三大学术重镇的历史地位，这是一种未曾消逝却难以复现的人文图景。小楼里的两度春秋，是杨振声作为教育家的经典岁月，八十年之后，依旧映照着一座城市的文脉。

宋春舫旧居

1928年　市南区福山支路6号

东南向视图

宋春舫旧居位于市南区福山支路6号，小鱼山东南麓，南望汇泉湾。

建于1928年。1931年，现代剧作家宋春舫购得此楼并创设为戏剧专业图书馆，取法国著名剧作家高乃依、莫里哀和拉辛三人名字的首音合成“Cormora”一词，而名之为“褐木庐”，一时声誉卓著，梁实秋、洪深、章铁民、张友松、孙大雨等学界名流常相光顾。不惟戏剧，宋春舫还是一位留迹现代海洋科学创始历程的人物，1928年，他应青岛观象台台长蒋丙然之邀出任该台新设的海洋科科长，1930年，他与蒋丙然一同首倡在青岛创建水族馆，此后还参与了海洋生物研究所的创始工作，为早期海洋科学的起步贡献良多。

这是一幢素朴的小楼，砖木结构，地上二层，有半地下室和阁楼。花岗石砌基，水刷墙，红瓦坡顶。平面呈折角形分布，转角处设有主入口，十二级石阶引至门楼，入口之上为观海露台。进入楼内，略过那些纷乱的事象，犹可想见往昔“褐木庐”的光彩。

东北向视图

东北向视图

西北向视图

主入口局部

附属平房

葛静岑旧宅

1928年　市南区金口一路44号

葛静岑旧宅位于市南区金口一路44号，小鱼山西南麓，南望汇泉湾。

建于1928年，庭院占地面积2088平方米，建筑面积527.8平方米。砖石木结构，地上二层，有阁楼、地下室和附属平房。花岗岩砌基，水刷墙，红瓦坡顶，上开弧形和长方形老虎窗。建筑入口设计精巧，东面的主入口巧妙利用地势落差，凌空架设花岗石栈道，南北双向引梯汇至门前，六根方柱呈圆形立于台座上，围成门廊并支撑起二层露台。南面另设一个入口，其圆柱门廊亦称精致。西立面中部为三角山墙，窄窗错落其上。

原业主为外侨裴尔慈，1936年，时任胶济铁路局局长的葛静岑以其别名葛静仁登记购得此楼。1952年转与华东煤矿管理局。后由青岛市总工会和房产局接管。

西南向视图

坂井贞一旧宅

1929年　市南区太平路23号

坂井贞一旧宅位于市南区太平路23号，近青岛湾。

这是一座日本仿欧式乡村别墅，建于1929年，日本建筑师三井幸次郎设计，原业主为当时青岛健马会代理人坂井贞一。1943年转与纺织商松井多作。1948年以后一度归励志社青岛分社所有。

建筑面积465.8平方米。砖木结构，地上二层，有阁楼和地下室。花岗石砌基，一层为红砖清水墙，二层为混水墙，红瓦坡顶，开长方形老虎窗。东西两端各设一个入口，五级石阶引至券门，上为二层的弧形挑台。建筑中轴对称，南立面东西两翼俱设计为外凸露台和内凹山墙的组合结构，阁楼位置三角山墙系以红砖纵横垒砌而成，饰蓝色半木构，其下缘嵌入“1929”数据记录刻石。东、西、南面均设有观景露台，围栏均饰以镂空四叶纹饰。建筑出檐很深，木椽清晰地外露于檐下。

南立面东翼

西南向视图

开勒尔旧宅

1929年 市南区福山路12号

开勒尔旧宅位于市南区福山路12号，八关山东麓。

建于1929年，原业主为德侨开勒尔（Kelleher），1934年易手俄侨法依尼茨基，1953年转卖给青岛市房产局成为公房，后归北航作为职工宿舍。

建筑面积609.14平方米，砖石木结构，地上一层，有阁楼及半地下室。花岗石砌基，黄色拉毛墙面，墙角嵌有隅石，屋面取人字坡，原覆红色牛舌瓦，后改成了板瓦，上开三角形老虎窗。南立面设有一扇凸肚窗，与其上的老虎窗相映成趣。建筑利用地势落差形成高低错落的布局，院内花木繁茂，富于田园生趣。

开勒尔旧宅

迟子谦旧宅

1929年 市北区黄台路70号

迟子谦旧宅位于市北区黄台路70号，贮水山之南。

建于1929年，原业主为迟子谦，后产权几度易手，1947年由同仁堂马自成购得。

这是一座日本仿欧式住宅，体量不大，造型别致，占地面积约479平方米，建筑面积278.62平方米。砖木结构，地上二层，局部一层，有阁楼。花岗石砌基，水刷墙面，红瓦坡顶。建筑以南立面一座尖耸的不等边三角山墙为造型要点，其上饰以半木构，主入口门楼亦处理为三角山墙，遂呈现出了一大一小的山墙构图，两相映衬，使整体造型显得灵动了许多。

迟子谦旧宅

张铮夫旧居

20世纪20年代　市南区平原路8号

张铮夫旧居位于市南区平原路8号，观海山以东。

建于20世纪20年代，包括前后两楼，以悬空木制外廊相连。前楼为砖混结构三层楼房，黄色拉毛墙，墙角嵌有隅石，平顶。后楼风格异趣，为砖木结构二层楼，以其木制外廊彰显中国传统建筑特色。这一中西合璧、今古相映的建筑形制在青岛的住宅中尚属特例。

张铮夫（镜芙）为胶南人，早年即居岛上，房子为其母亲所建。他是著名的藏书家和目录学家，斋号“千目庐”，是当时青岛的著名藏书楼之一，所藏古代典籍卷帙浩繁，其中尤以目录学著作和明清两代山东人著述为特色，为传承本土文化血脉做出了重要贡献。

木制外廊

南视图

楼梯

赵太侔旧居

20世纪20年代　市南区龙江路7号

塔楼

西立面山墙

赵太侔旧居位于市南区龙江路7号，信号山南麓。

这是一座地道的乡村别墅，建于20世纪20年代。砖木结构，地上二层，有阁楼及地下室。花岗石砌基，黄色水刷墙，四面坡结合人字坡屋顶，覆红色板瓦，上开方形老虎窗。平面呈不规则布局，立面富于高低错落的变化，以东南角一座方尖塔为中心构图，建筑师通过这样一座塔楼来实现其设计思想，看上去它有着古朴而超逸的面目，阁楼层墙体嵌有半木构装饰线，以一个攒尖式塔顶给出了建筑的制高点，使屋宇显得挺拔高峻，就此形成了一个醒目的审美中心。主入口设于西面，以蘑菇石砌出门楼，开有一扇小圆窗，上耸起一面同样以半木构装饰的三角山墙，表征乡村别墅的艺术韵味，这一点也通过乱石垒砌的庭院围墙得到验证，面街一座石砌券门，券顶完全靠石块间的巧妙拼合而成，无外力承托而取得了平衡，稳固中透出自然旨趣和手工风范。

时光流逝的痕迹清晰可见，屋宇的建筑师和最初的主人尚未知晓，不过它照样可在城市记忆中获取一份宝贵的人文价值。1947年，此楼一度归淄博煤矿公司所有。1949年以后归国立山东大学使用，赵太侔曾在此居住。在山大历史上，赵太侔曾两度出任校长，一次是1932年杨振声辞职后接续薪火，引领山大继续保持着学术重镇的地位；一次是1946年山大复校后，致力于重现大学的生机。他是一位承前启后的人物，贡献卓著。

西南向视图

丁敬臣旧宅

20世纪20年代　市南区大学路20号

丁敬臣旧宅位于市南区大学路20号，信号山脚下。

建于20世纪20年代，占地面积516.26平方米。砖木结构，地上二层，有阁楼和地下室。花岗石砌基，水刷墙，墙角以花岗石做包镶，红瓦坡顶。主入口朝东，其上耸起一面有半木构装饰的三角山墙。

原业主为丁敬臣，德日占领时期曾出任三江会馆会长和青岛中华商务总会会长，1922年任永裕盐业公司经理。1949年去了台湾。后产权屡经变更。

丁敬臣旧宅

赵琪别墅旧址

20世纪20年代　市南区龙口路1号丁

赵琪别墅旧址位于市南区龙口路1号丁，信号山脚下。

建于20世纪20年代，为砖木结构二层楼，有阁楼和地下室，建筑面积约492平方米。花岗石砌基，黄色拉毛墙，红瓦四面坡顶，上开带三角檐的筒式老虎窗。主入口朝南，五级石阶引入柱廊。建筑的最大特色就是南立面和东立面均设计为柱廊，一层以十根花岗石圆柱相环绕，二层则改以木制对柱承托上下，合于中国古建筑营造法式。柱廊所特有的时空逻辑被强调，使建筑的外观显得十分通透，形成光影变幻效果，给出一重文艺复兴式的建筑图景。可能是为了对外部视线有所制约，堂前栽植两颗雪松，如今已成参天之势，在中国古代园林思维中，谓之遮景法。

原业主为赵琪，历史上他曾两度执掌青岛，1925年出任胶澳商埠局总办；1939年1月9日，他被伪华北临时政府任命为青岛特别市市长。在此居住期间，寓所题名厚德堂，藏书颇丰。

赵琪别墅旧址

杨家大院

约20世纪20年代　市北区甘肃路12号

杨家大院位于市北区甘肃路12号。

约建于20世纪20年代，原为杨浩然家族宅第，人称杨家大院或杨家大楼。1936年6月转与杨铭鼎等十人。后产权屡经变更。

建筑入欧式，一院三楼，占地面积838平方米，建筑面积1690平方米。砖石木结构，地上三层，局部四层，有阁楼。花岗岩蘑菇石砌出地基和一层墙体，其上为混水墙，红瓦坡顶。南立面取中轴对称布局，主入口设于中间，以两根花岗岩石柱支撑起二层的挑台，两侧为适度凸出的堡楼结构。山墙造型丰富，耸立于立面构图的中心。在入口、露台、敞廊等位置大量使用柱式，其结构与装饰作用被强调，从中可见有许多中国传统的吉祥纹饰，从而给出了中西合璧的建筑图景。

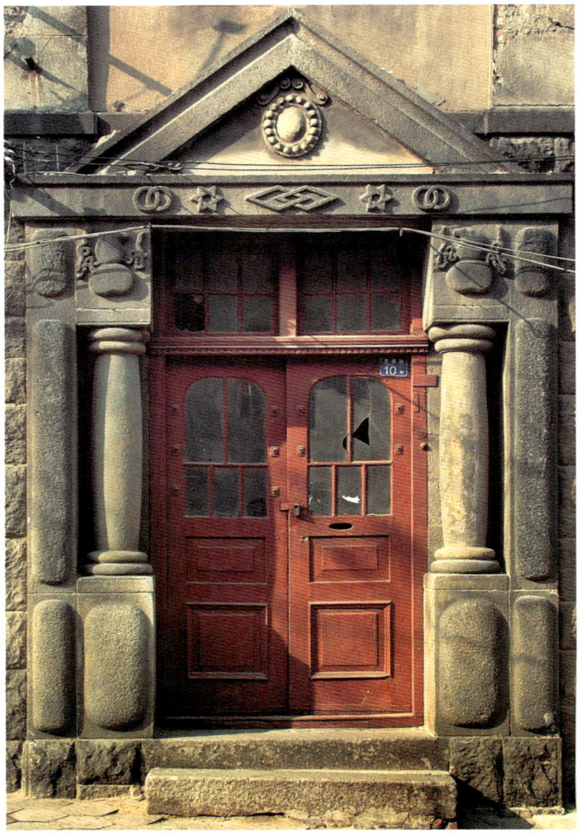

柱式入口

东北向视图

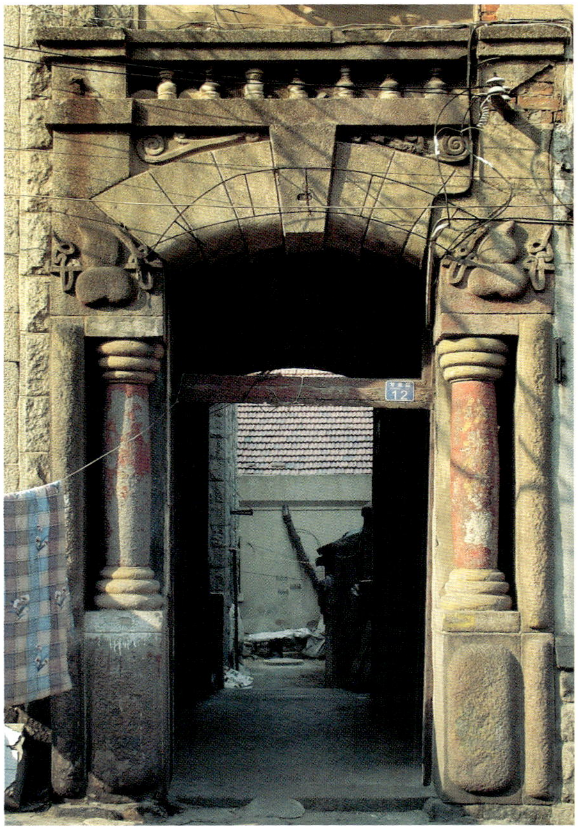

柱式门道

吕美荪旧居

1930年　市南区鱼山路7号

吕美荪旧居位于市南区鱼山路7号，小鱼山以西。

建于1930年，房屋占地面积748平方米，建筑面积253平方米。砖木结构，地上二层，有阁楼及地下室。花岗岩砌基，黄色水刷墙，红瓦蒙莎顶。东西山墙上嵌有一枚白色圆形纹饰，构成建筑的个性标志。

原业主为袁道冲。1931年6月，女诗人吕美荪以其本名吕仲素登记购得此楼，题名寒碧山庄，自称寒碧山庄主人，别号齐州女布衣。在此居住期间，诗文创作颇丰，与黄公渚、于元芳、张公制等人结为诗友，有《葂丽园诗》《葂丽园随笔》等著述问世。1935年秋，出行日本，归来作《瀛州访诗记》。战后逝于岛上。1948年12月，房屋易手曹润澂。1949年以后转为公房。

吕美荪旧居

那胜莲旧宅

1930年　市南区福山路22号

那胜莲旧宅位于市南区福山路22号，小鱼山东麓高地。

建于1930年，后易手那胜莲。占地面积2213.8平方米，建筑面积400.6平方米。砖木结构，地上二层，有阁楼和地下室。花岗石砌基，原为黄色拉毛墙，后改为水刷墙，多折坡屋面，覆红色牛舌瓦，上开方形老虎窗。建筑造型丰富，屋面坡度较大，出檐较深。北面设有主入口门楼，西立面二层半封闭露台围以宝瓶栏杆，墙角嵌有隅石，部分墙面转角及部分门窗以蘑菇石包镶，以粗犷与精致的面目显现了屋宇的安居之意。

那胜莲旧宅

周叔迦旧居

1930年　市南区福山支路13号

西南向俯视图

周叔迦旧居位于市南区福山支路13号，小鱼山山巅的东侧，东南望汇泉湾。

建于1930年，初由工程商谢仁租地造屋，落成后即由著名民族实业家、华新纱厂总经理周志俊购入名下，其胞弟周叔迦在此居住。周叔迦为晚清重臣周馥嫡孙，周学熙三子，代表了周氏家族第三代的文化成就，他弃商研佛，为现代中国三大佛学家之一。1931年，他与时任南京国民政府交通部长的叶恭绰共同发起，创办湛山寺及湛山佛学院，为青岛打下了一颗天台心印，留迹文化史。随后的1934年，湛山精舍起于小鱼山之巅，近在咫尺，周叔迦常去那里讲佛学。

屋宇造型简洁，不事雕琢。它坐拥山海澄明之境，除了小鱼山之外，八关山、信号山、青岛山及太平山均入视野之内。屋宇为砖木结构欧式小楼，地上二层，有面积480.25平方米。花岗石砌出地基和半地下室的墙体，其上为平整的水刷墙面，多折坡攒尖式屋顶，覆红色板瓦。主入口门廊相对开阔，其上为二层的露台，在二层的东面设置一面凸肚三联窗，给出了建筑的一个视觉标志。门窗均为平拱，无装饰。

南视图

胡若愚别墅旧址

约1930年 市南区文登路8号、8号甲

胡若愚别墅旧址位于市南区文登路8号和8号甲，西望小鱼山，东北望太平山，南邻汇泉湾。

东西两座小楼原先同为文登路8号，现东楼门牌改为文登路8号甲。约建于1930年，均为砖木结构欧式别墅，地上二层，有阁楼和地下室，建筑面积约536平方米。花岗石砌基，水刷墙面，红瓦蒙莎顶，开筒式和半圆形老虎窗。东楼主入口设于南面，两根花岗石爱奥尼柱形成圆券廊，券顶墙面做拉毛处理，其上为二层的露台。西楼主入口设于西南角，东面另设有一个入口。室内装饰典雅，铺木地板，木楼梯保存完好。

1930年，胡若愚被南京国民政府任命为青岛特别市市长，当年6月23日就任，入住信号山官邸（原德国总督官邸），期间另觅文登路别墅居住。这里距离初因其名而命名的若愚公园（今鲁迅公园）仅百余步。

西楼（文登路8号）

东楼主入口

东楼（文登路8号甲）

海关总税务司署别墅旧址

1930年　市南区福山路6号

海关总税务司署别墅旧址位于市南区福山路6号，八关山东麓，南望汇泉湾。

建于1930年。1935年8月，海关总税务司署购得此楼为业，1951年12月24日房产登记在中央人民政府海关总署名下。

建筑面积664.3平方米，砖石结构，地上二层，有阁楼和半地下室。花岗石砌基，黄色拉毛墙，红瓦蒙莎顶，上开长方形老虎窗。建筑出檐较深，南立面一二层墙面之间嵌有菱形腰线。

海关总税务司署别墅旧址

山东起业株式会社别墅旧址

1930年　市南区金口二路7号

山东起业株式会社别墅旧址位于市南区金口二路7号，小鱼山以西。

建于1930年，中国建筑师关伟设计，1936年以前的业主为山东起业株式会社，1937年转与梅希德，后产权屡有变更。1952年由市房产局接管为公房。

占地面积1381平方米，建筑面积542.32平方米。砖木结构，地上二层，有阁楼和附属平房。花岗石砌基，黄色拉毛墙面，红瓦坡顶，上开方形老虎窗。主入口朝东，南立面露台凸出为堡楼结构。

东南向视图

马铭梁旧宅

马铭梁旧宅

1931年　市南区金口二路4号

马铭梁旧宅位于市南区金口二路4号，近汇泉湾。

建于1931年，邵仁仪设计，原业主为岛上著名建筑商马铭梁，他承担了当时许多建筑的土木工程，在大学路银行大院的施工中表现出精湛的营造技艺。

房屋占地面积613平方米，建筑面积410.9平方米。砖石木结构，地上二层，有阁楼。花岗石砌基，红砖清水墙，上下两层之间以一段黄色水刷墙面做间隔，屋顶取四面坡，覆红色板瓦，上开长方形老虎窗。

刘氏旧宅

1931年　市南区福山路8号

刘氏旧宅位于市南区福山路8号，西南望汇泉湾，靠近小鱼山和八关山不远。

建于1931年，砖木结构，地上二层，有阁楼和地下室，另有附属建筑一栋。花岗石砌基，水刷墙，红瓦坡顶。西立面设计为双重三角山墙，南高北低，前后错落，小山墙上纵列两排高直竖窗，水泥砌出平拱并延伸至檐口，拱腹较深，凸显了立面凹凸有致的造型效果。门窗多以红砖发券，墙角亦以红砖做包镶。

刘氏旧宅

折居尉竹旧宅

1931年　市北区黄台路29号

折居尉竹旧宅位于市北区黄台路29号，贮水山的南麓。

建于1931年，为日本仿欧式建筑，日本建筑师小山良树设计。砖木结构，地上二层，有阁楼和地下室，占地面积636平方米。花岗石砌基，水刷墙面，红瓦坡顶。原业主为日侨折居尉竹，1935年转手乾真五郎。1947年，国民党海军学校政治部主任陶滁亚一度拥有此楼。1949年以后接管为公房。

折居尉竹旧宅

娄相卿旧宅

1931年 市南区大学路26号

娄相卿旧宅位于市南区大学路26号。

建于1931年，原业主为娄相卿，后产权屡经变更。建筑面积374.88平方米，砖木结构，地上二层，有阁楼及地下室。花岗岩蘑菇石砌基，黄色水刷墙，人字坡结合四面坡屋顶，上开长方形老虎窗。主入口所在的东南转角设计为外凸堡楼结构，主入口位于中心，设柱式门廊，阁楼层复现了柱式结构，有一个攒尖式屋顶，一个优雅的小露台传达着田园别墅的魅力。墙面饰以方形图案，入青年风格派的构图逻辑。

娄相卿旧宅

市立救济院别墅旧址

约1931年 市南区栖霞路13号

市立救济院别墅旧址位于市南区栖霞路13号。

约建于1931年，占地面积约861平方米。为砖木结构二层楼，有阁楼和地下室。花岗石砌基，黄色水刷墙面，双层红瓦折坡屋顶，上开长方形老虎窗。

1932年1月9日，《民国日报》刊登有关韩国李霍索刺杀日本天皇未遂事件的报道，引发在青日侨数千人举行武装示威并纵火焚毁了位于太平路上的国民党青岛市党部办公大楼，随后，国民党青岛市党部被迫迁入此楼办公。1937年6月，此楼归属青岛市救济院。

市立救济院别墅旧址

早稻善本德旧宅

1931年　市南区莱阳路3号

东楼

早稻善本德旧宅位于市南区莱阳路3号，汇泉湾西北岸，小鱼山西南麓。

建于1931年，中国建筑师王海澜设计，原业主为早稻善本德，后转与华商殷声桐。由东西两座小楼组成，两楼联为一体，人称鸳鸯楼，其外墙颜色原先分别为黄色和绿色，现统一为黄色。砖石木结构，地上二层，有阁楼和地下室。花岗石砌基，水刷墙，红瓦坡顶。东楼稍靠后，屋面取蒙莎顶，东山墙饰以半木构，主入口设于南面。西楼位置相对靠前，屋面取人字坡，上开半圆形老虎窗，主入口设于东南角，七级石阶引入门廊，具有现代感的花岗石方柱支撑起上层的挑台，部分门窗带有花岗石窗套，墙角嵌有隅石。

建筑坐落在海岸高坡上，居高临下，视域绝佳，无边海色尽收眼底。庭院中广植花木，可见树龄达150年以上的雪松和龙柏，一派海上田园气息。现庭院内路面多已硬化，造成了田园感的相对减损。

西楼主入口门廊

东南向视图

宁文元别墅旧址

1931年　市南区莱阳路5号

宁文元别墅旧址位于市南区莱阳路5号。

建于1931年，中国建筑师王海澜设计，原业主为华商宁文元。1949年以后，长期设为荣韶宾馆，亦称海滨公寓。今由中国外汇管理中心青岛分中心使用。

这是一幢砖石木结构二层楼房，带有阁楼和半地下室，占地面积1681.5平方米，建筑面积693.6平方米。花岗岩蘑菇石砌基，平滑的水刷墙面，多折坡屋面，覆红色板瓦，上开老虎窗。庭院入口设于面向海洋的南面，石砌围墙绵亘于路旁，一座由蘑菇石和水刷墙组合的牌楼首先引出了一派高古气象。正对大门，因应地势高差，很巧妙地形成了一面无字影壁，与建筑的对话缘此而以古典的方式展开，对于屋宇来说，这就是一种无声无息的浸染，高下相倾，地景魅力已然有所显现，寄托着海滨别墅的精神价值。庭院大门两边，花岗岩石阶上升盘旋，绝非仅仅是通向屋宇的道路，空间逻辑已被处理得很精致。建筑处于一抹古典光辉的映照之中，有一个充满文艺复兴魅力的主入口通道，它再度开启了风格之路，凝结着石头的高贵与自然气息。门下，首先是花岗石砌出的一个圆形平台，以细方石交错叠合而成的蜂窝状护墙相围合，往上是十二级石阶延伸的路径，由东西两面向中心向内延展，引至大门前，两根爱奥尼岩柱分列左右，形成门廊并支撑起上层的露台。处于二层中间位置的半圆形观景露台以传统的方式昭显着屋宇与自然的关系，围栏取宝瓶栏杆式。整体与局部的关系处理得恰到好处，每一元素都在整体的脉络中实现着设计

南视图

主入口

意图。可以说，这是青岛的建筑中设计得最为精巧的主入通道口之一，充满节奏感、秩序感和艺术感，安居诗意得到了优雅而敞亮的表达。建筑师以这样一个主入口廊道展开了其中轴对称的布局，在东西两翼各以一面三角山墙形成呼应，它们适度前凸，造成整个立面的积极变化，简洁的构图与上下两重主入口廊道形成对比，美感从内部协调了起来。

与相邻的莱阳路3号一样，它也拥有一个面海的庭院，如今两者已贯通为一。院内花树繁茂，常有卧榻听涛之乐。在海滨别墅的构成与展开方式中，建筑、园林与环境的融合之道获得了一种趋于理想化的阐释。

东南向视图

庭院主入口

俯视图

圣功女子中学别墅旧址

1931年　市南区栖霞路3号

东南侧小楼

圣功女子中学别墅旧址位于市南区栖霞路3号，近汇泉湾，小鱼山处其西南，八关山处其西北。

建于1931年，建筑面积1121.1平方米，占地面积约4935平方米，庭院内坐落着两栋小楼，均为砖木结构二层楼房，有阁楼和地下室，花岗石砌基。处于庭院西北侧的是一幢典型的乡村别墅，红砖清水墙，蒙莎顶，南面平缓，北面坡度很大，红瓦覆顶，上开长方形老虎窗。建筑出檐较深，主入口朝西，南立面西侧设计为三角山墙，饰半木构，东侧一层开拜占庭式尖拱窗，二层为露台，西南角两面花岗石砌成的凸窗加强了乡村别墅的自然纯朴气息。处于庭院东南侧的一栋小楼同样有着典雅的造型和明快的色调，黄色水刷墙面，以其红瓦黄墙的面目示人，蒙莎顶，覆红色牛舌瓦，上开方形老虎窗，并在南面阁楼位置设置了一座有铁艺护栏的观景露台。主入口朝西，有一个别致的门厦。

原业主为外侨土一哥与屠柯艾满，1939年11月让渡于圣功女子中学，产权登记在其教务长锡斯泰康裴玛名下，1946年10月转入圣功女中创办人、圣方济会修女司坦斯特拉名下。1949年后转为公房。现为幼儿园。

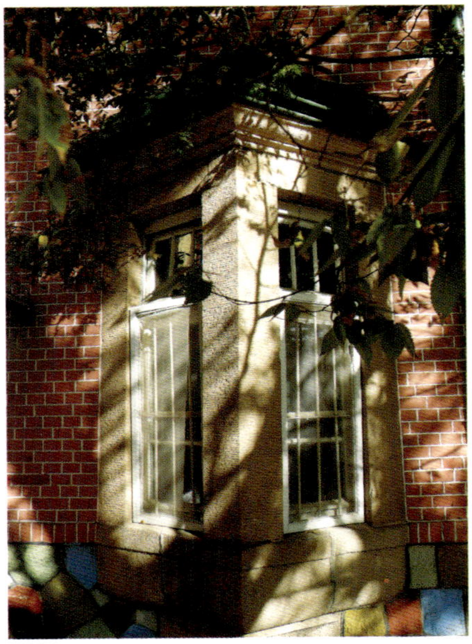

花岗石包镶的窗户

西北侧小楼

屠柯艾满别墅旧址

1932年　市南区栖霞路7号甲

屠柯艾满别墅旧址位于市南区栖霞路7号甲。

建于1932年，占地面积2437.2平方米，建筑面积约850平方米。花岗石砌基，水刷墙面。建筑构图独具匠心，平面入十字形，立面及屋面在丰富变化中形成一种奇妙的空间逻辑，中间为高楼阁，以一个八角形攒尖式屋顶形成制高点，向四方均衡延伸出四个翼楼，环绕着中心。建筑师用心表达了对屋宇精神价值的理解，每一部分都处于一个完美的对称体系之中。后来，房屋局部有所改建，造成空间关系的相对模糊。

原业主为屠柯艾满，1939年与栖霞路3号别墅一同易手锡斯泰康裴玛，1946年转入司坦斯特拉修女名下。

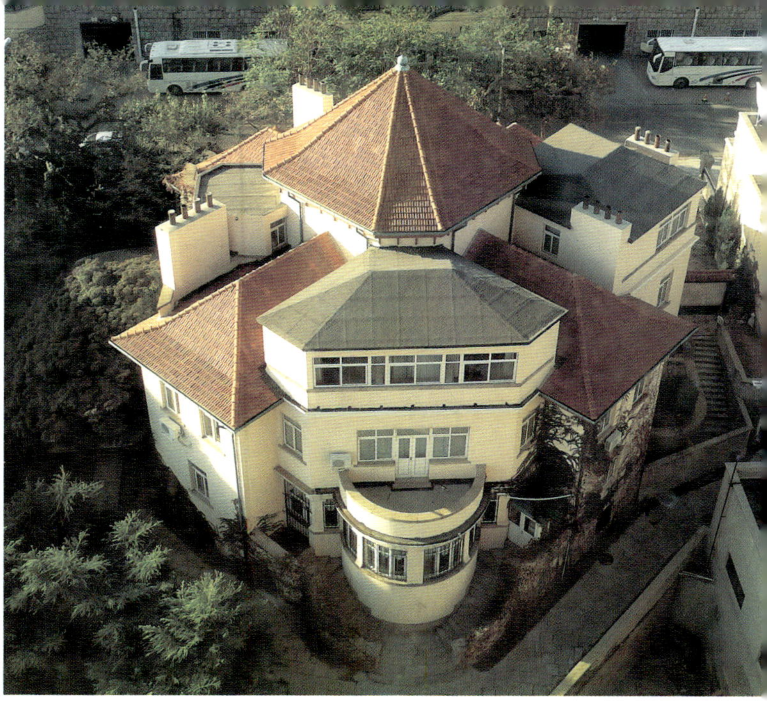

屠柯艾满别墅旧址

张氏旧宅

1932年　市南区栖霞路9号

张氏旧宅位于市南区栖霞路9号，近汇泉湾。

建于1932年，1937年由张知正继承产权，1941年转与王霭梅。1954年，四方机厂购得并设为疗养院。

建筑面积557.45平方米，为砖木结构二层楼，有阁楼及地下室。南立面一层中部呈半圆形外凸，二层适度出挑，弧形券窗周边饰以半木构。主入口朝西，东南角另设有入口门廊，一根花圆柱支撑起上层的挑台，墙角特加铁艺标志。屋宇出檐较深，屋面坡度很大，立面变化丰富，呈现了典型的德国建筑风格，在一个可复现的时空体系中见证了城市风貌之历史传承逻辑。

张氏旧宅东南角的门廊

张氏旧宅

银行大院

1932~1934年　市南区大学路14号、14号甲

俯视图

银行大院位于市南区大学路14号、14号甲。

建于1932年，原为中国银行职员宿舍，全称“青岛中国银行广厦堂宿舍”，简称银行大院。这是一个有着严谨逻辑的建筑群落，体现了先进的设计思想。整体平面为长方形，呈南北向延展，北高南低，院里套院，其基本布局是：主体为由广场和内院组成的住宅区，占地面积约6540平方米；处于东南角的是一个独立花园别墅区，内有小楼一座，占地面积约1835平方米，建筑面积498平方米，系当时中国银行青岛分行经理的住宅；另设有一个后花园。大院四周环以有花岗石底座的铁艺栅栏，面街设有一座新式牌坊作为主入口，另设有五个入口，均装有铁门。院内坐落着单体建筑10栋，其中原为住宅的有经理楼（现大学路14号甲）、副理楼（现2号楼）、襄理楼（现3号楼）和职员楼（现4-10号楼），处于内院的七座职员楼大小一致，建筑面积均为612平方米，它们自东、北、西三面围合成一个反向的“凹”字，带给大院以稳定的心理安全感，每层两套住房，均为一厅一厨一储一卫格局，户外皆设有宽敞的露台；院落西南角特别建有小礼堂一栋（现1号楼），取杜甫诗“安得广厦千万间，大庇天下寒士俱欢颜”之意而命名为广厦堂，建筑面积856平方米，据说当年程砚秋、裘盛戎等多位京剧名角曾在此演出，原有一个透明玻璃穹顶，1958年毁于火灾，后此楼被改成了坡顶住宅。大院内各种生活服务设施配置齐全，诸如商店、理发室、裁缝室、洗衣房、幼儿园、医务室等一应俱全，甚至还设有一座停尸房，似乎有意表达从生到死的全程观照，俨

雪中的建筑及其周边

广厦堂

经理楼

东北向视图

然一个包罗万象的小社会。

建筑群由中国建筑师赵诗麟设计，华商马铭梁的新慎记营造厂承建。建筑师顺应地势，巧妙塑造了大院的人文地理性格，形成建筑与园林的一体化布局。从位于主入口大门以内的广场到层层相套的内院，可见中西合璧的园林营造实践。单就内院来看，就可以发现设计思维的精妙之处，这是由三个阶梯式院落组成，中心皆设有花坛，楼前则围以矮墙，花岗石踏步贯通上下，每进愈高，环环相套，花树缤纷，和合相生，建筑与园林的心理结构得到了简洁而深刻的表达。当深秋时节，银杏飘落，带来了“碧云天，黄花地”的诗意感怀。每一座楼都处于整体的韵律结构之中，均取中轴对称布局，俱以红砖红瓦的外观为醒目特色，从高处眺望，四面坡屋顶整齐地绵延于花树之中，上开有长方形老虎窗，安居之意深深映现了出来。至于建筑工艺与建筑材料上的表现也同样出色，可被视为传统工艺与现代技术相结合的一个范例。历史地看，它给出了20世纪30年代时尚住宅群的一个标本，结构合理，功能完善，很好地实现了实用功能与艺术价值的协调。

建筑及其周边俯视图

市长官舍旧址

约1932年　市南区观海一路8号

市长官舍旧址位于市南区观海一路8号，观海山南麓，紧邻历史上的市政府办公大楼。

欧式住宅，约建于1932年。砖木结构，地上二层，有阁楼和半地下室。顺应北高南低的地势布局，花岗岩砌出地基和半地下室墙体，以上为水刷墙，墙角嵌有隅石，红瓦坡顶，开长方形老虎窗。主入口朝西，南立面一座五角形堡楼凸出于墙面，原为开敞式观景楼台。

1932年8月，时任青岛市市长的沈鸿烈入住此楼。此前，“市长官舍”指的是坐落于信号山上的原德国总督官邸。1929年南京国民政府接管青岛后，首任青岛特别市市长胡若愚入住其中，当时人们多称之为提督楼，从1930年起改称市长官舍，1931年12月沈鸿烈接掌青岛后，起初亦居其中，翌年，即另觅观海一路8号居住，自此始，坐落于观海山南麓高坡，与政府办公大楼近在咫尺的这座小楼便成为新的市长官舍，而将信号山官邸命名为“迎宾馆”，专门用以接待中外贵宾。

屋面

西北向视图

山墙局部

东楼入口

毕娄哈旧宅

1933年　市南区太平路11~13号

毕娄哈旧宅位于市南区太平路11～13号，西邻青岛湾，东望小鱼山。

建于1933年，原业主及设计者为德国著名建筑师毕娄哈（Bialucha），天太兴合记营造。原建有东西两栋小楼，建筑面积582.16平方米，后面配楼系1949年以后增建。西楼入国际式，地上三层，有地下室，平顶，上有女儿墙，特以白色腰线区分楼层，以突出立面的横向线条分割，表现了当时流行的现代主义建筑样式的一些基本特点。东楼可被视为古典面目的一次回转，复现红瓦坡顶，南立面中部耸起一面曲线山墙，东立面的局部构造颇具象征意味。

毕娄哈为青岛建筑史上一位路标式人物，他设计的圣弥爱尔大教堂是一部杰作，为青岛老城区确立了百年地标，昭显着城市的精神价值。他在太平路居住的时间并不长，1935年，另择嘉峪关路1号地块建造别墅并迁居那里，将太平路寓所转与他人，1947年在青去世。新中国成立后，此楼曾长期用作青岛市文化局办公楼。

西南向视图

高实甫旧宅

1933年　市南区龙山路18号

高实甫旧宅位于市南区龙山路18号，信号山西南麓的高坡上，东距德国总督楼旧址博物馆不远，南与基督教堂相望。

一幢可以成为地景的山南别墅，与身后的信号山结合成精美的一体。建于1933年，中国建筑师乐子瑜设计，原业主为高实甫，后房屋产权屡经变更。这是一幢砖石木结构楼房，地上二层，有阁楼和半地下室。从面街的庭院大门开始，建筑因应地势而营造的精妙之感就开始显现，平地建筑不曾有这等魅力。建筑师很好地把握到了山麓高地的优势，梯次布局，把山色与海景给结合进了屋宇的视野之中，空间逻辑严密，带给屋宇以雄伟之感。岩柱大门内，借助山体砌出了一面影壁，楼梯上升，大门两边设有堡垒般的庭院观景平台。主入口处于屋宇南立面的中间位置，六根爱奥尼柱环列左右，支

屋宇主入口

南视图

从信号山拍摄的俯视图

撑起二层的露台并形成了门廊，充满古典美感。另外，在东西两端向北缩进的角落分别设有一个入口，均有花岗石引梯。立面构图凹凸有致，墙体有着丰富的造型和鲜艳的色调，蘑菇石砌出半地下室外墙，与以上的黄色水刷墙面配合，粗犷与精致合一。门窗多取平顶，整齐地排列于墙上。多层线脚叠合成檐口，质感强烈，在标识立面层次的同时，也致力于一种高雅格调的形成。屋面同样精彩，人字坡和四面坡错落有致，红色牛舌瓦覆顶，上开有三角形老虎窗。西南角设计了一个意大利风格的观景角楼，它以一个攒尖式屋顶标示着建筑的制高点，有着较大的坡度，塔尖装有铜制风向标。南立面主入口东侧则以一个外凸的堡楼相呼应，带来了空间的诗意回响。从这座充满古典气息的建筑身上，可读出文艺复兴、巴洛克以及青年风格派等风格相互包容、相互彰显的痕迹。新近的修缮造成历史信息有所失却，一定程度上制约了建筑整体审美效果的顺利实现。

观景角楼

东北向视图

蔡元培旧居

1935年以前　市南区平原路12号

蔡元培旧居位于市南区平原路12号，观海山东麓，与东南方的基督教堂相距不远。

建于1935年以前，为砖石木结构建筑，坐西朝东，地上三层，有阁楼。花岗石砌基，水泥抹灰墙，四面坡结合攒尖式屋顶，覆红色板瓦，上开有长方形老虎窗。建筑造型相对简单，中轴对称，南北两翼适度凸出，呈现出了简洁的堡楼结构，中间设计为敞廊，贯通两翼。

蔡元培与青岛渊源深厚，第一次登临是1903年6月中。自此始，与青岛结缘，保持了数十年的精神联结。1928年出任国立中央研究院院长，作为学界巨擘，他高瞻远瞩，以非凡的目力洞悉了青岛的人文地理特质，锁定青岛为大学的理想之地，宜为现代海洋科学的起航之地，在国立青岛大学、水族馆、海滨生物研究所的创设以及观象台的重建过程之中，都有他的主张、行动和影响力的存在，他发挥着关键作用，为青岛的文化建设贡献卓著。1929年至1935年，他先后多次来到青岛，参与国立青岛大学的创办，出席中国科学社年会，为水族馆揭幕，筹建海滨生物研究所，期间，曾寓居福山支路14号和平原路12号。

东南向视图

栾调甫旧居

1936年以前　市南区龙山路19号

栾调甫旧居北立面

栾调甫旧居位于市南区龙山路19号，信号山南麓。

建于1936年以前。砖木结构，地上二层，有阁楼。花岗石砌基，黄色水刷墙，红瓦坡顶。顺应北高南低的地势而筑造，南北均设有入口。南立面东翼设为三角山墙，嵌浮雕花饰，北立面檐下亦见精美的浮雕花饰，檐口及屋面局部呈弧形起伏。

栾调甫为国学家和藏书家，尤以墨学见长，1936年来山东大学任教，在此居住，斋号三经堂，为岛上著名藏书楼之一。期间，创立“字系说”，著《说文解字补正》，编印《中国语言百科全书》等，颇有建树。

栾调甫旧居南立面

台静农旧居

1936年以前　市南区黄县路19号

台静农旧居位于市南区黄县路19号，信号山南麓。

建于1936年以前，建筑面积约362平方米。砖木结构，地上二层，有阁楼和地下室。花岗石砌基，水刷墙，红瓦四面坡屋顶，上开长方形老虎窗。南立面设置一座凸出于墙面的观景露台，有一个攒尖式塔顶。

台静农为新文化运动先驱人物之一，以乡土文学见长，还是著名的书法家和金石学家。1936年秋来国立山东大学任教，在此居住一年。他与老舍相知极深，寓所近在咫尺，常相会饮，尤钟情于“苦露”（即墨老酒），在《我与老舍与酒》一文中深情追忆了岛上时光，呈现了一幕意味深长的文人精神图景。

台静农旧居

林济青旧居

1936年以前　市南区观象一路5号

林济青旧居位于市南区观象一路5号，观象山东南麓，南距青岛湾不远。

建于1936年以前，建筑面积约239平方米。砖木结构，地上一层，有阁楼和半地下室。花岗石砌基，黄色水刷墙，蒙莎顶，覆红色板瓦，上开方形老虎窗。主入口朝南，其上为二层的挑台，山墙上部开出一面阔大的半圆券窗。1936年7月，林济青受民国教育部委派担任国立山东大学代理校长后，在此居住。

林济青旧居

黄县路23号民宅

20世纪30年代　市南区黄县路23号

位于市南区黄县路23号，信号山南麓，南距青岛湾很近。

欧式住宅，建于20世纪30年代。砖木结构，地上二层，有阁楼和地下室，建筑面积约230平方米。花岗石砌基，黄色拉毛墙，红瓦坡顶，开老虎窗。庭院大门沿街设立，主入口位于建筑东南折角处。南立面左侧设有半圆形露台，以此构成了建筑主要的视觉标志。

黄县路23号民宅

张玺旧居

20世纪30年代　市南区莱阳路28号甲

张玺旧居位于市南区莱阳路28号甲。

建于20世纪30年代，为砖石结构两层楼，带阁楼和地下室。花岗石砌基，黄色水刷墙面，局部嵌有蘑菇石作装饰，人字坡屋面，覆红色板瓦。主入口朝东，南立面和西立面均为三角山墙，北面设有观景平台。

张玺为我国著名的海洋动物学家，1932年后兼任国立山东大学教授。新中国成立后，参与筹建中国科学院水生生物研究所青岛海洋生物研究室（今中科院海洋研究所前身），任该研究室副主任。1957年出任中科院海洋研究所所长，在此居住。

张玺旧居

熊希龄旧居

20世纪30年代　市南区福山支路12号

熊希龄旧居位于市南区福山支路12号。

建于20世纪30年代，砖木结构，地上两层，有阁楼和半地下室。花岗石砌基，黄色水刷墙，红瓦坡顶，开有老虎窗。门窗俱为平拱，北立面设有主入口门楼。

熊希龄为民国要人，1913年曾担任民国政府国务总理。1922年，出任世界红万字会中国总会会长，后来正是在他的努力下，1934年，万字会取得了小鱼山西麓土地建造新址。1937年，经沈鸿烈安排，邀熊希龄夫妇入住福山支路12号，准备长期定居，然未想“七七”事变发生，他不得已离开青岛去了香港。

熊希龄旧居

鱼山路24号（图右侧）及其周边

王徐友兰旧宅

20世纪30年代　市南区鱼山路24号

王徐友兰旧宅位于市南区鱼山路24号，西望小鱼山，东望信号山。

一幢石头楼，看上去俨如一座中世纪的小堡垒，以神秘朴拙的面目示人。建于20世纪30年代，建筑面积305.02平方米。地上二层，有阁楼和地下室。外墙通体以花岗石砌成，平拱竖窗纵列于墙上，西南方位设置了一座半圆形堡楼，就此引出了一个海滨古堡的印象，有一个八角形攒尖式塔顶，与之相连的大屋面则取四面坡。北面和西南角各设有一个入口。

刁元第旧宅

20世纪30年代　市南区金口三路1号

刁元第旧宅位于市南区金口三路1号，东接山岗，西望海洋。

建于20世纪30年代，原业主为刁元第，后产权屡有变更。砖木结构，地上二层，有阁楼及地下室，占地面积1536平方米。花岗石砌基，混水墙，红瓦坡顶，上开长方形老虎窗。建筑造型典雅，细部装饰精美，主入口朝东，有一个宽敞的门廊，其上为二层的露台，围栏系以蘑菇石砌成的镂空花墙。门窗均以细方石做包镶，上下两层窗户之间的墙面均饰以双菱形图案。

刁元第旧宅

万乃斯吉立旧宅

20世纪30年代　市南区金口一路30号

万乃斯吉立旧宅位于市南区金口一路30号。

建于20世纪30年代，原业主为外侨万乃斯吉立，后产权屡有变更。庭院占地面积约1600平方米，建筑面积214平方米。砖木结构，地上二层，有阁楼及地下室。花岗岩砌基，黄色水刷墙，人字坡结合四面坡屋顶，覆红瓦。主入口朝南，其上耸起一面三角山墙，西南角以塔斯干柱承托上层露台。建筑造型灵活，出檐较深。

万乃斯吉立旧宅

伴野韶光旧宅

伴野韶光旧宅

20世纪30年代　市北区黄台路26号

伴野韶光住宅位于市北区黄台路26号。

建于20世纪30年代，占地面积493平方米，建筑面积263.47平方米。为日本仿欧式建筑，地上二层，有阁楼。砖木结构，水刷墙，人字坡结合蒙莎顶，覆红色板瓦，上开三角形老虎窗。面街山墙有半木构装饰线。1945以前为日侨伴野韶光住宅，1947年转归当时的青岛海军造船厂副厂长王先登，后产权屡有变更。

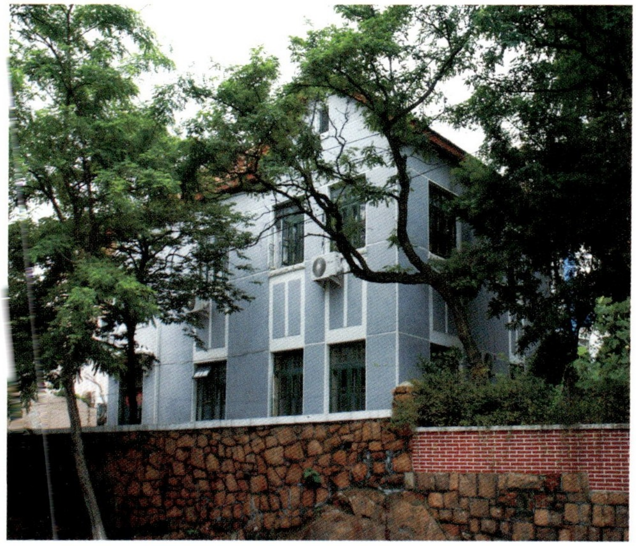

后藤旧宅

后藤旧宅

20世纪30年代　市北区黄台路46号

后藤旧宅位于市北区黄台路46号。

建于20世纪30年代，日本第二次占领青岛期间，此楼为青岛铁路局总务主任后藤的寓所。1945年抗战胜利以后，国民党中央信托局接管此楼，后售予个人。庭院占地面积约530平方米，建筑为砖木结构二层楼房，有阁楼和地下室。花岗石砌基，蓝色水刷墙面，人字坡屋顶，覆红色板瓦，其上开有老虎窗。

谭立仁旧宅

20世纪30年代　市南区大学路18号

谭立仁旧宅位于市南区大学路18号，信号山脚下，西侧紧邻原青岛村河。

建于20世纪30年代，原业主为谭立仁，后权属屡有变更。建筑入欧式，砖木结构，地上二层，有阁楼及地下室，建筑面积356.49平米。花岗石砌基，水刷墙，人字坡结合四面坡屋顶，覆红色板瓦，上开长方形老虎窗。面街的主立面设有入口，门窗俱为平拱。建筑造型简洁，略显现代建筑气息。

谭立仁旧宅

日本居留民团宿舍旧址

1939年　市南区费县路35~43号

日本居留民团宿舍旧址位于市南区费县路35～43号。

建于1939年，为日本仿欧式联排住宅，包括两栋楼房和一栋平房，总占地面积1343.73平方米，建筑面积979.48平方米。两栋楼房样式一致，砖木结构，地上二层，有阁楼及地下室。花岗石砌基，黄色水刷墙，红瓦四面坡屋顶。主入口朝南，其上方山墙饰半木构，线条间镶嵌鹅卵石。初为日本居留民团宿舍，1942年产权登记在其助役（团长）森泽磊五郎名下。1945年抗战胜利后没收。1949年6月2日后由青岛市房管局接管。

日本居留民团宿舍旧址屋檐

日本居留民团宿舍旧址俯视图

露台

古德洛夫斯基别墅旧址

20世纪30年代　市南区金口一路19号

古德洛夫斯基别墅旧址位于市南区金口一路19号，地势相对高旷，青岛湾和汇泉湾均在视野之内。

欧式住宅，建于20世纪30年代，原业主为俄侨古德洛夫斯基，后来产权几度易手。占地面积1049.9平方米，建筑面积853.48平方米。砖木结构，地上二层，有阁楼和地下室，另有门房及附属平房。花岗石砌基，原为黄色拉毛墙，近年维修时主楼加水泥涂层。多折坡屋面，覆红色板瓦，上开三角形老虎窗。主入口朝东，两根方柱支撑起门券，嵌有拱心石，其南北两侧墙体呈弧形对称。南面和西面设有观景露台，檐下镶嵌弧形木格栅。主楼西南侧一栋附属平房保持着原初风貌，门窗造型丰富，圆形、方形、弧形及多角形皆有所见。总体上看，屋宇在新艺术视野之中实现了其古典意图。这是一处用心设计的房子，寄托着海边的安居之意。

圆窗

附属平房

东南向视图

东平路里院

民国　市南区东平路37号

东平路里院位于市南区东平路37号。

建于民国时期，给出了传统四合院与欧式住宅相结合的建筑样式，具有鲜明的地域特色。这是由五个不同里院组成的建筑群，一条胡同从中间将其分成东西两部分，东为戊、己两院，入口装有厚重的木制大门；西为庚、辛、壬三院，入口为砖砌拱门。其中，壬院原业主为綦得臣；辛院为平度商人官复三出资建造。

云南路里院

民国　市南区云南路181号

云南路里院位于市南区云南路181号。

建于民国时期，给出了传统四合院与欧式住宅相结合的建筑样式，具有鲜明的地域特色。这是一个由两大四小六个院落组成的建筑群，其中房屋均为砖木结构，地上二层，红色坡顶，水刷墙面，呈四面环绕封闭式分布，中间为天井式庭院，以花岗石铺装地面，楼梯和回廊均为木制。另有一幢独立的二层小楼坐落于外部。

东平路里院

云南路里院

陵县路里院

陵县路里院

民国　市北区陵县路31号

陵县路里院位于市北区陵县路31号。

建于民国时期，整体呈“口”字形布局，房屋为砖木结构二层楼，红瓦坡顶，相互接山，内出厦，形成回廊，木制回廊着以红漆。在此，中国古建筑的雀替艺术得到了比较精彩的展示。20世纪三四十年代，鸳鸯螳螂拳第三代掌门人毛丽泉曾在此居住。毛丽泉为当时青岛的武术名家，曾与老舍先生一起切磋武艺。

毛紫石旧宅

民国　市南区黄县路17号

毛紫石旧宅位于市南区黄县路17号，北望信号山。

建于民国时期，原业主为毛紫石。砖木结构，地上二层，有阁楼及地下室。花岗石砌基，黄色水刷墙面，红瓦坡顶。建筑呈现了文艺复兴风格的痕迹，中轴对称，造型端正，主入口朝南，柱式门廊支撑起二层的敞廊，上起曲线山墙，开嵌有拱心石的圆券窗。建筑出檐很深，属意于屋宇的庇护之意。

毛紫石旧宅

谷氏旧宅

民国　市南区齐东路39号

位于市南区齐东路39号，信号山北麓高地。

建于民国时期，20世纪四五十年代的业主为谷氏。砖木结构，地上二层，有阁楼和地下室。花岗岩细方石砌出地下室墙体，以上为红砖清水墙，红瓦坡顶，开长方形老虎窗。西高东低的地势落差得到巧妙利用，强化了向上的尺度。主入口朝西，通过凌空过道接入地上一层，另在西南角设有一个入口。据说此楼曾为日本间谍张宗媛住宅，一度设为日本谍报中心，待考。

谷氏旧宅

逄砚农故居

民国　胶州市坊子街29号

逄氏故居位于胶州市坊子街29号。

建于民国时期，是清末民初胶州富商逄砚农的世居宅第。逄氏属胶州新四大家族（王氏、曾氏、逄氏、范氏）之一，其宅第处于胶州城的中心地带。这是由南北排列的三栋正屋和两间厢房构成的一个民居群落，均系砖木结构中式住宅。总占地面积约1358平方米，花岗石砌基，南北立面为水刷墙，东西立面为青砖清水墙与水刷墙的结合。屋面取传统的人字坡形式，覆青色小瓦。处于建筑群南边的一栋带有阁楼，共十一间，其中最西端一间的一层设为门廊，由此进入院内。后面的两栋均为平房，每栋十间，东侧有厢房两间将两栋房屋连接起来。建筑规模较大，是民国时期在胶州出现的传统民居的代表之作。

逄砚农故居

鹤鸣书屋旧址

民国　市南区龙华路7号

鹤鸣书屋旧址位于市南区龙华路7号，信号山下。

建于民国时期，原业主王文涛，门柱上嵌有“鹤鸣书屋”刻石，是少有的带有铭文的别墅。

为砖木结构建筑，地上二层，带阁楼和地下室。花岗石砌基，混水墙，红瓦坡顶。其醒目的标志是西南角设有一座意大利式观景角楼，这一形制与相距不远的高实甫旧居（龙山路18号）如出一辙，很可能也是中国建筑师乐子喻的设计，但建筑整体的艺术质感稍为逊色，未见后者那充满文艺复兴格调的主入口门廊。进入庭院大门，亦设有一面影壁，这是一面传统的中国民居中常见的砖砌影壁，就此给出了中心合璧的建筑艺术图景。

龙华路13号民宅

民国　市南区龙华路13号

位于市南区龙华路13号，信号山下。

建于民国时期，是一幢很有特色的小住宅。砖木结构，地上二层，带阁楼和地下室。花岗石砌基，黄色混水墙，人字坡屋顶，原覆红色牛舌瓦，后换成板瓦，上开带三角檐的长方形老虎窗。屋宇首先以沿街大门内的一面影壁确立了特色，这是一面地道的传统影壁，以花岗岩细方石砌成，墙上做石瓦，凿出半圆形瓦沿，正脊两端微微上翘，檐口叠错有序。建筑取中轴对称布局，主入口朝南，柱式门廊支撑起二层的挑台，使用铁艺护栏，上起一面造型端庄而别致的阶梯式山墙，以阁楼上的观景露台为中心，旁开椭圆形小窗。

鹤鸣书屋旧址

龙华路13号民宅

屋面，正脊与垂脊局部

彭家楼

民国　平度市城关街道菜园村

彭家楼位于平度市城关街道菜园村。

建于民国时期，为彭氏家族的世居宅院，据了解，原业主叫彭天思（音），早先为胜利村人，后举家迁来菜园村定居。

建筑规模较大，规格较高，艺术风格上也表现得比较独特，局部呈现出中西合壁的色彩。整个院落占地面积约800平方米，以正房为界分成前后两院，平面布局取四合院形式。如意大门位于中轴线上，与两侧的倒座房连成了一体，门前置汉白玉雕花门墩。门楼取抬梁式架构，梁头雕刻卷云纹，下辅以龙纹，前檐下有垂莲柱，原有的舫、雀替今已不存。进大门约3米处原设有一面影壁，今已不存。正房较其它房屋要高大许多，面阔七间，砖木结构，中设明间，左右各三间。花岗岩下碱，上身为土墙，外铺青砖，形成清水墙。硬山顶，仰瓦屋面，正脊平直，筒瓦花脊，原有的吻兽已残损。室内屋架取抬梁式，有天花。东西厢房均面阔五间。正房门窗均为双层拱券结构，内外分别以青砖和花岗石发券，外券肩两两相连，落于砖砌扶柱上，下接汉白玉柱础。在门窗拱券的及贴墙扶柱的构造上，借鉴了欧式建筑的处理手法，就此给出了建筑的中西合壁图景。

墀头砖雕

门楼

彭家楼正房外观

恒山路5号民宅

民国　市南区恒山路5号

南立面的柱式露台

恒山路5号别墅位于市南区恒山路5号，信号山东南麓，与德国总督官邸旧址相望。

一幢文艺复兴风格别墅，建于民国时期。砖石木结构，地上二层，带阁楼和半地下室。崂山红花岗石砌出地基和半地下室墙体，与以上平滑的水刷墙协调出了神采。人字坡结合四面坡屋顶，原覆红色牛舌瓦，后改成了板瓦。南立面取中轴对称布局，其中部设计为外凸的半圆形露台，贯通上下，在半地下室和一层均由四根爱奥尼柱支撑起来，为露台注入高雅之气。主入口所在的西立面同样如此，亦在中轴对称中展开构图，可见同样的柱式结构，阁楼层一般用以开设老虎窗的位置，建筑师将其扩展为一个观景门道，因此这一立面与南立面同样呈现出三角山墙的造型。北面沿街另设有一个入口，以青色花岗石构筑起一个别致的柱式门楼。建筑整体上沉浸在一种典雅的气氛中，约略令人想见古希腊建筑所特有的那种“高贵的静穆与庄严的伟大”形象。

西南向视图

英国领事馆旧址

1907年　市南区沂水路14号

英国领事馆旧址位于市南区沂水路14号，观海山南麓，南距青岛湾不远。

英国驻青岛领事机构初设于1907年5月17日，首任代办为艾克福。1935年10月升格为总领事署，迁入此楼办公。1938年移至沂水路12号，1939年迁回此楼办公。

建于1907年，原业主为德国律师曼弗莱德·齐默尔曼（Manfred Zimmermann）。砖木结构，地上二层，有阁楼和地下室。花岗石砌基，黄色拉毛墙，蒙莎顶，覆红牛舌瓦，上开长方形老虎窗。建筑中轴对称，布局规整，南北两向均设有一个入口，南入口之上挑出一面凸肚窗，绿色铁皮覆顶，给出了建筑的视觉要点。

北立面局部

东南向视图

围墙

美国领事馆旧址

1911~1912年　市南区沂水路1号

美国领事馆旧址位于市南区沂水路1号，观海山东麓，南距青岛湾不远。

建于1911年至1912年，建筑面积1376.92平方米，砖石结构，地上二层，有阁楼和地下室。蘑菇石砌基，黄色拉毛墙面，转角处以蘑菇石包镶，露台列出白色三联柱。主入口位于南立面中部，其上是一面曲线山墙，顶部开牛眼窗。屋面坡度较大，较立面有更多变化，东西开有眉式老虎窗。其北侧一段女儿墙上覆以红瓦，这是一种典型的中国古建筑营造法式。室内尽显豪华之气，设有书房、客厅、卧室、餐厅、舞厅、化妆间、浴室等房间，当时各种现代化生活设施一应俱全，主要房间装有壁炉和暖气，饰雕花护墙板，铺人字形地板。

它最早是建筑师弗利德里希·里希特的房子，坐落于迪特里希街（今沂水路）的东端，为这条建筑艺术廊道中一系列精美别墅中的第一座。美国驻青岛领事机构成立于1906年9月16日，初设于河南路8号，1934年迁入现址办公。1949年新中国成立后，中国银行青岛分行购得此楼，用作高级职员宿舍。

东北向视图

西南向视图

屋宇与教堂

日本总领事住宅旧址

1922年　市南区江苏路27号

日本总领事住宅旧址位于江苏路27号。

建于1922年，砖石木结构，地上二层，有阁楼及地下室。花岗岩砌基，黄色水刷墙，蒙莎顶，覆红色牛舌瓦，上开长方形老虎窗。原为日本驻青岛首任总领事森安三郎的住宅，其后历任总领事均在此居住。1946年，由中国政府接收。新中国成立后，曾作为青岛市委统战部办公楼使用。现由市公安局某处使用。

日本总领事住宅旧址

法国领事住宅旧址

1932年　市南区栖霞路4号

法国领事住宅旧址位于市南区栖霞路4号，小鱼山东麓，南距汇泉湾不远。

建于1932年，由俄罗斯建筑师弗拉基米尔·尤力甫（Vladimir Yourieff）设计。砖木结构，地上二层，有阁楼及地下室，占地面积1884平方米。花岗石砌基，混水墙，人字坡结合蒙莎顶，覆红色板瓦，上开长方形老虎窗。主入口设于南面，东立面北段墙体处理为塔楼状，一面尖耸的三角山墙强化了高低错落的立面构图，给出屋宇的制高点。

此楼与法国领事馆一路之隔，原业主即为担任名誉领事的塔塔利诺夫，1945年让渡于其侄艾历克斯·尤里甫，也就是建筑师尤力甫的胞兄，他在塔塔利诺夫过世后担任了法国领事馆的代理领事。1947年，尤力甫一家搬到嘉峪关路17号居住，此处房屋转卖给了美商美孚石油公司青岛分公司。1952年转为公房。

法国领事住宅旧址

法国领事馆旧址

1929年　市南区栖霞路5号甲、8号

栖霞路8号

法国领事馆旧址位于市南区栖霞路5号甲和8号，小鱼山东麓，南距汇泉湾不远。

栖霞路5号甲建于1929年，俄国建筑师尤力甫设计。1929年5月1日，法国驻青岛领事馆在此设立，首任名誉领事是有俄法双重国籍的亚历山大・亚历山德罗维奇・塔塔利诺夫（Alexander Alexandrovich Tatarinoff），他于1946年过世之后，法国政府任命艾历克斯・尤力甫（Alex Youreiff）为代理领事。法国领事馆的办公地点数度迁移，但始终未出栖霞路。1947年，馆址迁至栖霞路8号。1948年11月，馆址一度迁至栖霞路2号。1949年初，尤力甫离境后，代理领事一职由英国驻青岛的总领事艾克福兼任。1949年6月2日青岛解放之后不久闭馆，房屋由市政府接收。

栖霞路5号甲拥有一个比较开阔的庭院，占地面积约5229平方米，建筑面积1297.1平方米。建筑入欧式，砖木结构，地上二层，有阁楼、地下室和附属平房。花岗石砌基，黄色水刷墙面，蒙莎顶，覆红色牛舌瓦，上开长方形老虎窗。平面取正方形，布局规整。南立面中轴对称，中间位置墙体均衡开出三个半圆券，原先为敞廊，后来被封闭。东西两侧则各以一个平拱窗形成了呼应。阁楼层较高，在蒙莎顶中间开出观景露台，从那里可以眺望汇泉湾。露台取用铁艺护栏，内部亦可见铁艺装饰，流露了新艺术气息。

栖霞路8号相距不远，坐落于以西的半山坡上，为一栋砖木结构的欧式平房，有地下室和阁楼。花岗石砌基，白色水刷墙面，红瓦坡顶。它有着简洁而典雅的形象，中轴对称，主入口设计为柱式结构，四根素面圆柱形成三联券门廊，顺应北高南低的地势，由十五级石阶引至门廊，建筑因此而获得了相对高旷的视野。

栖霞路5号甲

黄石洞堡垒遗址

清末　城阳区夏庄街道华阴社区

堡垒遗址局部

黄石洞堡垒遗址位于城阳区夏庄街道华阴社区附近的王乔崮南麓，靠近黄石洞，因以为名。四周峰峦叠嶂，地势险峻，

这是一座叠石而成的堡垒，清末砌筑，用以防御捻军，老百姓直呼之曰石围子。现存石墙全长200余米，通体用崂山花岗岩碎石堆砌而成，未加任何粘合材料，全凭大大小小的石块之间的合理组织来实现其结构的稳固性，环山巅而绵亘，颇为壮观。堡垒在其南、北、西三面开有三门，墙内地势较为平坦，然未见相关建筑物遗迹。堡垒坚固，易守难攻，是城阳区现存唯一的大型石砌堡垒遗址，现在已淡去了军事防御色彩，直以其神秘而古拙的面目凝固着历史沧桑。

黄石洞堡垒遗址

德军第五步兵堡垒遗址

1899年　市北区沈阳路52号

德军第五步兵堡垒遗址位于市北区沈阳路52号。

建于1899年，为德占时期修建的青岛要塞军事防御体系中的一环，德军称之为“第五步兵堡垒”，日占后有“海岸堡垒”及“5号炮台”之称。青岛要塞南起浮山湾，北至海泊河，全长约6公里，沿线设有五个堡垒群，即一般所说的1～5号炮台。第五步兵堡垒是五大前沿步兵堡垒中规模最大的一处，驻防兵力也最强，配备十挺马克沁重机枪。它处于陆域的最前沿，扼守海泊河入海口及周边区域。在1914年11月德日青岛之战期间，双方展开了激烈的攻防战，是市区内最后被攻破的一处步兵堡垒。堡垒借助芙蓉山山体构筑，内有地下通道与山下的前沿阵地相通。其整体由一大五小共六座掩蔽部及相关工事与辅助设施组成。现仅存左侧的一个小掩蔽部，为单层半地下掩蔽部，原设为机泵房和警戒哨所。钢筋混凝土结构，墙体厚约1米，设有一个拱形门洞为出入通道，旁开两扇窗，内有两大两小共四间房，总面积约63平方米，地面铺木地板。日占后，继续作为军事堡垒使用，后渐废弃。遗址集结着诸多历史信息，为研究青岛要塞的嬗变及德日战争史提供了重要实证。

云溪路炮台遗址

1899年　市北区云溪路12号

云溪路炮台遗址位于市北区云溪路12号。

建于1899年，是德占胶澳后所构筑的青岛要塞上的一个点，处于德军第二步兵堡垒和第三步兵堡垒的中间地带，这一带曾称炮台路。现存半地下掩体两处，为钢混结构建筑，长约30米，两侧装有厚约5厘米的铁门，墙体厚约1米，墙上可见枪洞和通气孔。其实，当时这里并不装设重型机炮，其主要功能是贮存弹药和给养，以对附近的步兵堡垒形成后勤支持。

云溪路炮台遗址

德军第五步兵堡垒遗址

窟窿山跑马场遗址

窟窿山跑马场遗址

1904年　黄岛区薛家岛街道后岔湾社区

窟窿山跑马场遗址位于黄岛区薛家岛街道后岔湾社区附近的窟窿山，东临胶州湾。

1904年，德军进驻薛家岛之后不久，在胶州湾入口处的窟窿山修筑了四座炮台，在山顶建起两座瞭望台，并将其北侧一座叫围子山的半山坡地辟建为跑马场，环山修筑了一条跑马道，主要用于军事训练，偶尔举办休闲娱乐比赛。跑马道绕半山腰呈不规则的圆形分布，面宽3～5米不等，绕山一周的总长度约1000米。

窟窿山北临胶州湾入口，与团岛隔海相望，是扼守胶州湾的一处海岸高地，战略地位重要。德军在山顶所建瞭望塔高约8米，西侧一座可俯瞰胶州湾的内部，东侧一座用以观察胶州湾的外部海域。如今，瞭望塔及炮台已踪迹全无，唯跑马场的旧貌尚依稀可辨，其上虽已种植了树木，然仍可看出跑马道的部分轮廓。

德国海军军官俱乐部旧址

1907~1909年　市南区莱阳路8号

德国海军军官俱乐部旧址位于市南区莱阳路8号，紧邻青岛湾和小青岛。

建于1907年，原为胶澳总督府建造的海军军高官俱乐部，1909年1月29日落成启用。它是相关俱乐部中规格最高的一处，主要服务对象是当时常驻青岛的德国海军高级军官，其功能有别于湖北路17号的水师饭店和中山路1号的俱乐部，一般不接待普通士兵。建筑由德国建筑师海因里希·舒巴特设计，占地面积2391平方米，建筑面积512平方米。砖石结构，地上二层，有阁楼及地下室。花岗石砌基，黄色水刷墙，多折坡屋面，覆红色牛舌瓦，阁楼层屋面开长方形老虎窗。建筑立面变化丰富，屋面高低错落，由此而造成了立面转换的模糊感，体现了自由式布局的逻辑。主入口朝东，东北侧设半圆券门楼。在一层，圆拱窗和平拱窗皆有所见，南立面二层中部以高直竖窗加强向上的空间尺度，未见德式建筑常用的蘑菇石装饰。建筑今由海军博物馆作办公楼使用。

德国海军军官俱乐部旧址

后阳炮楼遗址

后阳炮楼遗址

1938年　城阳区红岛街道后阳村

后阳炮楼遗址位于城阳区红岛街道后阳村。

1938年，日本第二次占领青岛后，在胶州湾沿岸建造盐田，以进行经济掠夺。为控制整个红岛区域的盐田，日本人在后阳村设立了兵营，由营房、炮楼、水塔及仓库等建筑物组成，建筑面积近700平方米。现存双层炮楼一座，墙体以石头垒砌而成，内部以水泥加固。

东南山飞机掩体遗址

东南山飞机掩体遗址

20世纪40年代　李沧区永清路街道东南山社区

东南山飞机掩体遗址位于李沧区永清路街道东南山社区附近的东南山，沧口飞机场东北侧。

建于20世纪40年代初，为侵华日军所筑用于存放飞机的军事设施，俗称飞机窝子或飞机包。外观呈拱形，钢筋混凝土结构，高5.2米，占地面积205.4平方米。顶部培土绿化，以利飞机隐蔽。当时日军在青岛建有十个飞机窝子，现仅存东南山这一个。

仙家寨碉堡遗址

仙家寨碉堡遗址

20世纪40年代　城阳区流亭街道仙家寨社区

仙家寨碉堡位于城阳区流亭街道仙家寨社区的仙家寨公园内。

建于20世纪40年代，是当时修筑的同类碉堡中比较有特色的一处，保存基本完好。它坐落于一片高地上，高3.5米，周长约16米，墙体以取自山中的花岗岩乱石砌成，其上等距离开出了9个机枪口，呈长方形。上方是以水泥抹出的一个相对平滑的圆形穹顶。南面设置了一个入口门洞，宽约1米，其大部分已被泥土掩埋，露出地面的部分仅高30厘米左右。

四舍山碉堡群

1948年　即墨市温泉镇打雁口村南

四舍山碉堡群位于即墨市温泉镇打雁口村以南的四舍山上。

四舍山由南、西、北三列连体山脉组成，主峰位于东南方位，海拔326.8米，为即墨最高峰。旧志称“四峰峻起，形如舍字”，其山体迂回，地势险峻，战略地位十分重要，历来为兵家必争之地。1948年，国民党军队在山上修筑了大量明碉暗堡，试图以此为凭借达到固守青岛的目的。这些碉堡由石头和砖块混合砌筑，非常坚固，相互之间由交通壕连接起来，可以相互支援，交织如网络结构，就此构成了青岛外围东部的第一道防线。1949年春，人民解放军发动强大攻势，突破了四舍山防线，成为青岛解放的一个前奏。现在，多数碉堡已经毁坏，其中的一小部分较好地保留了下来。

四舍山碉堡群

王家河岩靶楼

20世纪50年代　胶南市隐珠镇王家河岩村

王家河岩靶楼位于胶南市隐珠镇王家河岩村。

这是一座造型别致、形体坚固的靶楼，带有某种碉楼色彩。建于20世纪50年代中期，共四层，通高13米，平面呈正方形，三层以下墙体由花岗岩乱石砌筑，底座4米见方，墙体由下往上渐次收缩，第四层凌空出挑，出现了一座由三根钢筋混凝土横梁托起的起脊房屋，青砖清水墙体，青瓦坡顶，东西向长约6米，看上去俨如空中楼阁。一层南向设有拱门，由此进入靶楼，内部设有楼梯，二层南向开圆拱窗，三四两层均开有青砖包镶的方窗，均南向，四层北面另开三个圆拱窗。

三十年当中，这处靶楼是驻军进行军事训练的一处重要设施，使用率很高。20世纪80年代大裁军时，部队裁撤，靶楼废弃。现为当地的一个标志性景观。

王家河岩靶楼

南营四眼井

1898~1904年　黄岛区薛家岛街道

井台

南营四眼井位于黄岛区薛家岛街道薛家岛三社区，原南营村以北。

1898年，根据《中德胶澳租借条约》，德军进驻薛家岛。1904年，为解决用水问题而开凿了这口水井，遂成德占胶澳的一个历史见证。

水井有着一个构造奇特的井盖，在五角形盖板上，等距离凿出了四个大小一致的圆形孔洞，遂成虚实相生之象，故而被形象地称之为四眼井，远近闻名。井体上口直径2米，下口直径4米，井深约10米，水质优良。今周边已建成海韵嘉园小区，水井得以保留，成为一处景点。这是城市早期所开凿的同类水井中保存最好的一处，透现了历史和凿井工艺的双重景深。

南营四眼井

山洲水库艾山提水站

山洲水库艾山提水站

20世纪50年代 胶州市洋河镇石门子村西北

山洲水库艾山提水站位于胶州市洋河镇石门子村西北，山洲水库的东南岸，东临山岭，地势南高北低。

建于20世纪50年代，是建国初期水利工程的典型之作，为缓解周边农田的干旱，促进农业丰收发挥了重要作用。主体采用钢筋混凝土简支梁结构预制件和石料砌筑而成，高近20米，水渠上镶嵌着“自力更生，艰苦奋斗”的口号。经多年风雨侵蚀，提水站表层虽有局部脱落现象，但主体保持原貌，结构稳定性较好。

百福渡槽

20世纪50年代 城阳区惜福镇街道院后村

百福渡槽位于城阳区惜福镇街道院后村铁骑山南侧，北距百福庵约350米。

建于20世纪50年代，1980年重修。全长216米，高约8米，花岗石和水泥砌筑而成，由中心的一个大跨度拱券和左右若干个小跨度拱券组成，大者呈弧形，长50米，其上排列着18个小拱，共同支撑起上面的水渠。水渠侧面中心位置镌“百福渡槽”四个大字。渡槽结构合理，造型美观，具有鲜明的时代特征，是建国初期所兴建同类水利渡槽中的代表作之一。

百福渡槽

石柱洼水渠

1966年　平度市云山镇石柱洼村东

石柱洼水渠位于平度市云山镇石柱洼村东。

1966年开工建设，1970年峻工启用，主要功能是为周边14个村庄的农业灌溉输送水源。水渠呈南北走向，全长约为800米，由八十条水泥预制槽相接，以八十余个梯子型水泥预制架做支撑，最南端高18米，向北依次递减，最北端高1.8米。南端设有提水站。1992年停止使用，设施废弃。水渠凌空架设，宛如游龙，十分壮观，是20世纪60年代兴修水利的代表作之一。

石柱洼水渠

东风渡槽

1975年　莱西市姜山镇埠后村北

东风渡槽位于莱西市姜山镇埠后村和前堤村北，东西横跨两个村庄的两座山包。

渡槽主体由95个涵洞构成，全长达1320米，宽5米，最大高度6米，采用双曲拱和砌石拱连结式结构，是产芝水库东干渠灌区工程的组成部分，实际灌溉面积达1.5万亩，产生了巨大的经济效益。渡槽中心南侧尚有办公场所一处，现已弃用。渡槽中部水渠侧壁上可见“产芝水库东干渠一分干　东风渡槽　一九七五年十月一日建”三行铭文，两侧以堆塑图案做装饰，镌刻着“人民，只有人民才是创造世界历史的动力”和“水利是农业的命脉，我们应予以极大的关注”两条毛主席语录。渡槽设计精到，结构稳固，气势壮观，而且带有标志性的铭文和图案，在时代性上表现得非常突出，是20世纪70年代水利工程的代表作，有着较高的保护利用价值。

东风渡槽

崂山水库全景

崂山水库局部

俯瞰崂山水库

崂山水库

1958　城阳区惜福镇街道夏庄村东

崂山水库位于城阳区惜福镇街道夏庄村东，为群山环抱之中的一湖碧水。

亦名月子口水库，大坝全长672米，高26米，库内最大水深为24.5米，库面东西长约5公里，平均宽度约1公里，汇水面积5平方公里，流域面积99.6平方公里，库容量为5601万平方米。水库建设工程于1958年9月动工，1959年7月告竣。不同于一般水库多以农田灌溉为主要功能，或兼有供水和灌溉双重功能，崂山水库的唯一功能就是为城市供水，作为青岛市区的主要水源地之一，在城市生活方面发挥着不可或缺的作用。

崂山水库素以水质甘醇而闻名，它将白沙河的涓涓溪流汇集起来，养成一片纯净而浩瀚的水世界。所在地名月子口，是白沙河流出崂山山脉的最后一道山谷，四围青峰，中成盆地，天然条件绝佳，因而大坝之外，少有人工雕琢的痕迹。可以说，这是人工与自然的共同作品，契合自然，形成地景，两岸青山绵亘，一湖碧水深沉，水天一色，云光变幻，宛如人间仙境。周边分布着不少人文古迹，形成一条内蕴深厚的文化廊道。

产芝水库

1958年　莱西市水集镇产芝村北

产芝水库位于莱西市水集镇产芝村北，南距莱西城约5公里，亦名莱西湖，为山东省四大水库之一，也是青岛市区的主要补给水源。

1958年11月动工，1959年9月建成。总流域面积879平方公里，库容面积55平方公里，总库容量4亿立方米，有效灌溉面积28万亩。拦河大坝东西横亘3190米，底宽135米，高20米。坝顶筑有防浪石墙，西端设五个10米×6米平面钢闸，闸上建有公路桥和机架桥，两端矗立着宏伟的桥头堡。产芝水库是建国初期大兴水利的重要历史见证，随着它的建成，大沽河下游数千年水患得到有效的治理，经济与社会效益均十分显著。

产芝水库

三水水库

1966年 崂山区北宅街道我乐社区东

三水水库位于崂山区北宅街道我乐社区东，北九水外三水处。

1966年开工建设，1967年10月竣工，水库控制流域面积20.7平方公里，总库容量40万立方米。大坝主体为砌石拱坝，高24米，长140米。雨季时，水流漫溢出坝顶，形成“三水垂帘”的壮丽景观。

流清河水库

1972年 崂山区沙子口街道流清河社区北

流清河水库位于崂山区沙子口街道流清河社区北，亦名东风水库，扼守崂山南麓流清河干流。

1972年10月开工建设，1981年9月建成，水库控制流域面积8.5平方公里，设计总库容498万立方米，现总库容272.8万立方米。大坝主体为砌石双曲拱坝，长200米，最大坝高68米，坝顶高140米。

三水水库

流清河水库

茶涧德文石刻

1912年　崂山区沙子口街道大河东村北

茶涧德文石刻分布在崂山区沙子口街道大河东村北的茶涧。

崂山中存有德文摩崖石刻四处，其中的两处分布在茶涧，另有作为门牌和数据记录的刻石，不属摩崖石刻范围。茶涧的两处德文摩崖石刻均刻于1912年，其中的一处在茶涧上方的白鳝湾畔，一块花岗岩巨石上镌刻着“1898. 1912 / PRINZEN BAD”两行字，意为“1898年和1912年，亲王沐浴之所。”它记载了当时德国的海因里希亲王两度来到青岛并登临崂山的一段行迹；第二处为一首德文小诗，见之于茶涧下方西侧的一面岩壁上，内容为：“NUR MUT MEIN FREUND / BIST DU ERST OBEN / WIE WIRST DU TRANK / UND AUSSICHT LOBEN”，大意是“我的朋友，鼓起勇气继续前进吧，等到攀登上顶峰的时刻，那将是怎样的欣喜啊，陶醉在如此壮丽的山河之中！”除茶涧石刻之外，在迷魂涧和烟台顶尚存有两处德文摩崖石刻。作为一种历史遗迹，它们从一个角度见证了德占时期城市的历史特质与文化构成方式，丰富了崂山的石刻体系。

德文石刻之一

德文石刻之二

观崂官契碑刻

1926年　崂山区北宅街道观崂社区

观崂官契碑刻位于崂山区北宅街道观崂社区。

碑刻两通，一为官契，通高176厘米，宽83厘米，内容是观崂石屋村民出大洋7300元买下周边4207亩土地并标明四界；一为布告，是对官契的补充，言明其中一幅土地为供奉香火之用、村民优先承租土地及道观应缴纳赋税等内容。它记载了对当时观崂村和太和观的地产之争所做出的官方裁决，发布者为胶澳商埠局。

观崂官契碑刻

乐育可风碑亭

1928年　莱西市水集街道义疃店村

乐育可风碑亭位于莱西市水集街道义疃店村附近的莱西一中校园内。

碑阳镌“乐育可风”四字，系1928年时任山东省教育厅厅长何思源所题写，以褒扬解氏兴教之举。碑阴镌《解雨亭先生教育碑记》，记载了义疃店村解国均、解雨亭和解文渊祖孙一家三代办学兴教的业绩。碑身为花岗岩材质，圆首，方座，高2米，宽0.75米，厚0.35米。为保护此碑，近年建有碑亭一座，四根抽象变形的鹿纹扁柱分列四角，前置月亮门，门额镌有莱西籍国画大师崔子范所题写的“乐育亭”三字。

乐育可风碑亭

何思源题乐育可风碑

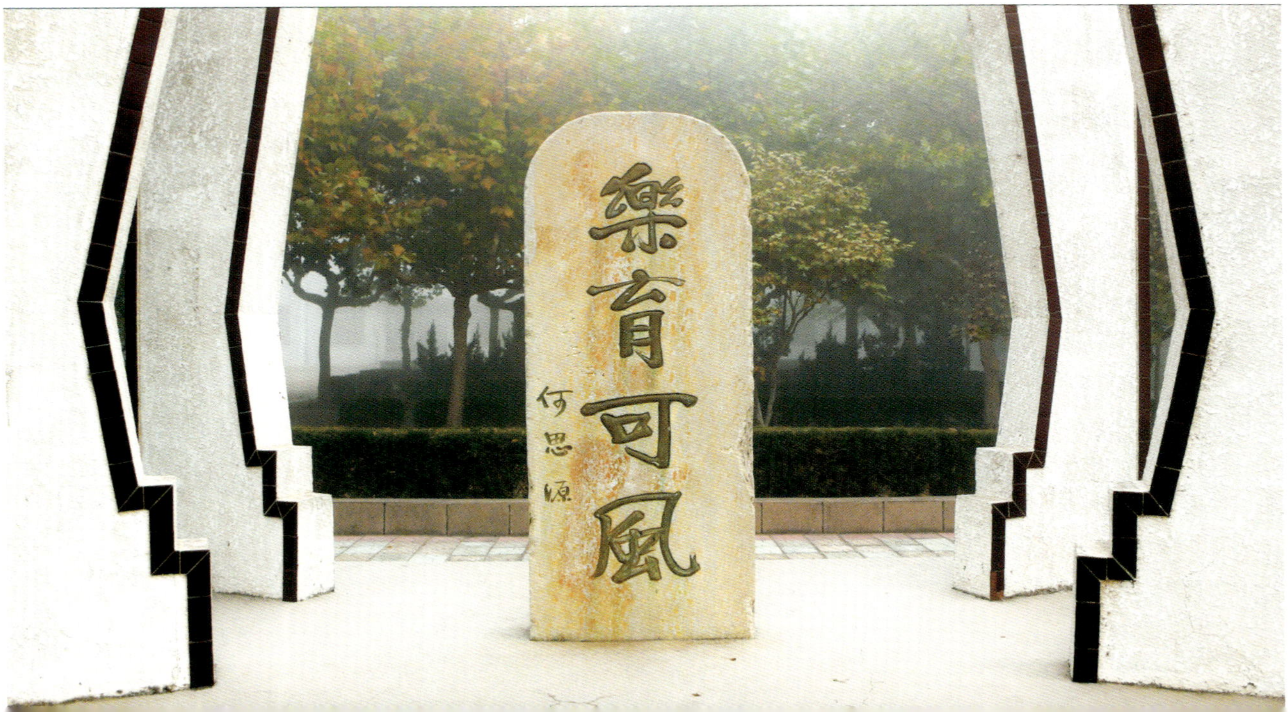

从观海台眺望青岛湾

观海台

1927年　市南区观海二路

观海台西南向视图

观海台位于市南区观海二路尽头的观海山之巅，南瞻青岛湾，西望胶州湾。

建于1927年，是青岛早期一处有代表性的园林景观建筑，由当时的胶澳商埠总办赵琪倡议建造，甫一落成，便成佳景。它坐落于海拔66米的观海山之巅，为一座四方形的石砌高台，立四根方柱，以象四方，上起女儿墙，设有双折阶梯通达台上。登临其上，满目清秀，海色之浩茫与山光之优美令人赏心悦目，青岛西部老城区所特有的“红瓦绿树，碧海蓝天”景观尽收眼底。1928年刊行的《胶澳志》即对此有所记载，说观海山“当市内之中央，遍山植松，山巅有观海台，登山遥望海西胶州湾之曲折，了如指掌。”

观海台西北向视图

鲁迅塑像

鲁迅公园

1929年　市南区莱阳路4号

鲁迅公园位于市南区莱阳路4号，汇泉湾畔，东接第一海水浴场，西通小青岛。

建于1929年，农林事务所进行规划，请我国著名园艺家葛敬应先生主持设计，契合海岸的自然地势，因应海色韵律而辟建，构成了地景精华，已成为青岛最具代表性的景观之一。公园的建设得到了当时的青岛市市长胡若愚的鼎力支持，故将其命名为若愚公园。1931年，沈鸿烈任青岛市市长后改称海滨公园，后一度称作莱阳路海滨公园，以区别于山海关路上的同名公园。1950年，为纪念鲁迅先生而更名为鲁迅公园，遂成我国著名的文化纪念公园。1986年，值鲁迅先生逝世50周年之际，特设计制作鲁迅花岗岩塑像一尊，安放于主入口牌坊内的圆形花坛之中。

公园呈东西向绵亘于汇泉湾畔，遵循着整体上的完美逻辑，景观价值极为突出。就人工建筑来说，以面街而立的主入口牌坊为标志，这是一座地道的中国古典风格牌坊，取重檐形制，造型典雅，尺度合理，是20世纪30年代在青岛出现的民族建筑思潮回归的一个重要实证，与栈桥、水族馆、万字会大殿及海滨生物研究所共同给出了建筑艺术的本土脉络，在青岛这座欧化城市中显得卓尔不凡，极大地丰富和协调了城市的天际线。牌坊原为木构，后因木柱腐烂而改以花岗石结构，上覆墨绿色琉璃瓦，主脊两端立有鸽子鸱尾，边脊列以瑞兽，其额枋斗拱，彩檩画椽，一如古制。面街的门额上镌有

鲁迅公园牌坊

“鲁迅公园”四个描金大字，系集鲁迅手迹；背面嵌有“蓬壶揽胜”四字，出自著名书法家郑世芬之手。

与无边海色相交融，形成人工与自然的完美协调。迂曲回旋的海岸线以及岸边的红礁石构成了其醒目的景观符码，在浩大海色的铺陈中显得美轮美奂。园内小径顺应地势而蜿蜒，海岬上建有造型别致的观景亭，为近代以来在青岛出现的传统亭阁的佳作。1932年建成的亚洲首家水族馆以及1936年建成的海滨生物研究所坐落于公园东侧，建筑均入传统法式，与环境保持着精美的协调。作为在现代中国出现的古典园林精品，鲁迅公园呈现了建筑、园林与历史的多重景深，在山与海的交融中充注博大灵光，见证了人文与自然的精妙和谐。

晨曦中的鲁迅公园

六角亭

斐然亭

1932年 崂山区王哥庄街道翻岭前村东南

斐然亭位于崂山区王哥庄街道翻岭前村东南，这里是崂山东麓探向大海的一个岬角。

这是一座中西合璧的观景亭，建于1932年，由上海商人捐资筑造，以此为当时的青岛市市长沈鸿烈开发崂山的盛举来纪功。沈鸿烈字成章，亭子即取斐然成章之意而命名为斐然亭。高5米，平面6.5米见方，四根花岗岩方石支撑起顶盖，重檐歇山，两端有鸱吻。内部以四根水泥拱梁来承托。亭内设有一张花岗石方桌。

北九水观瀑亭

斐然亭石刻

北九水观瀑亭

1933年 崂山区北宅街道双石屋社区东

北九水观瀑亭位于崂山区北宅街道双石屋社区东，北九水上游潮音瀑的西畔。

建于1933年，为当时开发崂山的实证。高3.5米，底座面积6平方米，通体用花岗石砌成，六角六柱，攒尖顶，内设有一张石桌，西额镌“澄观”二字。旁置青色石碑一方，上刻“观音瀑，民国二十二年”。

树丛中的斐然亭

原泉石刻

原泉石刻

1933年　崂山区沙子口街道大河东社区北

原泉石刻位于崂山区沙子口街道大河东社区北，巨峰太乙泉上方。太乙泉为崂山海拔最高的山泉。

岩壁上镌有“原泉”二字，字径70厘米，行楷，阴刻，横排，落款“梦歙山民”。梦歙山民为陈兴亚的别号，他曾任国民革命军东北边防军宪兵司令，1933年7月游历崂山时题写此刻石。“原泉”即指太乙泉。

疑是幻境石刻

疑是幻境石刻

1933年　崂山区王哥庄街道曲家庄社区西

疑是幻境石刻位于崂山区王哥庄街道曲家庄社区以西的上苑山麓。

刻于1937年，“疑是幻境”四字见之于一块独立巨岩之上，字径50厘米，行楷，阴刻，横排，落款为“丁丑冬月，孙文彬题”。巨岩西壁另见“华盖迎宾”石刻和上苑诗刻，1982年上石。旁生两株树龄达300年以上的赤松，题名“华盖迎宾”，为崂山一景。

思危石刻

1937年　崂山区沙子口街道大河东社区北

思危石刻位于崂山区沙子口街道大河东社区北，见之于巨峰南侧的一花岗岩石壁上。

1937年，时任青岛市工务局局长邢契莘题写，内容为：“余掌青市公务五载有余，披荆斩棘，深惭无忆，值此国家多故，每登此山谷，怀冰渊爰，镌此以谂来兹。”落款“中华民国二十六年四月，嵊县邢契莘。”其中，“思危”二字为隶书，字径50厘米，阴刻，其余为行草，字径15厘米，阴刻。石刻是在“七七事变”前夕上石的，因而有了一重特殊的历史寓意。一怪石兀立其旁，望之有危如累卵之感，合于题刻之意。

思危石刻

邵元冲题“空潭泻春”

北九水摩崖石刻

民国　崂山区北宅街道双石屋社区东

北九水摩崖石刻位于崂山区北宅街道双石屋社区，北九水河谷中，近潮音瀑。

北九水为崂山中麓的一道秀色山谷，层峦叠嶂，水光潋滟，一派幽秘而朗润的气息，呈现了山水交融的审美极致。此为白沙河发源地，水自潮音瀑泻下，九折其流，形成碧潭，因而有“九水十八潭”之说。山谷中遍布巨岩，为石刻艺术提供了天然机缘。历史地看，北九水摩崖石刻群也是20世纪30年代崂山开发的历史见证，此前人迹罕至，1929年南京国民政府接管青岛后，开始筹划崂山的旅游开发，北九水也揭开了神秘面纱，八方名人得登堂入室，观景之余，留下了大量题刻，这是北九水摩崖石刻多为20世纪30年代所题的主要原因。

“潮音瀑”石刻题于1931年，字径60厘米，行书，阴刻，为当时的中华民国铁道部长叶恭绰所题。“空潭泻春”石刻题于1933年，为国民党元老邵元冲所题，楷书，字径40厘米，阴刻。“鱼鳞峡”石刻题于1935年，由著名书法家吴南愚所题，隶书，阴刻，字径60厘米。另有诗词题刻多处，分布在九水山谷之中。

北九水摩崖石刻展现了20世纪书法艺术的魅力，与风景同在，形成一道琳琅满目的石刻艺术廊道。

叶恭绰题“潮音瀑”

吴南愚题“鱼鳞峡”

毛主席塑像

1969年　崂山区中韩街道王家麦岛社区

毛主席塑像位于崂山区中韩街道王家麦岛社区，北依浮山，南望沧海。

所在地浮山素以出产优质花岗岩而闻名，北京的人民英雄纪念碑的料石即采自这里。这尊毛主席塑像立于浮山东南麓，取用质地优良的花岗岩雕刻而成，与山脉形成了恢弘的一体，昭显着独特的地域精神。塑像取立式，整体形象及面部表情均比较成功地表现了人们所熟悉的毛泽东主席的经典姿态，身躯比例匀称，面部表情庄重而亲切，五指伸开，右臂向前方扬起，左手背于身后，面带微笑，目视前方。

塑像通高约5米，立于一个大理石镶嵌的方形底座上。底座之下，平地砌出一座花岗岩高台基，四周环以护栏。塑像雕刻手法细腻，线条流畅，具有鲜明的时代特征，是当时同主题塑像中的代表作之一。特别珍贵的一点是，塑像系整石雕刻而成的，这更加凸显了其历史价值和艺术价值。目前石像保存完好。

毛主席塑像

黄县路石桥

1907年　市南区黄县路与黄县支路路口

石桥位于市南区黄县路与黄县支路路口，周边有信号山、小鱼山、八关山和青岛山相绵亘。

建于1905年至1907年，架于原青岛村河上。这一带原为岛上古老村庄青岛村的旧地，一条小河流过，汇入青岛湾。德占胶澳后，村庄被拆除。1907年，随着信号山上的总督官邸落成，这一带被辟建为总督公园，石桥出现，与山上的总督官邸一起构成了公园的主要人文景观，从石桥看官邸，一度成为青岛一个标志性景观，留下了经典的历史影像。20世纪20年代以后，周边陆续建起了许多西洋小楼，石桥被包围在中间，古老的青岛村河被填平，成为道路。1937年，仿照它的样式，在大学路上新建一座石桥，遂成东西守望之势。

这是青岛近代开埠以来第一座按照西方美学概念营造的石桥，呈现出青年风格派方形思维。桥面宽3米，长11米，下为拱形涵洞，桥栏通体以花岗岩砌筑，长方形蘑菇石叠错组合，依序留出方孔，形成镂空效果，上铺以半圆形石块，整体上显得坚固而灵透。1958年，著名建筑学家梁思成曾考察过这座石桥，对其结构的稳定性、尺度的合理性及造型美感赞赏有加。

黄县路石桥

汇源桥

汇源桥

1912年　城阳区惜福镇街道宫家村社区

汇源桥位于城阳区惜福镇街道宫家村社区，周边群山起伏。

建于1912年，山间一座朴素的石拱桥与时间有着隐秘的关联。圆拱形涵洞由40多块条石拼砌而成，未加任何固定件，完全依凭石块之间的自然应和力来实现结构的稳定性，见证了民间造桥工艺的魅力。西侧桥身嵌有一块铭文碑，上镌“汇源桥”三字，楷书，阴刻，年款为“宣统四年”，就此引出一个现代版的桃花源情结。其实，并不存在“宣统四年”这一历史纪年，宣统帝退位的时间是1912年2月12日，农历年号为宣统三年十二月廿五日，但山里人并不知道清王朝已终结，历史之变在这里尚未发生影响，他们照旧以为生活在清朝，于是竟有了“宣统四年”刻石，这是一个绝无仅有的特例，颇有点“不知有汉，无论魏晋”的况味。

胶东大麻湾桥

20世纪70年代　胶州市胶东镇大麻湾村东

胶东大麻湾桥位于胶州市胶东镇大麻湾村东，大沽河下游。

建于20世纪70年代。桥墩由花岗石砌筑，桥面为钢筋混凝土结构，宽6.5米，全长146米，共有方形涵洞20个，单个跨度为6.8米，桥面两端各向外延伸5米。大麻湾桥是大沽河下游的一座重要桥梁，也是建国初期本地区所建桥梁的一个代表作，体现了当时造桥工艺的一些基本特色，以其稳固、大方的形象绵延着岁月之路。建成之后，为当地的农业生产和大沽河防汛起到了重要作用，至今仍正常发挥着其功用。

胶东大麻湾桥

南视图

其 他

望火楼

20世纪10年代 市南区观象一路

望火楼位于市南区观象一路尽头，观象山西南麓的坡顶上。

约建于20世纪10年代，塔体通高18米，立于花岗岩蘑菇石石砌出的高台基上，墙面上除了蘑菇石以外，其他位置均做出黄色波纹，形成一种水波感，这也是对其原始功能的一种提示。主入口朝西，有一个粗犷的门楼，花岗石发券，上起一面蘑菇石包镶的曲线山墙。塔体呈八角形，顶部为瞭望台，8根圆形石柱环列于护墙上，支撑起一个铁皮盔顶。塔内设有花岗石砌成的旋转楼梯，以贯通上下。它在整体上呈现为一个小古堡的形象，沧桑而精致的面目令人印象深刻。

起初，它是作为消防瞭望塔而出现在城市视野中的，登临其上，视野开阔，可对当时主城区的主要区域形成一个全方位的观察，上面24小时有人值守，一旦发现火情，就会立即拉响塔顶装设的大型铜铃来报警，按照一套严密制定的响铃方式来操作，通过铃声的长短、频率及组合方式来发出讯号，确定位置，以形成对失火区域的准确判断。建成后的十多年间，在当时的城市生活中，它发挥了不可替代的作用。20世纪30年代，随着电话的普及，其原始功能逐渐被电话报警所取代，大约在20世纪40年代初，它彻底完成了自己的使命，被封闭了起来。虽然如此，但是它依旧保有着一座地标建筑所拥有的魅力，也被人们视作城市平安的一个象征，实现了存在价值的转换。它矗立于山岗上，有着绝不混淆于他者的形象，个性、位置与合理性无可置疑。

望火楼及周边图景

人民会堂

1959年　市南区太平路9号

人民会堂位于市南区太平路9号，青岛湾东北岸，小鱼山西麓。

人民会堂是青岛市集会议、演出、接待于一体的大型会演综合体，半个世纪以来，一系列重要会议和艺术活动在此举办，曾多次接待过党和国家领导人及外国贵宾。建筑于1959年5月动工兴建，1960年5月30日竣工，占地面积约1.8万平方米，建筑面积约1.2万平方米，钢筋混凝土结构，共三层，总高度25米。建筑设计参照了北京人民大会堂的样式，注重体现崇高气氛与权威形象，造型典雅美观，以带有新古典主义色彩的外观带来简洁与庄重之感，并透过南立面贯通整体的柱式结构形成磅礴气势。建筑中轴对称，外立面通体以花岗岩细方石贴装，屋面取平顶。主入口设于南立面，八根方柱贯通上下，一层开有七扇平拱大门，二层为敞廊。东西两侧的上方各嵌有一枚以五星和红旗为主题元素的徽标。进入大门，前厅开阔敞亮，贯通两层楼，地面铺装水磨石。从前厅进入中心会堂，内设有1450个座席，配备了先进的视听设备。适应会议和演出需要的各种房间环列左右，注重功能的完备性与协调性。

所在地为青岛历史城区的一个中心地带，会堂是在原清总兵衙门旧址上建造的，集结着城市密码，隐含着多重历史景深，对于见证青岛近代建置以来的历史进程具有重要意义，城市之路在此聚焦和回响。

南视图

今古和声

青岛市第三次全国文物普查新发现辑录

A HARMORNIOUS SYMPHONY OF CULTURAL RELICS
BETWEEN ANCIENT AND MODERN TIMES

A Collection of Newly Found Immovable Cultural Relics
in Qingdao during the third National Cultural Heritage Survey

中国文化遗产
China Cultural Heritage

【古遗址】
Ancient Heritage Sites

【古墓葬】
Ancient Tombs

【古建筑】
Ancient Buildings

【石窟寺及石刻】
Buddhist Grottoes and Stone Inscriptions

【近现代重要史迹及代表性建筑】
Historic Sites and Buildings in Modern Times

【其他】
Other

青岛市第三次全国文物普查
新发现不可移动文物总目

The General Catalogue
of the Newly Found Immovable Cultural Relics in Qingdao
during the Third National Cultural Relics Survey

PART Ⅰ 【古遗址】
Ancient Heritage Sites

总序号	分类号	区域码	名称	年代	位置
0001	1-001	8-001	挪庄遗址	大汶口文化～汉	胶南市珠海街道挪庄村北
0002	1-002	8-002	丁石桥遗址	龙山文化	胶南市大村镇丁家石桥村
0003	1-003	8-003	营后北遗址	龙山文化	胶南市琅琊镇营后村北
0004	1-004	8-004	井戈庄遗址	龙山文化	胶南市大场镇井戈庄村西
0005	1-005	8-005	小北沟西北遗址	龙山文化	胶南市张家楼镇小北沟村西北
0006	1-006	8-006	双河北遗址	龙山文化	胶南市海清镇双河村北
0007	1-007	8-007	双河东遗址	龙山文化	胶南市海青镇双河村东
0008	1-008	8-008	王家河岩遗址	龙山文化	胶南市隐珠街道王家河岩村
0009	1-009	8-009	花沟遗址	龙山文化～东周	胶南市六汪镇花沟村北
0010	1-010	8-010	营前遗址	龙山文化～汉	胶南市琅琊镇营前村西北
0011	1-011	8-011	大张八遗址	龙山文化～汉	胶南市宝山镇大张八村东
0012	1-012	8-012	丁家柳沟遗址	龙山文化～汉	胶南市大场镇丁家柳沟村南
0013	1-013	8-013	上疃遗址	龙山文化～汉	胶南市张家楼镇上疃村南
0014	1-014	8-014	海崖遗址	龙山文化～汉	胶南市滨海街道海崖村东南
0015	1-015	8-015	小尧遗址	龙山文化～汉	胶南市珠海街道小尧村东北
0016	1-016	8-016	湖崖遗址	周	胶南市琅琊镇湖崖村西
0017	1-017	8-017	芏子口遗址	周	胶南市珠海街道芏子口村北
0018	1-018	8-018	西古镇营遗址	周	胶南市大珠山镇西古镇营村东
0019	1-019	8-019	戴家窑遗址	周～汉	胶南市理务关镇戴家窑村西北
0020	1-020	8-020	西南庄遗址	周～汉	胶南市大村镇西南庄村
0021	1-021	8-021	小北沟东北遗址	周～汉	胶南市张家楼镇小北沟村东北
0022	1-022	8-022	东古镇营遗址	周～汉	胶南市滨海街道东古镇营村北
0023	1-023	8-023	琅琊台大台基	秦～汉	胶南市琅琊镇台东头村东
0024	1-024	8-024	大庄遗址	汉	胶南市隐珠街道大庄村东
0025	1-025	8-025	卧龙遗址	汉	胶南市琅琊镇卧龙村东
0026	1-026	8-026	夏河城前遗址	汉	胶南市琅琊镇夏河城前村南
0027	1-027	8-027	西南地遗址	汉	胶南市藏南镇西南地村南
0028	1-028	8-028	海屯遗址	汉	胶南市海青镇海屯村西南

【说明】本列表“区域码”中的起始数字指代青岛各区市，依次为：
1市南区，2市北区，3四方区，4李沧区，5崂山区，6城阳区，7黄岛区，8胶南市，9胶州市，10即墨市，11平度市，12莱西市。

0029	1-029	8-029	许家村遗址	汉	胶南市海青镇许家村
0030	1-030	8-030	王家屯遗址	汉	胶南市大场镇王家屯村
0031	1-031	8-031	东南崖遗址	汉	胶南市铁山街道东南崖村南
0032	1-032	8-032	东抬头遗址	汉	胶南市六旺镇东抬头村东
0033	1-033	8-033	杨家庄遗址	汉	胶南市六旺镇杨家庄村西南
0034	1-034	8-034	柳行沟遗址	汉	胶南市六旺镇柳行沟村东
0035	1-035	8-035	瓦屋大庄遗址	汉	胶南市宝山镇瓦屋大庄村西北
0036	1-036	8-036	殷家台遗址	汉	胶南市王台镇殷家台村北
0037	1-037	8-037	东辗头遗址	汉	胶南市张家楼镇东碾头村西
0038	1-038	8-038	后官庄遗址	汉	胶南市大场镇后官庄村东
0039	1-039	8-039	小塔山遗址	汉	胶南市泊里镇小塔山村南
0040	1-040	8-040	口上遗址	汉	胶南市泊里镇肖家贡村东南
0041	1-041	8-041	刘家崖下遗址	汉	胶南市琅琊镇刘家崖下村西
0042	1-042	8-042	白家屯古矿坑遗址	北宋～清	胶南市宝山镇白家屯村西北
0043	1-043	8-043	塔山老母庙遗址	明	胶南市大场镇塔山店子村
0044	1-044	8-044	辛兴南山遗址	明	胶南市铁山街道辛兴南山村西
0045	1-045	8-045	西桥子墩台	明	胶南市琅琊镇西桥子村
0046	1-046	8-046	戴家窑墩台	明	胶南市理务关镇戴家窑村西
0047	1-047	8-047	大张八墩台	明	胶南市宝山镇大张八村西
0048	1-048	8-048	董庄烽墩台	明	胶南市宝山镇董庄村
0049	1-049	8-049	逄孟张墩台	明	胶南市王台镇逄孟张村南
0050	1-050	8-050	游神庙遗址	清	胶南市泊里镇尧头村东北

总序号	分类号	区域码	名 称	年 代	位 置
0051	1-051	9-001	周王庄化石埋藏点	不详	胶州市胶东街道周王庄村北
0052	1-052	9-002	黔陬遗址	龙山文化	胶州市铺集镇黔陬村东
0053	1-053	9-003	邓家村遗址	龙山文化～汉	胶州市洋河镇邓家村西南
0054	1-054	9-004	大郐家沟遗址	龙山文化～汉	胶州市杜村镇大郐家沟村东
0055	1-055	9-005	莒国都城遗址	西周	胶州市南关街道城子村
0056	1-056	9-006	河西范遗址	周	胶州市洋河镇河西范村西北
0057	1-057	9-007	南顶子遗址	周	胶州市胶莱镇南顶子村西北
0058	1-058	9-008	东王延庄遗址	战国～汉	胶州市马店镇东王延庄南
0059	1-059	9-009	东黔陬城址	秦～汉	胶州市杜村镇赵家城献村西
0060	1-060	9-010	匡家茔遗址	汉	胶州市九龙镇南匡家茔村西南
0061	1-061	9-011	西黔陬城址	汉	胶州市铺集镇黔陬村东北
0062	1-062	9-012	良乡遗址	汉	胶州市里岔镇良乡村西北
0063	1-063	9-013	罗家村遗址	汉	胶州市铺集镇罗家村西北
0064	1-064	9-014	青杨杭遗址	汉	胶州市张应镇青杨杭村前
0065	1-065	9-015	铺集一村遗址	汉	胶州市铺集镇铺集一村
0066	1-066	9-016	沙北庄遗址	汉	胶州市铺集镇沙北庄西南
0067	1-067	9-017	八亩地遗址	汉～唐	胶州市张应镇高家庄村北
0068	1-068	9-018	台家夼遗址	汉～宋	胶州市杜村镇布袋屯村
0069	1-069	9-019	宋戈庄烽火台	汉～明	胶州市胶西镇宋戈庄东南
0070	1-070	9-020	登云山圣母庙遗址	南北朝	胶州市洋河镇河西李村南
0071	1-071	9-021	明山岭宝塔寺遗址	隋～明	胶州市杜村镇寺后村南
0072	1-072	9-022	艾山唐王殿遗址	唐	胶州市洋河镇张家茔村西北
0073	1-073	9-023	板桥镇遗址	唐～宋	胶州市阜安街道
0074	1-074	9-024	太平寺遗址	唐～清	胶州市胶东镇大店子村

0075	1-075	9-025	胶北玉皇庙遗址	唐～清	胶州市胶北镇玉皇庙村
0076	1-076	9-026	西石玉皇殿遗址	唐～清	胶州市洋河镇石前庄村北
0077	1-077	9-027	板桥镇码头遗址	宋	胶州市阜安街道湖州路
0078	1-078	9-028	郭家屋阶遗址	宋	胶州市洋河镇河西郭村西南
0079	1-079	9-029	塔埠头码头遗址	宋～清	胶州市营海街道码头村
0080	1-080	9-030	胶州胶莱运河	元～明	胶州市胶莱镇、胶东镇
0081	1-081	9-031	胶州古城墙及护城河	明～清	胶州市阜安街道龙州路
0082	1-082	9-032	东营码头遗址	清～民国	胶州市营海街道东营村村东

总序号	分类号	区域码	名称	年代	位置
0083	1-083	10-001	烟台前遗址	大汶口文化	即墨市环秀街道烟台前村北
0084	1-084	10-002	西陆戈庄遗址	大汶口文化	即墨市田横镇西陆戈庄村东南
0085	1-085	10-003	前北葛遗址	龙山文化	即墨市龙山街道前北葛村南
0086	1-086	10-004	道头遗址	龙山文化	即墨市移风店镇道头村东北
0087	1-087	10-005	起戈庄遗址	龙山文化～东周	即墨市刘家庄镇起戈庄村东南
0088	1-088	10-006	上泊遗址	龙山文化～汉	即墨市移风店镇上泊村东北
0089	1-089	10-007	团彪遗址	西周	即墨市龙山街道团彪村西
0090	1-090	10-008	孙家遗址	周	即墨市移风店镇孙家村西南
0091	1-091	10-009	青山西遗址	东周	即墨市店集镇青山西村西北
0092	1-092	10-010	西王村遗址	东周～汉	即墨市王村镇西王村村西
0093	1-093	10-011	宋家马坪遗址	东周～汉	即墨市店集镇宋家马坪西南
0094	1-094	10-012	袁家屯遗址	东周	即墨市普东镇袁家屯村西南
0095	1-095	10-013	司家疃遗址	东周	即墨市大信镇司家疃村北
0096	1-096	10-014	湍湾遗址	东周	即墨市七级镇湍湾村东北
0097	1-097	10-015	小范家遗址	东周～汉	即墨市大信镇小范家村东南
0098	1-098	10-016	古城遗址	春秋～汉	即墨市蓝村镇古城村
0099	1-099	10-017	綦家埠遗址	战国～汉	即墨市七级镇綦家埠村西北
0100	1-100	10-018	王家瓦子埠遗址	汉	即墨市王家瓦子埠村西南
0101	1-101	10-019	杜家遗址	汉	即墨市丰城镇杜家村南
0102	1-102	10-020	刘家官庄遗址	汉	即墨市龙山街道刘家官庄村东
0103	1-103	10-021	甄家庄遗址	汉	即墨市移风店镇甄家庄村东
0104	1-104	10-022	马军寨遗址	汉	即墨市移风店镇马军寨村东
0105	1-105	10-023	前柘家庄遗址	汉	即墨市华山镇前柘家庄村
0106	1-106	10-024	辛庄遗址	汉	即墨市店集镇辛庄村西南
0107	1-107	10-025	后蒲渠店遗址	汉	即墨市龙泉镇后蒲渠店村东
0108	1-108	10-026	射箭口遗址	汉	即墨市鳌山卫镇射箭口村西
0109	1-109	10-027	马家屯遗址	汉	即墨市南泉镇马家屯村
0110	1-110	10-028	栗林遗址	汉	即墨市段泊岚镇栗林村南
0111	1-111	10-029	三官庙遗址	汉	即墨市北安街道三官庙村北
0112	1-112	10-030	松树庄遗址	汉	即墨市灵山镇松树庄村北
0113	1-113	10-031	索戈庄遗址	汉	即墨市灵山镇索戈庄村北
0114	1-114	10-032	凤凰埠遗址	汉	即墨市华山镇凤凰埠村西北
0115	1-115	10-033	官路埠遗址	汉	即墨市段泊岚镇官路埠村东南
0116	1-116	10-034	仲家街遗址	汉	即墨市普东镇仲家街村北
0117	1-117	10-035	池戈庄遗址	汉	即墨市店集镇池戈庄村西北
0118	1-118	10-036	店东屯遗址	汉	即墨市店集镇店东屯村西南
0119	1-119	10-037	黄龙庄烟墩	明	即墨市田横镇黄龙庄村东南
0120	1-120	10-038	仲村烟墩	明	即墨市田横镇仲村东南

0121	1-121	10-039	黄埠烟墩	明	即墨市王村镇中黄埠村东
0122	1-122	10-040	烟台前烟墩	明	即墨市环秀街道烟台前村北
0123	1-123	10-041	土埠岛沉船遗址	清	即墨市丰城镇土埠岛海域
0124	1-124	10-042	横门湾沉船遗址	明-清	即墨市田横镇田横岛村横门湾海域

总序号	分类号	区域码	名称	年代	位置
0125	1-125	11-001	南郭家遗址	龙山文化	平度市明村镇南郭家村西
0126	1-126	11-002	大小河子遗址	龙山文化	平度市明村镇大小河子村东
0127	1-127	11-003	前疃遗址	龙山文化	平度市明村镇前疃村南
0128	1-128	11-004	西河遗址	岳石文化～东周	平度市明村镇西河村西北
0129	1-129	11-005	徐家阳召遗址	岳石文化～东周	平度市崔家集镇徐家阳召村西南
0130	1-130	11-006	青山北庙遗址	宋	平度市祝沟镇山里石家村北
0131	1-131	11-007	石佛院庙遗址	元	平度市明村镇前小河子村西南
0132	1-132	11-008	南姚家胶莱河水闸遗址	元～明	平度市万家镇南姚家村南
0133	1-133	11-009	三合山道教遗址	元	平度市明村镇林家庄村北
0134	1-134	11-010	岙莱山道观遗址	明	平度市祝沟镇水磨洞村北
0135	1-135	11-011	龙凤寺遗址	明～清	平度市大田镇徐里村北
0136	1-136	11-012	兰家庙遗址	清	平度市张戈庄镇兰家疃村西
0137	1-137	11-013	白河庙遗址	清	平度市兰底镇白河庙村东南
0138	1-138	11-014	般若寺遗址	清	平度市店子镇琥珀杨家村

总序号	分类号	区域码	名称	年代	位置
0139	1-139	12-001	肖家庄西遗址	旧石器时代	莱西市河头店镇肖家庄村西北
0140	1-140	12-002	咸家屯遗址	大汶口文化	莱西市马连庄镇咸家屯村东南
0141	1-141	12-003	肖家庄北遗址	大汶口文化～龙山文化	莱西市河头店镇肖家庄村北
0142	1-142	12-004	产芝遗址	大汶口文化～岳石文化	莱西市水集街道产芝村东北
0143	1-143	12-005	泥湾头遗址	龙山文化	莱西市河头店镇泥湾头村东北
0144	1-144	12-006	茂芝场遗址	龙山文化	莱西市水集街道茂芝场村东北
0145	1-145	12-007	甲瑞遗址	龙山文化	莱西市沽河街道甲瑞村南
0146	1-146	12-008	河崖遗址	龙山文化～岳石文化	莱西市马连庄镇河崖村北
0147	1-147	12-009	东众水遗址	龙山文化～战国	莱西市李权庄镇东众水村东北
0148	1-148	12-010	仙格庄遗址	龙山文化～汉	莱西市武备镇仙家庄村西北
0149	1-149	12-011	西水道遗址	龙山文化～汉	莱西市望城街道西水道村西北
0150	1-150	12-012	小庄遗址	商～周	莱西市马连庄镇小庄村南
0151	1-151	12-013	下马庄遗址	东周	莱西市水集街道下马庄村西北
0152	1-152	12-014	黄土台遗址	东周～汉	莱西市姜山镇黄土台村
0153	1-153	12-015	顾家遗址	战国～汉	莱西市马连庄镇顾家村东南
0154	1-154	12-016	孙家泊遗址	战国～汉	市莱西市沽河街道孙家泊村北
0155	1-155	12-017	东军寨遗址	战国～汉	莱西市马连庄镇东军寨村北
0156	1-156	12-018	乔家草泊遗址	战国～汉	莱西市马连庄镇乔家草泊村东
0157	1-157	12-019	西朱毛遗址	战国～汉	莱西市日庄镇西朱毛村村北
0158	1-158	12-020	邹卢城址	东周～汉	莱西市开发区古城庄村北
0159	1-159	12-021	徐家寨遗址	西汉	莱西市日庄镇徐家寨村北
0160	1-160	12-022	西老庄遗址	汉	莱西市院上镇西老庄村南
0161	1-161	12-023	山口遗址	汉	莱西市武备镇山口村西北
0162	1-162	12-024	孙贾城遗址	汉	莱西市武备镇孙贾城村西
0163	1-163	12-025	小河子遗址	汉	莱西市武备镇小河子村西北
0164	1-164	12-026	西老庄陶瓷窑藏址	汉～唐	莱西市院上镇西老庄村南

0165	1-165	12-027	店上遗址	汉～元	莱西市武备镇店上村西北角
0166	1-166	12-028	靖林寺遗址	北齐	莱西市院上镇院上村
0167	1-167	12-029	福山佛塔遗址	宋～金	莱西市沽河街道潘格庄村西北
0168	1-168	12-030	桃花寨军寨遗址	元	莱西市店埠镇桃花寨村
0169	1-169	12-031	夭山院遗址	元～明	莱西市马连庄镇夭山屯村西
0170	1-170	12-032	龙女祠遗址	元～明	莱西市望城街道东龙湾庄村东南
0171	1-171	12-033	朱翠寺庙遗址	元～明	莱西市水集街道朱翠村
0172	1-172	12-034	兑臼坡作坊址	明	莱西市院上镇兑臼坡村
0173	1-173	12-035	药王庙遗址	明	莱西市马连庄镇崔格庄村西北
0174	1-174	12-036	朱耩灵神庙遗址	明～清	莱西市马连庄镇朱耩村西北
0175	1-175	12-037	青山村古窑址	明～民国	莱西市南墅镇大青山村
0176	1-176	12-038	孔家店遗址	明～民国	莱西市马连庄镇孔家村西南
0177	1-177	12-039	大架山菩萨庙遗址	清	莱西市水集街道中庄扶村西南
0178	1-178	12-040	泽口集三官庙遗址	清	莱西市姜山镇泽口集村北
0179	1-179	12-041	崔家洼三官庙遗址	清	莱西市南墅镇崔家洼村东北
0180	1-180	12-042	亭子口古窑址	清～民国	莱西市夏格庄镇亭子口村西南
0181	1-181	12-043	宫山庙遗址	不详	莱西市南墅镇山里吴家村西南
0182	1-182	12-044	武备四村尼姑庵遗址	不详	莱西市武备镇武备四村东南

总序号	分类号	区域码	名 称	年 代	位 置
0183	1-183	7-001	台头东遗址	汉	黄岛区辛安街道台头村东南
0184	1-184	7-002	管家大村兵营遗址	明	黄岛区红石崖街道管家大村社区西
0185	1-185	7-003	胶薛古道遗址	明	黄岛区灵珠山街道宋家茔社区
0186	1-186	7-004	解家峰火台	明	黄岛区红石崖街道解家社区东
0187	1-187	7-005	龙眼寺遗址	明	黄岛区辛安街道辛安社区
0188	1-188	7-006	凤凰寺遗址	明	黄岛区灵珠山街道小珠山东麓
0189	1-189	7-007	天齐庙遗址	清	黄岛区红石崖街道龙泉河东社区
0190	1-190	7-008	竹岔岛沉船遗址	不详	黄岛区薛家岛街道竹岔岛村东南海域
0191	1-191	7-009	老灵石沉船遗址	不详	黄岛区薛家岛街道渔鸣咀社区海域
0192	1-192	7-010	石岭子礁沉船遗址	不详	黄岛区薛家岛街道石岭子社区海域
0193	1-193	7-011	黑孤石海域沉船遗址	不详	黄岛区薛家岛街道显浪社区海域
0194	1-194	7-012	南屯水下古城遗址	不详	黄岛区薛家岛街道南屯社区海域
0195	1-195	7-013	小仙桥海域沉船遗址	不详	黄岛区薛家岛街道南庄二社区海域
0196	1-196	7-014	暗孤石海域沉船遗址	不详	黄岛区薛家岛街道显浪社区海域
0197	1-197	7-015	刘家岛海域沉船遗址	不详	黄岛区薛家岛街道刘家岛社区海域

总序号	分类号	区域码	名 称	年 代	位 置
0198	1-198	6-001	不其明堂遗址	西汉	城阳区流亭街道女姑山社区
0199	1-199	6-002	西宅子窖藏遗址	汉	城阳区夏庄街道西宅子社区
0200	1-200	6-003	康成书院遗址	东汉～明	城阳区惜福镇街道书院社区
0201	1-201	6-004	慧炬院遗址	东晋～隋	城阳区夏庄街道华阴社区
0202	1-202	6-005	法海寺佛造像出土地	南北朝	城阳区夏庄街道源头村东
0203	1-203	6-006	玉蕊楼遗址	明	城阳区惜福镇街道书院社区
0204	1-204	6-007	洪门寺遗址	明	城阳区夏庄街道华阴社区
0205	1-205	6-008	上马烽火台	明	城阳区上马街道周家庄社区
0206	1-206	6-009	下书院遗址	明	城阳区夏庄街道少山社区
0207	1-207	6-010	玉皇庙遗址	清	城阳区夏庄街道西宅子头村北
0208	1-208	6-011	女姑山龙王庙遗址	清	城阳区流亭街道女姑山社区

0209	1-209	6-012	灵峰庵遗址	清	城阳区夏庄街道响石社区

总序号	分类号	区域码	名 称	年 代	位 置
0210	1-210	5-001	潮海院遗址	南北朝～宋	崂山区沙子口街道栲栳岛社区东
0211	1-211	5-002	峡口庙遗址	唐	崂山区王哥庄街道大桥社区
0212	1-212	5-003	寿阳庵遗址	唐	崂山区沙子口街道南窑社区
0213	1-213	5-004	玉清宫遗址	宋	崂山区沙子口街道大河东社区东北
0214	1-214	5-005	神清庵遗址	宋	崂山区北宅街道大崂社区北
0215	1-215	5-006	铁瓦殿遗址	宋	崂山区沙子口街道大河东社区北
0216	1-216	5-007	驱虎庵遗址	宋	崂山区王哥庄街道青山社区西南
0217	1-217	5-008	汉河庵遗址	宋～元	崂山区沙子口街道汉河社区东
0218	1-218	5-009	聚仙宫遗址	元	崂山区沙子口街道幸福村东
0219	1-219	5-010	先天庵遗址	元～明	崂山区沙子口街道流清河社区东北
0220	1-220	5-011	石门庵遗址	明	崂山区北宅街道七口峪社区西南
0221	1-221	5-012	烟台山烽火台	明	崂山区沙子口街道姜哥庄社区北
0222	1-222	5-013	莲花庵遗址	明	崂山区北宅街道北宅社区西北
0223	1-223	5-014	东华宫遗址	明	崂山区王哥庄街道曲家庄社区西
0224	1-224	5-015	午山庙遗址	明	崂山区中韩街道午山社区西
0225	1-225	5-016	汇龙庵遗址	明	崂山区王哥庄街道港东社区
0226	1-226	5-017	河崖庵遗址	明	崂山区沙子口街道彭家庄村南山
0227	1-227	5-018	正阳庵遗址	明	崂山区北宅街道东乌衣巷社区
0228	1-228	5-019	三元宫遗址	明	崂山区沙子口街道大庵子社区北
0229	1-229	5-020	显化庵遗址	明	崂山区北宅街道东陈社区
0230	1-230	5-021	下华楼遗址	明	崂山区北宅街道蓝家庄社区西
0231	1-231	5-022	圣水庵遗址	明	崂山区沙子口街道大河东社区东北
0232	1-232	5-023	华阳书院遗址	明	崂山区北宅街道枣行社区西
0233	1-233	5-024	灵圣寺遗址	清	崂山区王哥庄街道解家河社区北
0234	1-234	5-025	铁佛庵遗址	清	崂山区沙子口街道砖塔岭村北
0235	1-235	5-026	西台围子遗址	清	崂山区王哥庄街道西台社区
0236	1-236	5-027	青山龙王庙遗址	清光绪	崂山区王哥庄街道青山社区
0237	1-237	5-028	梯子石遗址	清～民国	崂山区沙子口街道流清河社区东

总序号	分类号	区域码	名 称	年 代	位 置
0238	1-238	3-001	镇水庵遗址	清	四方区洛阳路街道阎家山社区

PART Ⅱ 【古墓葬】 Ancient Tombs

总序号	分类号	区域码	名 称	年 代	位 置
0239	2-001	8-051	土山屯双崮墩墓	汉	胶南市张家楼镇土山屯村西山
0240	2-002	8-052	旺山墓群	汉	胶南市泊里镇崖东庄村东北
0241	2-003	8-053	河头墓	汉	胶南市张家楼镇河头村
0242	2-004	8-054	前老窝墓	汉	胶南市大场镇前老窝村
0243	2-005	8-055	丁家皂户墓群	汉	胶南市藏南镇丁家皂户村西
0244	2-006	8-056	白马社墓	汉	胶南市理务关镇白马社村
0245	2-007	8-057	祝家庄墓群	汉	胶南市珠海街道祝家庄村西南

0246	2-008	8-058	安子沟南岭墓群	汉	胶南市珠海街道安子沟村南
0247	2-009	8-059	安子沟北岭墓	汉	胶南市珠海街道安子沟村东北
0248	2-010	8-060	安子沟西岭墓群	汉	胶南市珠海街道安子沟村西岭
0249	2-011	8-061	田家窑墓	汉	胶南市王台镇田家窑村
0250	2-012	8-062	大楼子墓	汉	胶南市大场镇大楼子村西
0251	2-013	8-063	张谦宜墓	清	胶南市珠海街道张家楼镇大崮村
0252	2-014	8-064	东桥子墓群	不详	胶南市琅琊镇东桥子村东北
0253	2-015	8-065	西桥子墓群	不详	胶南市琅琊镇西桥子村
0254	2-016	8-066	大崔家庄墓群	不详	胶南市张家楼镇大崔家庄村北
0255	2-017	8-067	前辛庄墓	不详	胶南市铁山街道前辛庄村西南
0256	2-018	8-068	大溧水墓群	不详	胶南市珠海街道大溧水村南
0257	2-019	8-069	张仓古墓	不详	胶南市铁山街道张仓村北
0258	2-020	8-070	甲旺墩墓群	不详	胶南市海青镇甲旺墩村北
0259	2-021	8-071	殷家庄墓	不详	胶南市大场镇殷家庄村西
0260	2-022	8-072	梁家庄墓	不详	胶南市珠海街道梁家庄村南
0261	2-023	8-073	大台墓	不详	胶南市珠海街道大台村东南
0262	2-024	8-074	姜家村墓	不详	胶南市海青镇姜家村南
0263	2-025	8-075	大泥沟头墓	不详	胶南市张家楼镇大泥沟头村东岭
0264	2-026	8-076	丁戈庄墓群	不详	胶南市张家楼镇丁戈庄村北
0265	2-027	8-077	皇姑墩岭墓	不详	胶南市大场镇皇姑墩岭村
0266	2-028	8-078	新乡墓	不详	胶南市大村镇新乡村

总序号	分类号	区域码	名称	年代	位置
0267	2-029	9-033	盛家村墓群	西汉	胶州市九龙镇盛家村西南
0268	2-030	9-034	四妹冢墓群	汉	胶州市铺集镇黔陬村东北
0269	2-031	9-035	大郐家沟墓群	汉	胶州市杜村镇大郐家沟村东南
0270	2-032	9-036	林家庄墓群	汉	胶州市里岔镇林家庄村南
0271	2-033	9-037	石空崖墓群	汉	胶州市铺集镇石空崖村西
0272	2-034	9-038	河北村墓群	汉	胶州市铺集镇河北村北
0273	2-035	9-039	孙家洼墓群	汉	胶州市里岔镇孙家洼村东
0274	2-036	9-040	西宋家茔墓群	汉	胶州市九龙镇西宋家茔村东
0275	2-037	9-041	大周村墓群	汉	胶州市洋河镇大周村西北
0276	2-038	9-042	杭埠岭墓	汉	胶州市里岔镇杭埠岭村东南
0277	2-039	9-043	登云山墓群	汉	胶州市洋河镇河西里村南
0278	2-040	9-044	吕家大村墓	汉	胶州市杜村镇吕家大村东北
0279	2-041	9-045	大埠头墓	汉	胶州市张应镇大埠头村东南
0280	2-042	9-046	米家庄墓群	汉	胶州市里岔镇米家庄村南
0281	2-043	9-047	王珠墓	汉	胶州市胶莱镇北王珠村西
0282	2-044	9-048	赵家阿洛墓群	汉	胶州市里岔镇赵家阿洛村东南
0283	2-045	9-049	朱家屯墓	汉	胶州市里岔镇朱家屯村东南
0284	2-046	9-050	赵家乔村墓群	汉	胶州市里岔镇赵家乔村西南
0285	2-047	9-051	石清沟墓群	汉	胶州市铺集镇石清沟村西北
0286	2-048	9-052	邢家岭墓群	汉	胶州市铺集镇邢家岭村
0287	2-049	9-053	北张家屯墓	汉	胶州市铺集镇北张家屯村东北
0288	2-050	9-054	大孟慈墓群	汉	胶州市张应镇大孟慈村南
0289	2-051	9-055	侯家屯墓	汉	胶州市铺集镇侯家屯村东北
0290	2-052	9-056	官路墓	汉	胶州市马店镇官路村东南
0291	2-053	9-057	谭家村墓群	汉	胶州市里岔镇谭家村东南

0292	2-054	9-058	西小郐家沟墓	汉	胶州市杜村镇西小郐家沟村西
0293	2-055	9-059	前朱陈沟墓群	汉	胶州市里岔镇前朱陈沟村西南
0294	2-056	9-060	山寺墓群	汉	胶州市洋河镇山寺村西北
0295	2-057	9-061	布袋屯墓	汉	胶州市杜村镇布袋屯村南
0296	2-058	9-062	王家桥村墓	汉	胶州市里岔镇王家桥村东北
0297	2-059	9-063	高家河崖墓群	汉	胶州市杜村镇高家河崖西北
0298	2-060	9-064	小宋家庄墓群	汉	胶州市九龙镇小宋家庄北
0299	2-061	9-065	涝洼墓群	汉	胶州市杜村镇涝洼村西
0300	2-062	9-066	仉家庄墓群	汉	胶州市杜村镇仉家庄村西北
0301	2-063	9-067	匡王庄墓群	汉	胶州市洋河镇匡家庄西北
0302	2-064	9-068	袁家坟墓群	汉	胶州市洋河镇袁家坟村西北
0303	2-065	9-069	大朱戈墓	汉	胶州市张应镇大朱戈村东
0304	2-066	9-070	战家村墓	汉	胶州市洋河镇战家村东
0305	2-067	9-071	染房庄墓群	汉	胶州市张应镇染房庄村南
0306	2-068	9-072	西大村墓群	汉	胶州市里岔镇西大村
0307	2-069	9-073	横沟墓群	汉	胶州市里岔镇横沟村
0308	2-070	9-074	姚家屯墓群	汉	胶州市杜村镇姚家屯村南
0309	2-071	9-075	蔡家沟墓群	汉	胶州市九龙镇蔡家沟村南
0310	2-072	9-076	临洋墓群	汉	胶州市洋河镇临洋村北
0311	2-073	9-077	相沟墓群	汉	胶州市洋河镇相沟村北
0312	2-074	9-078	山寺西北沟墓群	汉	胶州市洋河镇山寺西北沟村东南
0313	2-075	9-079	张家艾泊墓群	汉～清	胶州市九龙镇张家艾泊西北
0314	2-076	9-080	高家茔墓群	汉～清	胶州市洋河镇高家茔村
0315	2-077	9-081	打连沟墓群	汉	胶州市九龙镇打连沟村西南
0316	2-078	9-082	李家庄墓群	汉	胶州市九龙镇李家庄村西
0317	2-079	9-083	泊子墓群	汉	胶州市洋河镇泊子村北
0318	2-080	9-084	黄敦后墓群	明	胶州市洋河镇黄墩后村西北
0319	2-081	9-085	陈家河头墓群	明～清	胶州市胶北镇陈家河头村东南
0320	2-082	9-086	韩家村墓	清	胶州市马店镇韩家村西南
0321	2-083	9-087	西王益庄墓	清	胶州市马店镇西王益庄村
0322	2-084	9-088	大河流墓	不详	胶州市张应镇大河流村东北
0323	2-085	9-089	寺前墓群	不详	胶州市杜村镇寺前村南
0324	2-086	9-090	久安屯墓	不详	胶州市杜村镇久安屯村北
0325	2-087	9-091	梁家屯墓	不详	胶州市张应镇梁家屯村北
0326	2-088	9-092	团埠子墓	不详	胶州市铺集镇团埠子村东北
0327	2-089	9-093	前小河崖墓	不详	胶州市张应镇前小河崖村南
0328	2-090	9-094	房沟墓群	不详	胶州市杜村镇久安屯村西
0329	2-091	9-095	窝洛墓	不详	胶州市洋河镇窝洛子村西
0330	2-092	9-096	朱戈刘墓	不详	胶州市张应镇朱戈刘村北
0331	2-093	9-097	王家村墓群	不详	胶州市营海街道王家村
0332	2-094	9-098	臧家庄墓	不详	胶州市张应镇臧家庄北
0333	2-095	9-099	东王家庄墓	不详	胶州市杜村镇东王家庄村东南
0334	2-096	9-100	傅家沟墓群	不详	胶州市胶西镇傅家沟村西北
0335	2-097	9-101	柏果树墓	不详	胶州市九龙镇迟家屯东北
0336	2-098	9-102	陈家村墓	不详	胶州市铺集镇陈家村南
0337	2-099	9-103	娄敬庵墓	不详	胶州市杜村镇娄敬庵村北
0338	2-100	9-104	大有庄墓	不详	胶州市杜村镇大有庄村西北
0339	2-101	9-105	赵家营墓	不详	胶州市马店镇赵家营村西北

总序号	分类号	区域码	名称	年代	位置
0340	2-102	10-043	沟里墓群	东周	即墨市田横镇沟里村南
0341	2-103	10-044	东皋山墓群	汉	即墨市温泉镇东皋虞村东北
0342	2-104	10-045	院西墓群	汉	即墨市店集镇西河南村
0343	2-105	10-046	后蒲渠店墓群	宋	即墨市龙泉镇后蒲渠店村东南
0344	2-106	10-047	张戈庄四里墓群	宋	即墨市普东镇张戈庄四里村西
0345	2-107	10-048	前进蛇埠头墓	宋	即墨市普东镇前进蛇埠头村
0346	2-108	10-049	东障墓群	宋～金	即墨市潮海街道东障村东
0347	2-109	10-050	盟旺山墓	元	即墨市潮海街道杨头村盟旺山
0348	2-110	10-051	丈二山墓	不详	即墨市王村镇大桥村西北

总序号	分类号	区域码	名称	年代	位置
0349	2-111	11-015	五岭埠墓群	汉	平度市香店街道东郝家疃东北
0350	2-112	11-016	东南疃墓群	汉	平度市门村镇东南疃村东
0351	2-113	11-017	逄家庄墓	东汉	平度市马戈庄镇逄家庄村东
0352	2-114	11-018	大井戈庄墓	东汉	平度市麻兰镇大井戈庄村南
0353	2-115	11-019	棣家疃墓群	宋	平度市长乐镇棣家疃村北
0354	2-116	11-020	刘成墓	明	平度市同和街道刘家张村西
0355	2-117	11-021	杨氏始祖墓	清	平度市马戈庄镇杨家圈村南
0356	2-118	11-022	董雪桥墓	清	平度市崔家集镇董家大庄村西南
0357	2-119	11-023	孝子墓	清	平度市店子镇南城戈庄村西
0358	2-120	11-024	南城戈庄民俗墓群	清	平度市店子镇南城戈庄村西
0359	2-121	11-025	高家流河民俗墓群	清	平度市祝沟镇高家流河村西
0360	2-122	11-026	金花山道士墓	清	平度市崔召镇小庄村

总序号	分类号	区域码	名称	年代	位置
0361	2-123	12-045	葛家埠墓	龙山文化	莱西市院上镇葛家埠村西
0362	2-124	12-046	河崖墓	龙山文化	莱西市马连庄镇河崖村东北
0363	2-125	12-047	前我乐墓群	商～周	莱西市孙受镇前我乐村东
0364	2-126	12-048	风采顶墓	东周	莱西市马连庄镇徐家草泊村北
0365	2-127	12-049	望连庄墓群	东周～汉	莱西市沽河街道望连庄村西南
0366	2-128	12-050	永丰庄墓群	战国～汉	莱西市院上镇永丰庄村北
0367	2-129	12-051	大架山墓群	战国～汉	莱西市水集街道中庄扶村西南
0368	2-130	12-052	郭格庄墓群	西汉	莱西市日庄镇郭格庄村西北
0369	2-131	12-053	岱墅墓群	西汉	莱西市日庄镇岱墅村东
0370	2-132	12-054	董家庄墓群	西汉	莱西市夏格庄董家庄村东北
0371	2-133	12-055	教书庄墓群	汉	莱西市南墅镇教书庄村东北
0372	2-134	12-056	上柳连庄墓群	汉	莱西市南墅镇上柳连庄村西南
0373	2-135	12-057	前庞格庄墓群	汉	市莱西市日庄镇前庞格庄村东南
0374	2-136	12-058	甲瑞墓群	汉	莱西市沽河街道办甲瑞村南
0375	2-137	12-059	台上墓群	汉	莱西市马连庄镇台上村东南
0376	2-138	12-060	王家横岭墓	汉	莱西市店埠镇王家横岭村西
0377	2-139	12-061	后孟墓群	汉	莱西市沽河街道办后孟格庄村北
0378	2-140	12-062	李家草泊官武茔	唐	莱西市马连庄镇李家草泊村西北
0379	2-141	12-063	姜格庄墓群	宋	莱西市马连庄镇姜格庄村东北
0380	2-142	12-064	徐家草泊墓群	宋	莱西市马连庄镇徐家草泊村
0381	2-143	12-065	王壁墓群	宋～金	莱西市院上镇王壁村西南
0382	2-144	12-066	花园头王氏墓地	明	莱西市院上镇花园头村西南

0383	2-145	12-067	双峰张琨墓	明	莱西市夏格庄镇双山村南
0384	2-146	12-068	天山屯墓	清	市莱西市马连庄镇天山屯村西北
0385	2-147	12-069	西三都河墓	清	莱西市李权庄镇西三都河村南

总序号	分类号	区域码	名称	年代	位置
0386	2-148	7-016	山宋墓	战国	黄岛区红石崖街道山宋社区南
0387	2-149	7-017	逄家墓群	东汉	黄岛区红石崖街道逄家社区
0388	2-150	7-018	薛三阳墓	明	黄岛区灵珠山街道木厂口社区

总序号	分类号	区域码	名称	年代	位置
0389	2-151	6-013	后桃林墓群	西汉	城阳区城阳街道后桃林社区东
0390	2-152	6-014	小寨子墓群	汉	城阳区城阳街道小寨子社区

总序号	分类号	区域码	名称	年代	位置
0391	2-153	5-029	丘处机衣冠冢	元	崂山区王哥庄街道青山社区西北
0392	2-154	5-030	刘志坚墓	元	崂山区北宅街道蓝家庄社区西
0393	2-155	5-031	老师傅坟	元以前	崂山区北宅街道蓝家庄社区
0394	2-156	5-032	张氏始祖墓	明	崂山区中韩街道董家下庄社区

PART Ⅲ 【古建筑】
Ancient Buildings

总序号	分类号	区域码	名称	年代	位置
0395	3-001	8-079	天齐庙	清	胶南市海青镇后河东村南
0396	3-002	8-080	准提庵	清	胶南市王台镇东门里
0397	3-003	8-081	大士庵	清	胶南市王台镇中村
0398	3-004	8-082	灵山卫城隍庙	清	胶南市灵山卫街道西街村
0399	3-005	8-083	下庵阁子殿	清	胶南市六旺镇下庵村
0400	3-006	8-084	王台杨氏祠堂	清	胶南市王台镇石梁杨村
0401	3-007	8-085	于家官庄于氏祠堂	清	胶南市藏南镇于家官庄村西

总序号	分类号	区域码	名称	年代	位置
0402	3-008	9-106	天泽泉	唐	胶州市洋河镇张家茔村西北
0403	3-009	9-107	河南村石桥	明	胶州市胶莱镇河南村东北
0404	3-010	9-108	闸子集桥	明	胶莱镇徐家闸子村东北
0405	3-011	9-109	齐家口子桥	明	胶莱镇十五亩地村西北
0406	3-012	9-110	双韩桥	明	胶莱镇十五亩地村西北
0407	3-013	9-111	河西店桥	明	胶东河西店村村东北
0408	3-014	9-112	胶州古方井	明～清	胶州市中云街道方井街
0409	3-015	9-113	大同四眼井	清	胶州市阜安街道大同村南
0410	3-016	9-114	梁戈庄古井	清	胶州市胶北镇梁戈庄村
0411	3-017	9-115	北店子西沟桥	清	胶州市胶莱镇北店子村西
0412	3-018	9-116	店子桥	清	胶州市胶莱镇北店子村南
0413	3-019	9-117	三成桥	清	胶州市胶东南堤子村东
0414	3-020	9-118	艾山圣母庙	不详	胶州市洋河镇张家茔村西北
0415	3-021	9-119	东石玉皇庙	不详	胶州市洋河镇东王家庄村东北

0416	3-022	9-120	西石建筑群	不详	胶州市洋河镇石前庄村北

总序号	分类号	区域码	名 称	年 代	位 置
0417	3-023	10-052	前北葛汉井	汉	即墨市龙山街道前北葛村南
0418	3-024	10-053	前麦泊桥	明	即墨市龙泉镇前麦泊村北
0419	3-025	10-054	蓝村二里观音阁	清	即墨市蓝村镇二里村西
0420	3-026	10-055	常家街观音庙	清	即墨市普东镇常家街
0421	3-027	10-056	马山玉皇庙	清	即墨市通济街道山东村马山
0422	3-028	10-057	马山白云庵	清	即墨市通济街道山东村马山
0423	3-029	10-058	赵家村观音堂	清	即墨市移风店镇赵家村西北
0424	3-030	10-059	东里关帝庙	清	即墨市店集镇东里村东
0425	3-031	10-060	李前庄关帝庙	清	即墨市灵山镇李前庄村西
0426	3-032	10-061	大官庄关帝庙	清	即墨市蓝村镇大官庄村西北
0427	3-033	10-062	中山街杨氏祠堂	清	即墨市潮海街道中山街
0428	3-034	10-063	南渠张氏祠堂	清	即墨市店集镇南渠村
0429	3-035	10-064	东里李氏祠堂	清	即墨市店集镇东里村
0430	3-036	10-065	北阡房氏祠堂	清	即墨市金口镇北阡村
0431	3-037	10-066	黄家西流黄氏祠堂	清	即墨市潮海街道黄家西流村
0432	3-038	10-067	侯家滩侯氏祠堂	清	即墨市金口镇侯家滩村
0433	3-039	10-068	南芦于氏祠堂	清	即墨市丰城镇南芦村
0434	3-040	10-069	刁家大丈村刁氏祠堂	清	即墨市丰城镇刁家大丈村
0435	3-041	10-070	南百里蓝氏祠堂	清	即墨市丰城镇南百里村
0436	3-042	10-071	西皋虞张氏祠堂	清	即墨市温泉镇西皋虞村
0437	3-043	10-072	埠东乔氏祠堂	清	即墨市刘家庄镇埠东村
0438	3-044	10-073	袁家庄袁氏祠堂	清	即墨市刘家庄镇袁家庄村
0439	3-045	10-074	绿豆圈李氏祠堂	清	即墨市丰城镇绿豆圈村
0440	3-046	10-075	哨庄一草堂	清	即墨市潮海街道哨庄村92号
0441	3-047	10-076	陈俊故居	清	即墨市鳌山卫镇北里村
0442	3-048	10-077	李毓昌旧居	清	即墨市潮海街道胜利街39号
0443	3-049	10-078	凤凰村民居	清	即墨市金口镇凤凰村
0444	3-050	10-079	行政街3号内1～3号民居	清	即墨市潮海街道行政街3号
0445	3-051	10-080	行政街3号内4～6号民居	清	即墨市潮海街道行政街3号
0446	3-052	10-081	行政街号内7号民居	清	即墨市潮海街道行政街3号
0447	3-053	10-082	行政街号内9号民居	清	即墨市潮海街道行政街3号
0448	3-054	10-083	行政街号内8～10号民居	清	即墨市潮海街道行政街3号
0449	3-055	10-084	行政街号内11号民居	清	即墨市潮海街道行政街3号
0450	3-056	10-085	行政街3号内2号民居	清	即墨市潮海街道行政街3号
0451	3-057	10-086	行政街3号内13号民居	清	即墨市潮海街道行政街3号
0452	3-058	10-087	行政街3号内14～16号民居	清	即墨市潮海街道行政街3号
0453	3-059	10-088	行政街3号内17～18号民居	清	即墨市潮海街道行政街3号
0454	3-060	10-089	行政街3号内20号民居	清	即墨市潮海街道行政街3号
0455	3-061	10-090	墨水河小坝	不详	即墨市潮海街道新生村
0456	3-062	10-091	通明宫	不详	即墨市王村镇南阡村北
0457	3-363	10-092	大庙山玉皇庙	不详	即墨市环秀街道三里庄村北

总序号	分类号	区域码	名 称	年 代	位 置
0458	3-064	11-027	大王桥	唐～清	平度市云山镇大王桥村东
0459	3-065	11-028	状元井	宋	平度市店子镇琥珀杨家村

0460	3-066	11-029	漱玉泉	宋	平度市门村镇门村
0461	3-067	11-030	全神寺	明	平度市郭庄镇后河头村
0462	3-068	11-031	两目庙	明	平度市祝沟镇九山后村东北
0463	3-069	11-032	龙王庙桥	明	平度市崔家集镇亭口村南
0464	3-070	11-033	绮云庵	清	平度市崔召镇上马村西北
0465	3-071	11-034	南阁庙	清	平度市白埠镇南华里村南
0466	3-072	11-035	铁奔寺	清	平度市大田镇大泽山林场入口
0467	3-073	11-036	周戈庄菩萨庙	清	平度市李园街道周戈庄村
0468	3-074	11-037	后沙戈庄观音庙	清	平度市张戈庄镇后沙戈庄村西
0469	3-075	11-038	穆家观音庙	清	平度市张舍镇穆家村西北
0470	3-076	11-039	老佛爷庙	清	平度市张舍镇盆李家村东北
0471	3-077	11-040	大黄埠关帝庙	清	平度市明村镇大黄埠村
0472	3-078	11-041	静心观	清	平度市新河镇大苗家村西北
0473	3-079	11-042	千佛庙	清	平度市白埠镇西华里村北
0474	3-080	11-043	岑李家钟亭	清	平度市白埠镇岑李家村
0475	3-081	11-044	东山前钟亭	清	平度市麻兰镇东山前村
0476	3-082	11-045	小宝山钟亭	清	平度市崔召镇小宝山村
0477	3-083	11-046	花石桥	清	平度市明村镇马台村西
0478	3-084	11-047	孙正戏台	清	平度市明村镇孙正村
0479	3-085	11-048	张鹏举故居	清	平度市大泽山镇大疃村
0480	3-086	11-049	于沧澜故居	清	平度市马戈庄镇古庄北村
0481	3-087	11-050	东仁兆民居	清	平度市仁兆镇东仁兆村
0482	3-088	11-051	盆李家民居	清	平度市张舍镇盆李家村
0483	3-089	11-052	万氏宅第	清	平度市兰底镇河南村
0484	3-090	11-053	王氏宅第	清	平度市店子镇昌里村
0485	3-091	11-054	高氏宅第	清	平度市长乐镇东高家村
0486	3-092	11-055	孙氏宅第	清	平度市张舍镇张舍村
0487	3-093	11-056	白氏宅第	清	平度市张舍镇张舍村
0488	3-094	11-057	东潘家埠民居	清	平度市田庄镇东潘家埠村
0489	3-095	11-058	高家流河高氏祠堂	清	平度市祝沟镇高家流河村
0490	3-096	11-059	官北鲁氏祠堂	清	平度市张舍镇官北村
0491	3-097	11-060	前高戈庄史家祠堂	清	平度市仁兆镇前高戈庄村
0492	3-098	11-061	北台刘氏祠堂	清	平度市城关街道北台村
0493	3-099	11-062	尚家疃尚氏家庙	清	平度市城关街道尚家疃村
0494	3-100	11-063	前高家村高氏祠堂	清	平度市新河镇前高家村
0495	3-101	11-064	宿家村宿氏祠堂	清	平度市新河镇宿家村
0496	3-102	11-065	辛旺吴氏祠堂	清	平度市长乐镇西辛旺村
0497	3-103	11-066	东华里王氏祠堂	清	平度市白埠镇东华里村
0498	3-104	11-067	新李埠李氏祠堂	清	平度市新河镇新李埠村
0499	3-105	11-068	郭家埠李氏祠堂	清	平度市新河镇郭家埠村
0500	3-106	11-069	姜家疃姜氏祠堂	清	平度市城关街道姜家疃村
0501	3-107	11-070	平度考院旧址	清	平度市城关街道胜利路
0502	3-108	11-071	陈家顶清水河桥	清	平度市万家镇陈家顶村

总序号	分类号	区域码	名称	年代	位置
0503	3-109	12-070	夏四村古井	明	莱西市夏格庄镇夏格庄四村
0504	3-110	12-071	马家楼古井	明	莱西市梅花山街道战家村
0505	3-111	12-072	李家泽口石桥	明	莱西市姜山镇李家泽口村东

0506	3-112	12-073	犨子头古井	明	莱西市望城镇犨子头村
0507	3-113	12-074	苏家泽口民居	明～清	莱西市姜山镇苏家泽口村
0508	3-114	12-075	马连庄民居	明～清	莱西市马连庄镇马连庄村
0509	3-115	12-076	西三都河民居	明～清	莱西市李权庄镇西三都河村
0510	3-116	12-077	前庄扶佛塔	清	莱西市沽河街道前庄扶村
0511	3-117	12-078	前寨王氏家庙	清	莱西市店埠镇前张管寨村
0512	3-118	12-079	早朝邴家祠堂	清	莱西市沽河街道早朝村
0513	3-119	12-080	吕家泽口吕家祠堂	清	莱西市姜山镇吕家泽口村
0514	3-120	12-081	花园头王氏家庙	清	莱西市院上镇花园头村
0515	3-121	12-082	刘家埠子刘家祠堂	清	莱西市姜山镇刘家埠子村
0516	3-122	12-083	夏四村赵氏祠堂	清	莱西市夏格庄镇夏四村
0517	3-123	12-084	仰岚岭张氏家庙	清	莱西市李权庄镇仰岚岭村
0518	3-124	12-085	萌山村民居	清	莱西市南墅镇萌山村
0519	3-125	12-086	河崖民居	清	莱西市马连庄镇河崖村
0520	3-126	12-087	高氏宅第	清	莱西市武备镇大刘格庄村
0521	3-127	12-088	宫氏宅第	清	莱西市姜山镇宫家泽口村
0522	3-128	12-089	林氏客屋	清	莱西市望城街镇林泉庄村
0523	3-129	12-090	王树玉故居	清	莱西市日庄镇院里村
0524	3-130	12-091	任惟灿故居	清	莱西市望城街道犨子头村
0525	3-131	12-092	周步云客房	清	莱西市院上镇北寨村西
0526	3-132	12-093	左氏影壁	清	莱西市河头店镇南岚村
0527	3-133	12-094	养心堂药铺	清	莱西市院上镇院上村
0528	3-134	12-095	宫山石圩子	清	莱西市南墅镇山里吴家村西南

总序号	分类号	区域码	名称	年代	位置
0529	3-135	7-019	龙泉河东水井	明	黄岛区红石崖街道龙泉河东社区
0530	3-136	7-020	顾家岛古桥	明	黄岛区薛家岛街道顾家岛社区
0531	3-137	7-021	柳北土地庙	清	黄岛区灵珠山街道柳北社区西南
0532	3-138	7-022	窝洛子土地庙	清	黄岛区灵珠山街道窝洛子社区
0533	3-139	7-023	山王东山神庙	清	黄岛区红石崖街道山王东社区南
0534	3-140	7-024	北山薛老母庙	清	黄岛区辛安街道北山薛社区北
0535	3-141	7-025	施沟134号海草门楼	清	黄岛区薛家岛街道施沟社区
0536	3-142	7-026	施沟136号海草房	清	黄岛区薛家岛街道施沟社区
0537	3-143	7-027	施沟137号海草房	清	黄岛区薛家岛街道施沟社区
0538	3-144	7-028	施沟165～2号海草房	清	黄岛区薛家岛街道施沟社区

总序号	分类号	区域码	名称	年代	位置
0539	3-145	6-015	辛屯钟亭	清	城阳区上马街道辛屯社区
0540	3-146	6-016	后韩韩氏祠堂	清	城阳区红岛街道后韩社区
0541	3-147	6-017	书院吴氏祠堂	清	城阳区惜福镇街道下书院村
0542	3-148	6-018	上崖村271号民居	清	城阳区棘洪滩街道上崖村
0543	3-149	6-019	上崖村267号甲民居	清	城阳区棘洪滩街道上崖村
0544	3-150	6-020	上崖村267号乙民居	清	城阳区棘洪滩街道上崖村
0545	3-151	6-021	上崖村302号民居	清	城阳区棘洪滩街道上崖村
0546	3-152	6-022	上崖村625号民居	清	城阳区棘洪滩街道上崖村
0547	3-153	6-023	上崖村638号民居	清	城阳区棘洪滩街道上崖村
0548	3-154	6-024	书院民居	清	城阳区夏庄街道书院社区
0549	3-155	6-025	韩家盐井	不详	城阳区红岛街道后韩家社区

0550	3-156	6-026	银液泉	不详	城阳区夏庄街道华阴社区
0551	3-157	6-027	二十四孔桥	不详	城阳区城阳街道城子社区

总序号	分类号	区域码	名 称	年 代	位 置
0552	3-158	5-033	石鼓庵	明	崂山区沙子口街道南窑社区南
0553	3-159	5-034	常在庵	明	崂山区中韩街道张村社区
0554	3-160	5-035	西九水刘氏祠堂	明	崂山区沙子口街道西九水村
0555	3-161	5-036	青山观音殿	清	崂山区王哥庄街道青山社区西
0556	3-162	5-037	沙子口天后宫	清	崂山区沙子口街道沙子口村北
0557	3-163	5-038	鸿园苏氏祠堂	清	崂山区北宅街道鸿园社区
0558	3-164	5-039	娘娘庙	清	崂山区王哥庄街道港东社区
0559	3-165	5-040	囤山高氏祠堂	清	崂山区王哥庄街道囤山社区
0560	3-166	5-041	段家埠段氏祠堂	清	崂山区沙子口街道段家埠社区

总序号	分类号	区域码	名 称	年 代	位 置
0561	3-167	3-002	阎家山阎氏祠堂	明	四方区周口路293号
0562	3-168	3-003	大水清沟赵氏祠堂	清	四方区大水清沟42号

PART Ⅳ 【石窟寺及石刻】
Buddhist Grottoes and Stone Inscriptions

总序号	分类号	区域码	名 称	年 代	位 置
0563	4-001	8-086	珠山石室	晋	胶南市滨海街道胡家小庄村
0564	4-002	8-087	石屋子沟石室	明	胶南市六旺镇石屋子沟村西北
0565	4-003	8-088	东山张摩崖石刻	明末清初	胶南市滨海街道东山张村
0566	4-004	8-089	龙潭湾摩崖石刻	明末清初	胶南市滨海街道东山张村东北
0567	4-005	8-090	赛诗台石刻	明末清初	胶南市滨海街道胡家小庄村
0568	4-006	8-091	徐村墓道碑	清	胶南市王台镇徐村西岭
0569	4-007	8-092	山樊家刘氏节孝碑	清	胶南市琅琊镇山樊家村南

总序号	分类号	区域码	名 称	年 代	位 置
0570	4-008	9-121	康成书屋	东汉	胶州市洋河镇东王家庄村东北
0571	4-009	9-122	艾山石刻	明	胶州市洋河镇张家茔村西北
0572	4-010	9-123	姜光宿功德碑	明	胶州市北关街道砚里庄村
0573	4-011	9-124	兰州东路石刻群	明～清	胶州市兰州东路113号
0574	4-012	9-125	艾山信义局碑	清	胶州市洋河镇张家茔村西北
0575	4-013	9-126	烈同霜日碑	清	胶莱镇赵家大高村西北
0576	4-014	9-127	西石王母碑	清	胶州市洋河镇石前村北
0577	4-015	9-128	重修发珠桥碑	清	胶州市胶莱镇河南村东北
0578	4-016	9-129	庸生故里碑	清	胶州市北关街道砚里庄村南
0579	4-017	9-130	节孝兼全碑	清	胶州市北关街道杨戈庄村

总序号	分类号	区域码	名 称	年 代	位 置
0580	4-018	10-093	钱谷山石刻	清	即墨市温泉镇臧村北
0581	4-019	10-094	田庄贞节碑	清	即墨市丰城镇田庄村东
0582	4-020	10-095	朱氏贞节碑	清	即墨市王村镇黄官屯村

总序号	分类号	区域码	名称	年代	位置
0583	4-021	11-072	崔世荣神道碑	元	平度市店子镇昌里村
0584	4-022	11-073	十里堡修桥碑	明	平度市李园街道十里堡村
0585	4-023	11-074	山里石家民约碑	清	平度市祝沟镇山里石家村
0586	4-024	11-075	桃花涧石刻	清	平度市崔召镇下马村
0587	4-025	11-076	刘氏先茔碑	清	平度市城关街道北台村
0588	4-026	11-077	禚氏碑	清	平度市白埠镇禚家村
0589	4-027	11-078	祝家铺修桥碑	清	平度市张舍镇祝家铺村
0590	4-028	11-079	张舍白氏碑刻	清	平度市张舍镇张舍村
0591	4-029	11-080	夏连甲碑	清	平度市明村镇孙正东村

总序号	分类号	区域码	名称	年代	位置
0592	4-030	12-096	双峰张琨墓碑	明	莱西市夏格庄镇双山村
0593	4-031	12-097	张清甫墓碑	明	莱西市夏格庄镇双山村
0594	4-032	12-098	于家小里节孝牌坊碑刻	明	莱西市店埠镇于家小里村
0595	4-033	12-099	三官庙碑记	清	莱西市水集街道中庄扶村
0596	4-034	12-100	禁赌碑	清	莱西市院上镇蔡家庄村
0597	4-035	12-101	护林碑	清	莱西市武备镇五村
0598	4-036	12-102	重修功山庙碑	清	莱西市南墅镇山里吴家村
0599	4-037	12-103	前明朱皇宗亲墓碑	清	莱西市夏格庄镇张家疃村
0600	4-038	12-104	张仙师功德碑	清	莱西市水集街道封家泊村
0601	4-039	12-105	左仕可墓碑	清	莱西市河头店镇南岚村
0602	4-040	12-106	张仲德墓碑	清	莱西市夏格庄镇双山村

总序号	分类号	区域码	名称	年代	位置
0603	4-041	6-028	响石石刻	元～明	城阳区夏庄街道华阴社区
0604	4-042	6-029	嘉靖甲辰石刻	明	城阳区夏庄街道华阴社区
0605	4-043	6-030	王乔崮石刻	明	城阳区惜福镇街道惜福镇社区
0606	4-044	6-031	丹山石碑	清	城阳区夏庄街道丹山社区南

总序号	分类号	区域码	名称	年代	位置
0607	4-045	5-042	烟台山石刻	西晋	崂山区沙子口街道姜哥庄社区北
0608	4-046	5-043	孙昙采药石刻	唐	崂山区王哥庄街道返岭社区西
0609	4-047	5-044	混元石	宋	崂山区王哥庄街道曲家庄社区西
0610	4-048	5-045	丘处机南天门石刻	金	崂山区沙子口街道流清河社区东
0611	4-049	5-046	白龙洞摩崖石刻	金～明	崂山区王哥庄街道曲家庄社区西
0612	4-050	5-047	重阳洞	元	崂山区北宅街道蓝家庄社区西
0613	4-051	5-048	王祖师道石刻	元	崂山区北宅街道蓝家庄社区西
0614	4-052	5-049	三千师父石刻	元	崂山区北宅街道蓝家庄社区西
0615	4-053	5-050	碧落岩石刻	元	崂山区北宅街道蓝家庄社区西
0616	4-054	5-051	三才诗石刻	元	崂山区北宅街道蓝家庄社区西
0617	4-055	5-052	灵烟崮摩崖石刻	元～明	崂山区北宅街道蓝家庄社区西
0618	4-056	5-053	犹龙洞	明	崂山区王哥庄街道曲家庄社区西
0619	4-057	5-054	慈光洞	明	崂山区沙子口街道大河东社区北
0620	4-058	5-055	仙古洞石刻	明	崂山区北宅街道双石屋社区西
0621	4-059	5-056	华表峰石刻	明	崂山区北宅街道蓝家庄社区西
0622	4-060	5-057	翠屏岩石刻	明	崂山区北宅街道蓝家庄社区西
0623	4-061	5-058	玉女盆石刻	明	崂山区北宅街道蓝家庄社区西

0624	4-062	5-059	明明崖石刻	明	崂山区王哥庄街道曲家庄社区西
0625	4-063	5-060	仙岩石刻	明	崂山区北宅街道蓝家庄社区西
0626	4-064	5-061	孙镗周鲁石刻	明	崂山区北宅街道蓝家庄社区西
0627	4-065	5-062	陈沂石刻	明	崂山区王哥庄街道曲家庄社区西
0628	4-066	5-063	南天门摩崖石刻	明	崂山区北宅街道蓝家庄社区西
0629	4-067	5-064	山海奇观石刻	清	崂山区王哥庄街道返岭社区
0630	4-068	5-065	熟阳洞	清	崂山区王哥庄街道庙石社区西北
0631	4-069	5-066	崔应阶诗石刻	清	崂山区王哥庄街道曲家庄社区西
0632	4-070	5-067	东海奇观石刻	清	崂山区沙子口街道大河东社区北

PART V 【近现代重要史迹及代表性建筑】
Historic Sites and Buildings in Modern Times

总序号	分类号	区域码	名 称	年 代	位 置
0633	5-001	1-001	春和楼	1891年	市南区中山路146号
0634	5-002	1-002	迪特里希碑遗址	1898年	市南区信号山
0635	5-003	1-003	第一邮政代理处旧址	1898年	市南区常州路9号
0636	5-004	1-004	天主教会宿舍旧址	1899年	市南区湖南路8号
0637	5-005	1-005	总督府野战医院旧址	1899年	市南区江苏路18号
0638	5-006	1-006	总督临时官邸马厩旧址	1899年	市南区福山支路8号
0639	5-007	1-007	阿里文别墅旧址	1899年	市南区鱼山路1号
0640	5-008	1-008	要塞工程局旧址	1899年	市南区常州路7号
0641	5-009	1-009	艾瑞思别墅旧址	1900年	市南区鱼山路2号
0642	5-010	1-010	总督府童子学堂旧址	1900～1901年	市南区江苏路9号
0643	5-011	1-011	长老会宿舍旧址	1900～1901年	市南区江苏路10号
0644	5-012	1-012	胶澳帝国邮政局旧址	1901年	市南区安徽路5号
0645	5-013	1-013	总督府公寓旧址	1901年	市南区沂水路3号
0646	5-014	1-014	卡普勒别墅旧址	1901年	市南区浙江路26号
0647	5-015	1-015	李特豪森旧宅	1901年	市南区湖南路11号
0648	5-016	1-016	西姆森公司旧址	1901年	市南区广西路9～11号
0649	5-017	1-017	兰德曼商业大楼旧址	1901年	市南区广西路27号
0650	5-018	1-018	车站饭店旧址	1901年	市南区兰山路28号
0651	5-019	1-019	莱格纳旧宅	1901年	市南区莒县路1号甲
0652	5-020	1-020	圣心修道院旧址	1901～1902年	市南区浙江路28号
0653	5-021	1-021	斯泰尔修会圣言会会馆旧址	1901～1902年	市南区德县路10号
0654	5-022	1-022	劈柴院	1902年	市南区江宁路
0655	5-023	1-023	礼和洋行旧址	1902年	市南区太平路41号
0656	5-024	1-024	迪德瑞希旧宅	1902年	市南区沂水路7号
0657	5-025	1-025	总督牧师住宅旧址	1902年	市南区德县路3号
0658	5-026	1-026	中山公园	1902～1905年	市南区文登路28号
0659	5-027	1-027	皮卡特商业大楼旧址	1903年	市南区广西路9号
0660	5-028	1-028	魏斯旧宅	1903年	市南区湖南路22号
0661	5-029	1-029	胶澳商埠公立通俗图书馆旧址	1903年	市南区莒县路2号
0662	5-030	1-030	总督府屠宰场旧址	1903年	市南区观城路67号
0663	5-031	1-031	斯提克弗茨旧宅	1904年	市南区沂水路5号
0664	5-032	1-032	湖北路3号民宅	1905年	市南区湖北路3号

0665	5-033	1-033	密斯别墅旧址	1905年	市南区德县路23号
0666	5-034	1-034	贝恩旧宅	1905年	市南区江苏路8号
0667	5-035	1-035	伯恩尼克别墅旧址	1905年	市南区栖霞路10号
0668	5-036	1-036	天主堂医院旧址	1905～1906年	市南区博山路3号
0669	5-037	1-037	总督府学校旧址	1905～1906年	市南区广西路1号
0670	5-038	1-038	福伯医院旧址	1906年	市南区安徽路21号
0671	5-039	1-039	梅尔商业大楼旧址	1906年	市南区中山路21～25号
0672	5-040	1-040	广东会馆旧址	1906年	市南区芝罘路45号
0673	5-041	1-041	波特尔别墅旧址	1906年	市南区德县路7号
0674	5-042	1-042	黄县路石桥	1907年	市南区黄县路与黄县支路路口
0675	5-043	1-043	三江会馆旧址	1907年	市南区四方路10号
0676	5-044	1-044	英国领事馆旧址	1907年	市南区沂水路14号
0677	5-045	1-045	德国海军军官俱乐部旧址	1907～1909年	市南区莱阳路8号
0678	5-046	1-046	总督府高级官员住宅旧址	1908年	市南区江苏路12号
0679	5-047	1-047	波特尔公寓旧址	1910年	市南区湖南路23～25号
0680	5-048	1-048	观象台台长官邸旧址	1910～1912年	市南区观象二路10号
0681	5-049	1-049	基督教青年会旧址	1911年	市南区浙江路9号
0682	5-050	1-050	谦祥益青岛分号旧址	1911年	市南区北京路9号
0683	5-051	1-051	美国领事馆旧址	1911～1912年	市南区沂水路1号
0684	5-052	1-052	美口酒厂旧址	1912年	市南区湖南路34号乙
0685	5-053	1-053	吕海寰旧居	约1912年	市南区鱼山路6号、13号
0686	5-054	1-054	吴郁生旧居	约1912年	市南区湖北路33号
0687	5-055	1-055	姬宝路旧宅	1913年	市南区广西路5号
0688	5-056	1-056	开治酒店旧址	1913年	市南区湖南路16号
0689	5-057	1-057	英商住宅旧址	1897～1914年	市南区江苏路1号
0690	5-058	1-058	广西路39～43号建筑	1897～1914年	市南区广西路39～43号
0691	5-059	1-059	广西路42～46号建筑	1897～1914年	市南区广西路42～46号
0692	5-060	1-060	德国百货公司旧址	1897～1914年	市南区广西路45～47号
0693	5-061	1-061	普济医院旧址	1919年	市南区胶州路1号
0694	5-062	1-062	望火楼	20世纪10年代	市南区观象一路
0695	5-063	1-063	詹姆斯旧宅	1920年	市南区齐东路8号
0696	5-064	1-064	陈领祺旧宅	1920年	市南区金口二路14号
0697	5-065	1-065	清水直信旧宅	1921年	市南区龙山路10号
0698	5-066	1-066	青岛商会旧址	1921年	市南区中山路72号
0699	5-067	1-067	日本中学校旧址	1921年	市南区鱼山路5号
0700	5-068	1-068	明德小学旧址	1922年	市南区德县路14号
0701	5-069	1-069	日本总领事住宅旧址	1922年	市南区江苏路27号
0702	5-070	1-070	延国符旧宅	1922年	市南区齐东路1号
0703	5-071	1-071	长老会同道堂旧址	1923年	市南区伏龙路1号
0704	5-072	1-072	东莱银行旧址	1923年	市南区湖南路39号
0705	5-073	1-073	久米甚六旧宅	1923年	市南区齐东路10号
0706	5-074	1-074	亨得利青岛分号	1924年	市南区中山路144号
0707	5-075	1-075	丛良弼旧居	1925年	市南区齐东路2号/信号山路18号
0708	5-076	1-076	殷桐声旧宅	1925年	市南区大学路46号
0709	5-077	1-077	齐东路4号民宅	约1925年	市南区齐东路4号
0710	5-078	1-078	湖南路26号民宅	1926年	市南区湖南路26号
0711	5-079	1-079	齐东路6号民宅	1926年	市南区齐东路6号
0712	5-080	1-080	林筱齐旧宅	1927年	市南区金口一路22号

0713	5-081	1-081	观海台	1927年	市南区观海二路
0714	5-082	1-082	杨振声旧居	1928年	市南区黄县路7号
0715	5-083	1-083	宋春舫旧居	1928年	市南区福山支路6号
0716	5-084	1-084	华联甫旧宅	1928年	市南区福山路17号
0717	5-085	1-085	陈大猷旧宅	1928年	市南区龙江路2号
0718	5-086	1-086	齐东路7号民宅	1928年	市南区齐东路7号
0719	5-087	1-087	葛静岑旧宅	1928年	市南区金口一路44号
0720	5-088	1-088	鲁迅公园	1929年	市南区莱阳路4号
0721	5-089	1-089	坂井贞一旧宅	1929年	市南区太平路23号
0722	5-090	1-090	开勒尔旧宅	1929年	市南区福山路12号
0723	5-091	1-091	陈鹤年旧宅	1929年	市南区福山路10号
0724	5-092	1-092	曹兢欧旧宅	1929年	市南区金口二路12号
0725	5-093	1-093	韩惜愚旧宅	1929年	市南区大学路24号
0726	5-094	1-094	青岛广播电台旧址	1929年	市南区单县路30号
0727	5-095	1-095	法国领事馆旧址	1929年	市南区栖霞路5号甲、8号
0728	5-096	1-096	汇泉湾闻一多旧居	20世纪20年代	市南区文登路2号
0729	5-097	1-097	赵太侔旧居	20世纪20年代	市南区龙江路7号
0730	5-098	1-098	张铮夫旧居	20世纪20年代	市南区平原路8号
0731	5-099	1-099	江苏路21号民宅	20世纪20年代	市南区江苏路21号
0732	5-100	1-100	江苏路32号民宅	20世纪20年代	市南区江苏路32号
0733	5-101	1-101	赵琪别墅旧址	20世纪20年代	市南区龙口路1号丁
0734	5-102	1-102	丁敬臣旧宅	20世纪20年代	市南区大学路20号
0735	5-103	1-103	李延芳旧宅	20世纪20年代	市南区金口三路5号
0736	5-104	1-104	市立女子中学旧址	1924年～1930年	市南区太平路2号
0737	5-105	1-105	圣功女子中学旧址	1930年	市南区德县路27号
0738	5-106	1-106	周叔迦旧居	1930年	市南区福山支路13号
0739	5-107	1-107	吕美荪旧居	1930年	市南区鱼山路7号
0740	5-108	1-108	北美信义会别墅旧址	1930年	市南区福山路2号甲
0741	5-109	1-109	海关总税务司署别墅旧址	1930年	市南区福山路6号
0742	5-110	1-110	那胜莲旧宅	1930年	市南区福山路22号
0743	5-111	1-111	王耀武旧宅	1930年	市南区金口一路3号
0744	5-112	1-112	铁路疗养院旧址	1930年	市南区金口一路7号
0745	5-113	1-113	金口一路9号民宅	1930年	市南区金口一路9号
0746	5-114	1-114	致德堂别墅旧址	1930年	市南区金口一路20号
0747	5-115	1-115	山东起业株式会社别墅旧址	1930年	市南区金口二路7号
0748	5-116	1-116	刁元第旧宅	1930年	市南区金口三路1号
0749	5-117	1-117	克雷文斯基旧宅	1930年	市南区金口三路1号甲
0750	5-118	1-118	卞玉成旧宅	1930年	市南区齐东路5号
0751	5-119	1-119	齐东路28号民宅	1930年	市南区齐东路28号
0752	5-120	1-120	吴荫文旧宅	1930年	市南区鱼山路29号
0753	5-121	1-121	孙继丁旧宅	1930年	市南区鱼山路31号
0754	5-122	1-122	龙口路5号建筑	1930年	市南区龙口路5号
0755	5-123	1-123	胡若愚别墅旧址	约1930年	市南区文登路8号、8号甲
0756	5-124	1-124	刘氏旧宅	1931年	市南区福山路8号
0757	5-125	1-125	早稻本善德旧宅	1931年	市南区莱阳路3号
0758	5-126	1-126	宁文元旧宅	1931年	市南区莱阳路5号
0759	5-127	1-127	五起楼	1931年	市南区北京路25号
0760	5-128	1-128	谭宗山旧宅	1931年	市南区金口二路8号

0761	5-129	1-129	马铭梁旧宅	1931年	市南区金口二路4号
0762	5-130	1-130	石桥腾次郎旧宅	1931年	市南区金口一路13号
0763	5-131	1-131	杨云波旧宅	1931年	市南区龙口路7号
0764	5-132	1-132	颜伯平旧宅	1931年	市南区栖霞路2号
0765	5-133	1-133	圣功女子中学别墅旧址	1931年	市南区栖霞路3号
0766	5-134	1-134	栖霞路9号乙民宅	1931年	市南区栖霞路9号乙
0767	5-135	1-135	青岛市救济院别墅旧址	1931年	市南区栖霞路13号
0768	5-136	1-136	娄相卿旧宅	1931年	市南区大学路26号
0769	5-137	1-137	物品证券交易所旧址	1931～1933年	市南区大沽路35号
0770	5-138	1-138	法国领事住宅旧址	1932年	市南区栖霞路4号
0771	5-139	1-139	栖霞路4号甲民宅	1932年	市南区栖霞路4号甲
0772	5-140	1-140	屠柯艾满别墅旧址	1932年	市南区栖霞路7号甲
0773	5-141	1-141	张氏旧宅	1932年	市南区栖霞路9号
0774	5-142	1-142	袁用之旧宅	1932年	市南区鱼山路27号
0775	5-143	1-143	村地卓尔旧宅	1932年	市南区金口一路17号
0776	5-144	1-144	金口二路1号民宅	1932年	市南区金口二路1号
0777	5-145	1-145	朱邦彦旧宅	1932年	市南区金口二路3号
0778	5-146	1-146	汪巽基旧宅	1932年	市南区金口三路13号
0779	5-147	1-147	日本居留民团学校教师宿舍旧址	1932年	市南区大学路8～12号
0780	5-148	1-148	市长官舍旧址	约1932年	市南区观海一路8号
0781	5-149	1-149	银行大院	1932～1934年	市南区大学路14号、14号甲
0782	5-150	1-150	两湖会馆旧址	1933年	市南区大学路54号
0783	5-151	1-151	毕娄哈旧宅	1933年	市南区太平路11～13号
0784	5-152	1-152	金口一路42号民宅	1933年	市南区金口一路42号
0785	5-153	1-153	俞子京旧宅	1933年	市南区福山路7号
0786	5-154	1-154	齐东路15号民宅	1933年	市南区齐东路15号
0787	5-155	1-155	圣吉尔斯学校旧址	1933年	市南区栖霞路16号
0788	5-156	1-156	高实甫旧宅	1933年	市南区龙山路18号
0789	5-157	1-157	王仁堂旧宅	1934年	市南区龙江路21号
0790	5-158	1-158	挪威领事馆旧址	1934年	市南区金口一路31号
0791	5-159	1-159	金口二路11号甲民宅	1934年	市南区金口二路11号甲
0792	5-160	1-160	孙席珍旧宅	1935年	市南区齐东路3号
0793	5-161	1-161	唐与宏旧宅	1935年	市南区齐东路20号
0794	5-162	1-162	蔡元培旧居	1935年以前	市南区平原路12号
0795	5-163	1-163	海滨生物研究所旧址	1936年	市南区莱阳路2号
0796	5-164	1-164	赵福记旧宅	1936年	市南区鱼山路21号甲
0797	5-165	1-165	娄焕云旧宅	1936年	市南区大学路28号
0798	5-166	1-166	台静农旧居	1936年以前	市南区黄县路19号
0799	5-167	1-167	林济青旧居	1936年以前	市南区观象一路5号
0800	5-168	1-168	栾调甫旧居	1936年以前	市南区龙山路19号
0801	5-169	1-169	胡鹏昌旧宅	1937年	市南区黄县路33号
0802	5-170	1-170	德信堂旧址	1938年	市南区金口一路15号
0803	5-171	1-171	福生德茶庄	1939年	市南区中山路179号
0804	5-172	1-172	日本居留民团宿舍旧址	1939年	市南区费县路35～43号
0805	5-173	1-173	徐州路炮楼遗址	1939年	市南区徐州路28号
0806	5-174	1-174	黄县路23号民宅	20世纪30年代	市南区黄县路23号
0807	5-175	1-175	王徐友兰旧宅	20世纪30年代	市南区鱼山路24号
0808	5-176	1-176	李宝廷旧宅	20世纪30年代	市南区鱼山路35号

0809	5-177	1-177	张玺旧居	20世纪30年代	市南区莱阳路28号甲
0810	5-178	1-178	熊希龄旧居	20世纪30年代	市南区福山支路12号
0811	5-179	1-179	古德洛夫斯基别墅旧址	20世纪30年代	市南区金口一路19号
0812	5-180	1-180	远藤要旧宅	20世纪30年代	市南区金口一路21号
0813	5-181	1-181	金口一路26号民宅	20世纪30年代	市南区金口一路26号
0814	5-182	1-182	万乃斯吉立旧宅	20世纪30年代	市南区金口一路30号
0815	5-183	1-183	金口二路5号民宅	20世纪30年代	市南区金口二路5号
0816	5-184	1-184	刁元第旧宅	20世纪30年代	市南区金口三路1号
0817	5-185	1-185	刘哲旧宅	20世纪30年代	市南区金口三路3号
0818	5-186	1-186	金口三路17号民宅	20世纪30年代	市南区金口三路17号
0819	5-187	1-187	大学路16号甲建筑	20世纪30年代	市南区大学路16号甲
0820	5-188	1-188	谭立仁旧宅	20世纪30年代	市南区大学路18号
0821	5-189	1-189	向侠民旧宅	20世纪30年代	市南区齐东路26号
0822	5-190	1-190	青岛食品厂旧址	1940年	市南区云南路127号
0823	5-191	1-191	大学路50号民宅	1943年	市南区大学路50号
0824	5-192	1-192	龙山路基督教堂	1943年	市南区龙山路4号
0825	5-193	1-193	郑源和旧宅	1943年	市南区栖霞路11号甲
0826	5-194	1-194	栖霞路20号民宅	1945年	市南区栖霞路20号
0827	5-195	1-195	大学路52号民宅	1945年以前	市南区大学路52号
0828	5-196	1-196	大学路30号民宅	1945年以前	市南区大学路30号
0829	5-197	1-197	大学路32号民宅	1945年以前	市南区大学路32号
0830	5-198	1-198	大学路32号甲民宅	1945年以前	市南区大学路32号甲
0831	5-199	1-199	大学路34号民宅	1945年以前	市南区大学路34号
0832	5-200	1-200	大学路36号民宅	1945年以前	市南区大学路36号
0833	5-201	1-201	夏廷锡旧宅	民国	市南区大学路38号甲
0834	5-202	1-202	浙江路3号民宅	民国	市南区浙江路3号
0835	5-203	1-203	安徽路7号民宅	民国	市南区安徽路7号
0836	5-204	1-204	朱严婉如旧宅	民国	市南区龙口路11号、12号
0837	5-205	1-205	高民生旧宅	民国	市南区龙口路13号
0838	5-206	1-206	龙口路42号民宅	民国	市南区龙口路42号
0839	5-207	1-207	青岛商会会长住宅旧址	民国	市南区龙华路1号
0840	5-208	1-208	方百川旧宅	民国	市南区龙华路3号
0841	5-209	1-209	龙华路5号民宅	民国	市南区龙华路5号
0842	5-210	1-210	鹤鸣书屋旧址	民国	市南区龙华路7号
0843	5-211	1-211	龙华路9号民宅	民国	市南区龙华路9号
0844	5-212	1-212	龙华路13号民宅	民国	市南区龙华路13号
0845	5-213	1-213	观海一路6号甲民宅	民国	市南区观海一路6号甲
0846	5-214	1-214	观象一路9号民宅	民国	市南区观象一路9号
0847	5-215	1-215	观象一路11号甲建筑	民国	市南区观象一路11号甲
0848	5-216	1-216	观象一路15号民宅	民国	市南区观象一路15号
0849	5-217	1-217	观象一路21号民宅	民国	市南区观象一路21号
0850	5-218	1-218	观象一路23号民宅	民国	市南区观象一路23号
0851	5-219	1-219	观象一路51号民宅	民国	市南区观象一路51号
0852	5-220	1-220	恒山路5号民宅	民国	市南区恒山路5号
0853	5-221	1-221	莒县路7号甲民宅	民国	市南区莒县路7号甲
0854	5-222	1-222	齐东路14号民宅	民国	市南区齐东路14号
0855	5-223	1-223	齐东路16号民宅	民国	市南区齐东路16号
0856	5-224	1-224	齐东路18号民宅	民国	市南区齐东路18号

0857	5-225	1-225	齐东路22号民宅	民国	市南区齐东路22号
0858	5-226	1-226	齐东路33号民宅	民国	市南区齐东路33号
0859	5-227	1-227	谷氏旧宅	民国	市南区齐东路39号
0860	5-228	1-228	齐东路39号甲民宅	民国	市南区齐东路39号甲
0861	5-229	1-229	齐东路39号乙民宅	民国	市南区齐东路39号乙
0862	5-230	1-230	齐东路51号民宅	民国	市南区齐东路51号
0863	5-231	1-231	大学路22号民宅	民国	市南区大学路22号
0864	5-232	1-232	大学路40号民宅	民国	市南区大学路40号
0865	5-233	1-233	大学路48号民宅	民国	市南区大学路48号
0866	5-234	1-234	赵钟玉旧居	民国	市南区华山路14号
0867	5-235	1-235	毛紫石旧宅	民国	市南区黄县路17号
0868	5-236	1-236	黄县路21号民宅	民国	市南区黄县路21号
0869	5-237	1-237	黄县路35号民宅	民国	市南区黄县路35号
0870	5-238	1-238	黄县路37号民宅	民国	市南区黄县路37号
0871	5-239	1-239	龙江路4号民宅	民国	市南区龙江路4号
0872	5-240	1-240	龙江路5号民宅	民国	市南区龙江路5号
0873	5-241	1-241	龙江路24号甲民宅	民国	市南区龙江路24号甲
0874	5-242	1-242	龙江路26号民宅	民国	市南区龙江路26号
0875	5-243	1-243	龙江路28号民宅	民国	市南区龙江路28号
0876	5-244	1-244	龙江路34号建筑	民国	市南区龙江路34号
0877	5-245	1-245	龙江路38号民宅	民国	市南区龙江路38号
0878	5-246	1-246	湖北路6号民宅	民国	市南区湖北路6号
0879	5-247	1-247	云南路里院	民国	市南区云南路181号
0880	5-248	1-248	东平路里院	民国	市南区东平路37号
0881	5-249	1-249	明水路2号甲民宅	民国	市南区明水路2号甲
0882	5-250	1-250	龙山路3号民宅	民国	市南区龙山路3号
0883	5-251	1-251	莘县路石碑	民国	市南区莘县路105号
0884	5-252	1-252	福山路4号民宅	民国	市南区福山路4号
0885	5-253	1-253	福山路9号民宅	民国	市南区福山路9号
0886	5-254	1-254	福山路9号甲民宅	民国	市南区福山路9号甲
0887	5-255	1-255	成仿吾旧居	民国	市南区福山路15号
0888	5-256	1-256	福山路18号民宅	民国	市南区福山路18号
0889	5-257	1-257	福山路19号民宅	民国	市南区福山路19号
0890	5-258	1-258	福山支路11号民宅	民国	市南区福山支路11号
0891	5-259	1-259	金口二路16号民宅	民国	市南区金口二路16号
0892	5-260	1-260	黄岛路5号民宅	民国	市南区黄岛路5号
0893	5-261	1-261	黄岛路里院	民国	市南区黄岛路17号
0894	5-262	1-262	曲子民旧宅	民国	市南区鱼山路16号
0895	5-263	1-263	中山路84号建筑	民国	市南区中山路84号
0896	5-264	1-264	中山路88号建筑	民国	市南区中山路88号
0897	5-265	1-265	中山路98号建筑	民国	市南区中山路98号
0898	5-266	1-266	中山路112号建筑	民国	市南区中山路112号
0899	5-267	1-267	中山路142号建筑	民国	市南区中山路142号
0900	5-268	1-268	中山路181～183号甲建筑	民国	市南区中山路181～183号甲
0901	5-269	1-269	吉祥里	民国	市南区宁阳路11号
0902	5-270	1-270	宁阳路26号民宅	民国	市南区宁阳路26号
0903	5-271	1-271	纺织商厦	民国	市南区河南路86号
0904	5-272	1-272	青岛造船厂旧址	1949年	市南区四川路25号

0905	5-273	1-273	中国水准原点	1954年	市南区观象二路
0906	5-274	1-274	人民会堂	1959年	市南区太平路9号
0907	5-275	1-275	毛汉礼旧居	20世纪50年代	市南区福山路36号
0908	5-276	1-276	青岛市革命烈士纪念馆	1977年	市南区芝泉路20号
0909	5-277	1-277	览潮阁	1984年	市南区福山支路24号
0910	5-278	1-278	刘知侠旧居	1986年	市南区金口二路42号

总序号	分类号	区域码	名称	年代	位置
0911	5-279	2-001	德军第五步兵堡垒遗址	1899年	市北区沈阳路52号
0912	5-280	2-002	云溪路炮台旧址	1899年	市北区云溪路12号
0913	5-281	2-003	柏林信义会旧址	1899～1900年	市北区城阳路5号
0914	5-282	2-004	大港火车站	1899～1901年	市北区商河路2号
0915	5-283	2-005	商河路扳道房	1899～1901年	市北区商河路与包头路路口
0916	5-284	2-006	清和路基督教堂	1900年	市北区清和路42～44号
0917	5-285	2-007	礼贤书院旧址	1901年	市北区上海路7号
0918	5-286	2-008	马蹄礁灯塔	1904年	市北区小港一路西胶州湾口内
0919	5-287	2-009	北美长老会旧址	1908年	市北区济阳路4号
0920	5-288	2-010	台东巡捕房旧址	1909年	市北区台东五路12号
0921	5-289	2-011	济阳路教会宿舍旧址	1910年	市北区济阳路6号、6号甲
0922	5-290	2-012	明德中学旧址	1911年	市北区阳信路 2 号
0923	5-291	2-013	高苑路3号建筑	1916年	市北区高苑路3号
0924	5-292	2-014	青岛丝织厂、印染厂旧址	约1917年	市北区辽宁路80号
0925	5-293	2-015	普济医院旧址	1919年	市北区胶州路1号
0926	5-294	2-016	陈葆徐、包幼卿旧宅	1919年	市北区海泊路15号
0927	5-295	2-017	刘子山旧宅	1921年	市北区武定路18号
0928	5-296	2-018	大和町所旧址	1922年	市北区德平路1号
0929	5-297	2-019	天主教临沂教区住宅旧宅	1923年以前	市北区包头路31号
0930	5-298	2-020	全圣观旧址	1924年	市北区芙蓉山246号
0931	5-299	2-021	大英烟草公司旧址	1924年	市北区华阳路20号
0932	5-300	2-022	李守逵旧宅	1924年	市北区淄川路12号
0933	5-301	2-023	王立敖旧宅	1924年	市北区武定路24号
0934	5-302	2-024	麦加利银行青岛分行旧址	1925年	市北区馆陶路2号
0935	5-303	2-025	鲁士清旧宅	1925年	市北区高苑路1号
0936	5-304	2-026	锦州路46号建筑	1926年	市北区锦州路46号
0937	5-305	2-027	茂昌蛋业冷藏公司旧址	1928年	市北区商河路4号
0938	5-306	2-028	第一针织厂旧址	1928年	市北区沈阳路48号
0939	5-307	2-029	沙安国旧宅	1929年	市北区黄台路47号
0940	5-308	2-030	小包铎二旧宅	1929年	市北区黄台路48号
0941	5-309	2-031	冲文次旧宅	1929年	市北区黄台路56号
0942	5-310	2-032	迟子谦旧宅	1929年	市北区黄台路70号
0943	5-311	2-033	杨家大院	20世纪20年代	市北区甘肃路12号
0944	5-312	2-034	葛静庵旧宅	20世纪20年代	市北区甘肃路16号
0945	5-313	2-035	包头路29号民宅	20世纪20年代	市北区包头路29号
0946	5-314	2-036	长冈平藏旧宅	1930年	市北区黄台路16号
0947	5-315	2-037	三井幸次郎旧宅	1930年	市北区黄台路17号
0948	5-316	2-038	刘宝珍旧宅	1930年	市北区黄台路43～45号
0949	5-317	2-039	毛锦堂旧宅	1930年	市北区黄台路51号
0950	5-318	2-040	黄台路65号甲民宅	1930年	市北区黄台路65号甲

0951	5-319	2-041	土居威夫旧宅	1930～1935年	市北区武定路16号
0952	5-320	2-042	梅泽信彦旧宅	1931年	市北区黄台路59～61号
0953	5-321	2-043	尚焕彩旧宅	1931年	市北区无棣一路13号
0954	5-322	2-044	折居尉竹旧宅	1931年	市北区黄台路29号
0955	5-323	2-045	黄台路31号民宅	1931年	市北区黄台路31号
0956	5-324	2-046	迁村定吉旧宅	1931年	市北区黄台路72号
0957	5-325	2-047	酒井弥三郎旧宅	1931年	市北区德平路40号
0958	5-326	2-048	村木春吉旧宅	1931年	市北区德平路55号
0959	5-327	2-049	邱竹忱旧宅	1931年	市北区无棣二路78号
0960	5-328	2-050	周闻天旧宅	1932～1933年	市北区黄台路69号
0961	5-329	2-051	岛村明房旧宅	1933年	市北区黄台路21～27号
0962	5-330	2-052	清水清五郎旧宅	1934年	市北区高苑路7号
0963	5-331	2-053	宋永华旧宅	1934年	市北区济阳路17号
0964	5-332	2-054	乾真五郎旧宅	1934年	市北区黄台路33号
0965	5-333	2-055	安腾荣次郎旧宅	1935年	市北区黄台路30号
0966	5-334	2-056	伊东平内旧宅	1935年	市北区铁山路14号
0967	5-335	2-057	灵恩会旧址	1936年	市北区武定路46号
0968	5-336	2-058	星光作旧宅	1936年	市北区黄台路19号
0969	5-337	2-059	于恩成旧宅.	1936年	市北区黄台路49号
0970	5-338	2-060	于元芳旧居	1936年	市北区无棣二路70号
0971	5-339	2-061	宫家寿男旧宅	1937年	市北区黄台路63号
0972	5-340	2-062	黄台路50号民宅	1939年	市北区黄台路50～52号
0973	5-341	2-063	济宁路33号建筑	1939年	市北区济宁路33号
0974	5-342	2-064	松仓末雄旧宅	1939年	市北区高苑路6号
0975	5-343	2-065	王度庐旧居	20世纪30年代	市北区宁波路4号
0976	5-344	2-066	伴野韶光旧宅	20世纪30年代	市北区黄台路26号
0977	5-345	2-067	刘式训旧宅	20世纪30年代	市北区甘肃路18号
0978	5-346	2-068	后藤旧宅	20世纪30年代	市北区黄台路46号
0979	5-347	2-069	市川数造旧宅	20世纪30年代	市北区承德路13号
0980	5-348	2-070	青岛第一酿造厂旧址	1941年	市北区辽宁路73号
0981	5-349	2-071	陈汝武旧宅	1947年	市北区武定路20号
0982	5-350	2-072	杨昌第旧宅	20世纪40年代	市北区黄台路54号
0983	5-351	2-073	海事协会旧址	民国	市北区新疆路1号
0984	5-352	2-074	陵县路里院	民国	市北区陵县路31号
0985	5-353	2-075	武定路8号民宅	民国	市北区武定路8号
0986	5-354	2-076	武定路10号民宅	民国	市北区武定路10号
0987	5-355	2-077	武定路12号民宅	民国	市北区武定路12号
0988	5-356	2-078	武定路14号建筑	民国	市北区武定路14号
0989	5-357	2-079	武定路22号民宅	民国	市北区武定路22号
0990	5-358	2-080	黄台路15号民宅	民国	市北区黄台路15号
0991	5-359	2-081	黄台路32号民宅	民国	市北区黄台路32号
0992	5-360	2-082	黄台路44号民宅	民国	市北区黄台路44号
0993	5-361	2-083	黄台路57号民宅	民国	市北区黄台路57号
0994	5-362	2-084	黄台路58号民宅	民国	市北区黄台路58号
0995	5-363	2-085	高苑路4号民宅	民国	市北区高苑路4号
0996	5-364	2-086	渤海路22号民宅	民国	市北区渤海路22号
0997	5-365	2-087	田口英旧宅	民国	市北区吉林路33号
0998	5-366	2-088	张本政旧宅	民国	市北区冠县路141号

0999	5-367	2-089	金宝山旧宅	民国	市北区黄台路66号
1000	5-368	2-090	黄台路65号乙民宅	民国	市北区黄台路65号乙
1001	5-369	2-091	黄台路71号民宅	民国	市北区黄台路71号
1002	5-370	2-092	青岛中学校校长宿舍旧址	民国	市北区包头路25号
1003	5-371	2-093	包头路31号甲民宅	民国	市北区包头路31号甲
1004	5-372	2-094	包头路小学	民国	市北区包头路40号
1005	5-373	2-095	宁波路37号民宅	民国	市北区宁波路37号
1006	5-374	2-096	泰山支路6号民宅	民国	市北区泰山支路6号
1007	5-375	2-097	高桥升旧宅	民国	市北区济阳路2号
1008	5-376	2-098	市立救济院旧址	民国	市北区上海路1号
1009	5-377	2-099	济宁路35～41号民宅	民国	市北区济宁路35～41号
1010	5-378	2-100	商河路3号建筑	民国	市北区商河路3号
1011	5-379	2-101	高密路里院	民国	市北区高密路56号
1012	5-380	2-102	芝罘路里院	民国	市北区芝罘路74号
1013	5-381	2-103	崂山大院	民国	市北区桑梓路与延安路路口
1014	5-382	2-104	青岛刺绣厂旧址	1953年	市北区延安三路87号
1015	5-383	2-105	青岛手表厂旧址	1956年	市北区宁夏路89号
1016	5-384	2-106	青岛汽车零部件厂旧址	1957年	市北区华阳路40号
1017	5-385	2-107	青岛第五针织厂旧址	1968年	市北区延安三路93号

总序号	分类号	区域码	名称	年代	位置
1018	5-386	3-004	海泊河水源地旧址	1899～1901年	四方区康宁路1号
1019	5-387	3-005	胶济铁路四方工场旧址	1900年	四方区杭州路16号
1020	5-388	3-006	胶济铁路四方工场职员宿舍旧址	1904年	四方区海岸路16号
1021	5-389	3-007	胶济铁路四方工场总经理住宅旧址	1904～1911年	四方区杭州路3号戊
1022	5-390	3-008	李村水源地旧址	1906年	四方区周口路371号
1023	5-391	3-009	李村水源地职员宿舍旧址	1906～1914年	四方区周口路361号
1024	5-392	3-010	内外棉纱厂旧址	1916年	四方区海岸路22号
1025	5-393	3-011	大康纱厂旧址	1919年	四方区杭州路12号
1026	5-394	3-012	维新化学工艺社旧址	1922～1938年	四方区杭州路28号
1027	5-395	3-013	铁路职工子弟第二小学旧址	1924年	四方区杭州路3号丁
1028	5-396	3-014	阎家山党支部旧址	20世纪20年代	四方区阎家山村577号
1029	5-397	3-015	双山水塔	20世纪20年代	四方区河西街道双山村
1030	5-398	3-016	胶济铁路青岛中学旧址	1931年	四方区杭州路3号乙
1031	5-399	3-017	警察公墓旧址	1931年	四方区金华路39号
1032	5-400	3-018	四方发电所旧址	1934年	四方区兴隆一路6号
1033	5-401	3-019	上海纱厂旧址	1934年	四方区四流南路80号
1034	5-402	3-020	神召会礼拜堂旧址	1935年	四方区嘉禾路15号
1035	5-403	3-021	华昌铁工厂旧址	1939年	四方区四流南路22号
1036	5-404	3-022	中纺青岛第一化工厂旧址	1947年	四方区四流南路66号
1037	5-405	3-023	杭州路45号内1～12号民宅	20世纪40年代	四方区杭州路45号
1038	5-406	3-024	杭州路45号内13～24号民宅	20世纪40年代	四方区杭州路45号
1039	5-407	3-025	杭州路45号内25～36号民宅	20世纪40年代	四方区杭州路45号
1040	5-408	3-026	杭州路45号内37～48号民宅	20世纪40年代	四方区杭州路45号
1041	5-409	3-027	水清沟邮电支局	20世纪40年代	四方区长沙路120号
1042	5-410	3-028	四流南路日本宪兵队旧址	20世纪40年代	四方区四流南路129号
1043	5-411	3-029	第三粮库招待所	1953年	四方区开平路43号
1044	5-412	3-030	青岛建筑工程学校旧址	1954年	四方区抚顺路11号

1045	5-413	3-031	青岛十六中	1954年	四方区鞍山路5号
1046	5-414	3-032	青岛十七中	1954年	四方区杭州路80号
1047	5-415	3-033	青岛卫生学校旧址	1956年	四方区开平路22号
1048	5-416	3-034	青岛橡胶工业学校旧址	1956年	四方区郑州路53号
1049	5-417	3-035	青岛葡萄酒厂旧址	1956年	四方区四流南路13号

总序号	分类号	区域码	名称	年代	位置
1050	5-418	4-001	围子山石围子	清末	李沧区湘潭路街道十梅庵社区东
1051	5-419	4-002	德华大学农科实习地旧址	1909年	李沧区李沧区九水路176号
1052	5-420	4-003	观海楼	20世纪20年代	李沧区德仁支路1号
1053	5-421	4-004	钟渊纱厂事务所旧址	1921年	李沧区四流中路46号
1054	5-422	4-005	钟渊纱厂总经理住宅旧址	1921年	李沧区四流中路46号
1055	5-423	4-006	钟渊纱厂俱乐部旧址	1921年	李沧区四流中路46号
1056	5-424	4-007	钟渊纱厂图书馆旧址	1921年	李沧区四流中路46号
1057	5-425	4-008	钟渊纱厂医院旧址	1921年	李沧区四流中路46号
1058	5-426	4-009	四流中路46号建筑	1921年	李沧区四流中路46号
1059	5-427	4-010	沧口寻常高等小学旧址	1922年	李沧区四流中路113号
1060	5-428	4-011	沧口工人俱乐部	20世纪20年代	李沧区沧海路10号
1061	5-429	4-012	李村师范学校旧址	1930年	李沧区九水路176号
1062	5-430	4-013	同兴纱厂俱乐部旧址	1935年	李沧区沔阳路5号
1063	5-431	4-014	同兴纱厂职员宿舍旧址	1935年	李沧区沔阳路5号
1064	5-432	4-015	同兴纱厂事务所旧址	1935年	李沧区沔阳路5号
1065	5-433	4-016	同兴纱厂马棚旧址	1935年	李沧区汾阳路社区烟墩山
1066	5-434	4-017	保和路里院	1939年	李沧区保和路20～54号
1067	5-435	4-018	沧口日本宪兵队旧址	20世纪30年代	李沧区四流中路125号
1068	5-436	4-019	沧口邮局旧址	20世纪30年代	李沧区四流中路与德仁路路口
1069	5-437	4-020	四流中路145号建筑	20世纪30年代	李沧区四流中路145号
1070	5-438	4-021	九水路137号建筑	20世纪30年代	李沧区九水路137号
1071	5-439	4-022	九水路170号乙建筑	20世纪30年代	李沧区九水路170号乙
1072	5-440	4-023	四流中路137号建筑	20世纪30年代	李沧区四流中路137号
1073	5-441	4-024	永安路62号建筑	20世纪30年代	李沧区永安路62号
1074	5-442	4-025	升平路63号建筑	20世纪30年代	李沧区升平路63号
1075	5-443	4-026	上王埠小学旧址	20世纪30年代	李沧区虎山街道上王埠社区
1076	5-444	4-027	瑞昌涌烧锅旧址	1940年	李沧区保和路18号
1077	5-445	4-028	永康路天主教堂	1945年	李沧区永康路4～6号
1078	5-446	4-029	烟墩山碉堡	1948年	李沧区汾阳路社区烟墩山
1079	5-447	4-030	卡子门旧址	20世纪40年代	李沧区兴城路51号
1080	5-448	4-031	东南山飞机掩体遗址	20世纪40年代	李沧区永清路街道东南山社区
1081	5-449	4-032	虎山军事掩体	20世纪40年代	李沧区虎山路街道虎山
1082	5-450	4-033	虎山碉堡群	20世纪40年代	李沧区虎山路街道虎山
1083	5-451	4-034	娄山防御工事	20世纪40年代	李沧区兴城路街道娄山
1084	5-452	4-035	青海南里	民国	李沧区四流中路155号
1085	5-453	4-036	卧狼齿山石围子	不详	李沧区虎山路街道上王埠社区

总序号	分类号	区域码	名称	年代	位置
1086	5-454	5-068	南北岭基督教堂	1873～1986年	崂山区北宅街道南北岭社区
1087	5-455	5-069	伊伦娜旅馆遗址	1899～1902年	崂山区沙子口街道大河东社区北
1088	5-456	5-070	朝连岛灯塔	1902～1903年	崂山区沙子口街道沙子口社区东南

1089	5-457	5-071	茶涧德文石刻	1912年	崂山区沙子口街道大河东村北
1090	5-458	5-072	俄罗斯饭店旧址	1915年	崂山区北宅街道双石屋社区东
1091	5-459	5-073	观崂官契碑	1926年	崂山区北宅街道观崂社区
1092	5-460	5-074	潮音瀑石刻	1931年	崂山区北宅街道双石屋社区
1093	5-461	5-075	斐然亭	1932年	崂山区王哥庄街道返岭社区东南
1094	5-462	5-076	北九水观瀑亭	1933年	崂山区北宅街道双石屋社区东
1095	5-463	5-077	空潭泻春石刻	1933年	崂山区北宅街道双石屋社区
1096	5-464	5-078	别有天地石刻	1933年	崂山区北宅街道双石屋社区
1097	5-465	5-079	原泉石刻	1933年	崂山区沙子口街道大河东社区北
1098	5-466	5-080	鱼鳞峡石刻	1935年	崂山区北宅街道双石屋社区
1099	5-467	5-081	思危石刻	1937年	崂山区沙子口街道大河东社区北
1100	5-468	5-082	永固河山石刻	1937年	崂山区王哥庄街道曲家庄社区西
1101	5-469	5-083	疑是幻境石刻	1937年	崂山区王哥庄街道曲家庄社区西
1102	5-470	5-084	北九水疗养院旧址	1938年	崂山区北宅街道双石屋社区西侧
1103	5-471	5-085	成化坛	1939年	崂山区沙子口街道沙子口社区北
1104	5-472	5-086	崂西区公所旧址	民国	崂山区沙子口街道西九水社区
1105	5-473	5-087	杨得志登巨峰诗石刻	1961年	崂山区沙子口街道大河东社区北
1106	5-474	5-088	三水水库	1966年	崂山区北宅街道我乐社区东
1107	5-475	5-089	流清河水库	1972年	崂山区沙子口街道流清河社区北
1108	5-476	5-090	毛主席塑像	1969年	崂山区中韩街道王家麦岛社区

总序号	分类号	区域码	名 称	年 代	位 置
1109	5-477	6-032	黄石洞堡垒遗址	清末	城阳区夏庄街道华阴社区
1110	5-478	6-033	城阳邮政代办所旧址	约1901年	城阳区城阳街道寺西社区
1111	5-479	6-034	红岛耶稣堂旧址	1911年	城阳区红岛街道后韩社区
1112	5-480	6-035	汇源桥	1912年	城阳区惜福镇街道宫家社区
1113	5-481	6-036	白沙河水源地旧址	1919年	城阳区流亭街道仙家寨社区
1114	5-482	6-037	傅家埠小学旧址	1936年	城阳区惜福镇街道傅家埠社区
1115	5-483	6-038	后阳炮楼遗址	1938年	城阳区红岛街道后阳村
1116	5-484	6-039	仙家寨碉堡遗址	20世纪40年代	城阳区流亭街道仙家寨社区
1117	5-485	6-040	傅家埠井	民国	城阳区惜福镇街道傅家埠社区
1118	5-486	6-041	落山涧碉堡	民国	城阳区夏庄街道罗圈涧社区东北
1119	5-487	6-042	黄埠水源地旧址	1936年	城阳区夏庄街道黄埠社区
1120	5-488	6-043	崂山水库	1958年	城阳区夏庄街道夏庄社区东
1121	5-489	6-044	丹山要塞	20世纪40～50年代	城阳区夏庄街道丹山社区丹山岭
1122	5-490	6-045	山东省盐业学校旧址	1958年	城阳区上马街道院上马社区
1123	5-491	6-046	百福渡槽	20世纪50年代	城阳区惜福镇街道院后村
1124	5-492	6-047	书院水库	1972年	城阳区惜福镇街道书院社区西
1125	5-493	6-048	傅家埠防空洞	1960年	城阳区惜福镇街道傅家埠社区
1126	5-494	6-049	城阳烈士陵园	2000年	城阳区城阳街道小庄社区西南

总序号	分类号	区域码	名 称	年 代	位 置
1127	5-495	7-029	南营四眼井	1898～1904年	黄岛区薛家岛街道薛家岛三社区
1128	5-496	7-030	窟窿山跑马场遗址	1904年	黄岛区薛家岛街道后岔湾社区
1129	5-497	7-031	龙泉盐场遗址	1909年	黄岛区红石崖街道龙泉河东社区东
1130	5-498	7-032	红石崖码头遗址	1913年	黄岛区红石崖街道红石崖社区北
1131	5-499	7-033	顾家岛水井	20世纪30年代	黄岛区薛家岛街道顾家岛社区
1132	5-500	7-034	薛家岛解放纪念地	1949年	黄岛区薛家岛街道烟台前村北

1133	5-501	7-035	刘家岛坑道	1955年	黄岛区薛家岛街道刘家岛社区南
1134	5-502	7-036	南营坑道	1955年	黄岛区薛家岛街道南营社区东
1135	5-503	7-037	烟台山坑道	1955年	黄岛区薛家岛街道烟台山
1136	5-504	7-038	红石崖钾镁肥厂旧址	1957年	黄岛区红石崖街道红石崖社区西
1137	5-505	7-039	解家水库	1958年	黄岛区红石崖街道解家社区南
1138	5-506	7-040	渔鸣咀海草屋	20世纪50年代	黄岛区薛家岛街道渔鸣咀社区
1139	5-507	7-041	柳北大口井	1967年	黄岛区灵珠山街道柳北社区西南
1140	5-508	7-042	后杨大口井	1968年	黄岛区红石崖街道后杨社区东
1141	5-509	7-043	独垛子砖窑旧址	20世纪60年代	黄岛区灵珠山街道独垛子社区东
1142	5-510	7-044	红石崖烈士公墓	1973年	黄岛区红石崖街道解家社区东
1143	5-511	7-045	龙泉河大桥	1974年	黄岛区红石崖街道龙泉河北社区
1144	5-512	7-046	柳花泊桥	20世纪70年代	黄岛区灵珠山街道柳东社区
1145	5-513	7-047	鹿角湾渡槽	20世纪70年代	黄岛区薛家岛街道鹿角湾社区
1146	5-514	7-048	郝家砖窑旧址	20世纪80年代	黄岛区红石崖街道郝家社区西
1147	5-515	7-049	黄岛油库烈士陵园	1990年	黄岛区黄岛街道前湾社区

总序号	分类号	区域码	名 称	年 代	位 置
1148	5-516	8-093	埠后营房	1954年	胶南市王台镇埠后村北
1149	5-517	8-094	韩家寨营房	1954年	胶南市王台镇韩家寨村东
1150	5-518	8-095	黄山营房	1954年	胶南市王台镇沙沟村西北
1151	5-519	8-096	藏马县委旧址	1955年	胶南市泊里镇河北村
1152	5-520	8-097	胶南烈士陵园	1958年	胶南市珠山街道曹戈庄村
1153	5-521	8-098	王家河岩靶楼	20世纪50年代	胶南市隐珠镇王家河岩村
1154	5-522	8-099	青岛国防教育基地	2005年	胶南市琅琊镇车轮山前村

总序号	分类号	区域码	名 称	年 代	位 置
1155	5-523	9-131	胶州老火车站	1901年	胶州市惠州路
1156	5-524	9-132	胶州基督教堂	1913年	胶州市徐州路45号
1157	5-525	9-133	胶州第一个党支部旧址	1927年	胶州市马店镇宋家屯村
1158	5-526	9-134	苦守冰霜碑	1936年	胶州市胶东街道大麻湾一村
1159	5-527	9-135	大相家祠堂	民国	胶州市洋河镇大相家村
1160	5-528	9-136	逄砚农故居	民国	胶州市坊子街29号
1161	5-529	9-137	红旗水库大坝	1958年	胶州市里岔镇王家阿洛村南
1162	5-530	9-138	黄家河水库大坝	1958年	胶州市里岔镇韩家庄南
1163	5-531	9-139	山洲水库大坝	1958年	胶州市洋河镇山周村东南
1164	5-532	9-140	青年水库大坝	1958年	胶州市南关街道池子崖村西南
1165	5-533	9-141	大王邑水库大坝	1958年	胶州市九龙镇大王邑村北
1166	5-534	9-142	七里河水库大坝	1958年	胶州市徐家村前七里河水库
1167	5-535	9-143	胶州革命烈士陵园	1955年	胶州市郑州东路
1168	5-536	9-144	王吴水库胶州提水站	20世纪50年代	胶州市铺集镇王吴水库南岸
1169	5-537	9-145	山洲水库艾山提水站	20世纪50年代	胶州市洋河镇石门子村西北
1170	5-538	9-146	山洲水库张应镇提水站	20世纪50年代	胶州市张应镇山洲水库
1171	5-539	9-147	王吴水库胶州提水站	20世纪50年代	胶州市铺集镇黄家村东北
1172	5-540	9-148	胶莱水闸大桥	1968年	胶莱镇闸子集村西南
1173	5-541	9-149	双回拦河闸桥	1979年	胶莱镇后韩哥庄村西
1174	5-542	9-150	胶东大麻湾桥	20世纪70年代	胶州市胶东镇大麻湾村东

总序号	分类号	区域码	名 称	年 代	位 置

1175	5-543	10-096	即墨长老会宿舍旧址	1918年	即墨市信义街71号
1176	5-544	10-097	即墨长老会旧址	1918年	即墨市信义街105～107号
1177	5-545	10-098	即墨女万字会旧址	1924年	即墨市潮海街道平等街1号
1178	5-546	10-099	孙家周疃贞节碑	1928年	即墨市金口镇孙家周疃村东北
1179	5-547	10-100	袁家屯党支部旧址	1934年	即墨市普东镇袁家屯村
1180	5-548	10-101	刘家庄日本学校旧址	1937～1945年	即墨市刘家庄镇刘家庄二村
1181	5-549	10-102	即墨黄酒厂	1945年	即墨市鳌蓝路106号
1182	5-550	10-103	灵山战役旧址	1949年	即墨市灵山镇金家湾村东南
1183	5-551	10-104	即墨日报社旧址	1947年	即墨市中山街新闻巷23号
1184	5-552	10-105	四舍山碉堡群	1948年	即墨市温泉镇打雁口村南
1185	5-553	10-106	庆余屯地母庙	民国	即墨市南泉镇庆余屯村东北
1186	5-554	10-107	水泊碉堡群	1965～1975年	即墨市鳌山卫镇水泊村东南庄
1187	5-555	10-108	凤凰村革委会旧址	1966～1976年	即墨市金口镇凤凰村南

总序号	分类号	区域码	名称	年代	位置
1188	5-556	11-081	罗竹风故居	清末	平度市田庄镇东潘家埠村
1189	5-557	11-082	七里河子基督教堂遗址	清末	平度市李园街道七里河子村
1190	5-558	11-083	新沙岭基督教碑	1914年	平度市门村镇新沙岭村
1191	5-559	11-084	杨明斋故居	1920年	平度市马戈庄镇马戈庄村
1192	5-560	11-085	东连戈庄天主教堂	1922年	平度市祝沟镇东连戈庄村
1193	5-561	11-086	平度万字会旧址	1930年	平度市胜利路419号
1194	5-562	11-087	罗头村党支部旧址	1938年	平度市旧店镇罗头村
1195	5-563	11-088	杨家惨案旧址	1941年	平度市大田镇杨家村西南
1196	5-564	11-089	昌里抗日烈士纪念碑	1946年	平度市店子镇昌里村南
1197	5-565	11-090	抗日大学分校旧址	民国	平度市大田镇满家村西
1198	5-566	11-091	万家民兵烈士纪念碑	民国	平度市万家镇万家村
1199	5-567	11-092	李老爷庙	民国	平度市古岘镇乔戈庄村东南
1200	5-568	11-093	石家疃烈士纪念碑	民国	平度市店子镇石家疃村西南
1201	5-569	11-094	曹东民居	民国	平度市店子镇曹东村
1202	5-570	11-095	东高家传统民居群	民国	平度市大泽山镇东高家村
1203	5-571	11-096	彭家楼	民国	平度市城关街道菜园村
1204	5-572	11-097	门村苏氏民居	民国	平度市门村镇门村
1205	5-573	11-098	桥北戴新牌坊	民国	平度市李园街道桥北村
1206	5-574	11-99	后戈庄桥	1959年	平度市李园街道后戈庄村
1207	5-575	11-100	北坦坡民居	1968年	平度市张舍镇北坦坡村
1208	5-576	11-101	大窑土陶窑	1960年	平度市香店街道大窑村
1209	5-577	11-102	马戈庄动力室	1960年	平度市马戈庄镇马戈庄村
1210	5-578	11-103	韩村扬水站	1967年	平度市明村镇韩村西南
1211	5-579	11-104	逄家庄烈士纪念碑	1970年	平度市马戈庄镇逄家庄村东
1212	5-580	11-105	朝阳庄扬水站	1970年	平度市李园街道朝阳庄村东
1213	5-581	11-106	石柱洼水渠	1970年	平度市云山镇石柱洼村东
1214	5-582	11-107	李家市水渠	1978年	平度市李园街道李家市村
1215	5-583	11-108	昌里水渠	1979年	平度市店子镇昌里村西

总序号	分类号	区域码	名称	年代	位置
1216	5-584	12-107	乐育可风碑亭	1928年	莱西市水集街道义疃店村
1217	5-585	12-108	岗河头重修大桥碑记	1930年	莱西水集街道岗河头村
1218	5-586	12-109	大泊小学旧址	1931年	莱西市姜山镇大泊村

1219	5-587	12-110	双山小学旧址	1931年	莱西市夏格庄镇西双山村
1220	5-588	12-111	山口小学旧址	1932年	莱西市武备镇山口村西北
1221	5-589	12-112	武备乡校旧址	1933年	莱西市武备镇武备五村
1222	5-590	12-113	姜山小学旧址	1933年	莱西市姜山镇驻地
1223	5-591	12-114	李丹伯先生纪念碑	1934年	店埠镇中由格庄村
1224	5-592	12-115	热心公益碑	1935年	莱西市望城镇东冯北村北
1225	5-593	12-116	岘沽贞节碑	1937年	莱西市武备镇岘沽村
1226	5-594	12-117	南墅石墨矿	1943年	莱西市南墅镇南墅村西
1227	5-595	12-118	岱墅抗日烈士纪念碑	1947年	莱西市日庄镇岱墅村西
1228	5-596	12-119	八路军十三纵指挥所旧址	20世纪40年代	莱西市姜山镇马家泊村
1229	5-597	12-120	产芝水库	1958年	莱西市水集街道产芝村北
1230	5-598	12-121	南望轻轨铁路大桥	1959年	莱西市沽河街道后庄扶村东北
1231	5-599	12-122	上柳连庄村石灰窑址	20世纪50年代	莱西市南墅镇上柳连庄村东南
1232	5-600	12-123	山东省花生研究所旧址	1963年	莱西市望城街道大望城村西
1233	5-601	12-124	山口渡槽	1968年	莱西市武备镇山口村西北
1234	5-602	12-125	前庞格庄地瓜窖穴	20世纪60年代	莱西市日庄镇前庞格庄村东南
1235	5-603	12-126	茂芝场地瓜窖藏址	20世纪60年代	莱西市水集街道茂芝场村东北
1236	5-604	12-127	萌山村地瓜窖穴	20世纪60年代	莱西市南墅镇萌山村西北
1237	5-605	12-128	北墅渡槽	1971年	莱西市南墅镇北墅村东南
1238	5-606	12-129	北墅水库	1974年	莱西市南墅镇北墅村北
1239	5-607	12-130	西钟芝渡槽	1974年	莱西市梅花山街道西钟芝村后
1240	5-608	12-131	东风渡槽	1975年	莱西市姜山镇埠后村北
1241	5-609	12-132	韶存庄渡槽	1978年	莱西市梅花山街道韶存庄村后
1242	5-610	12-133	韩埠扬水站干渠	20世纪70年代	莱西市马连庄镇韩埠村西北
1243	5-611	12-134	孙家泊渡槽	20世纪70年代	莱西市沽河街道孙家泊村东北
1244	5-612	12-135	望连庄植树造林碑	1983年	莱西市沽河街道望连庄村西山

PART Ⅵ 【其他】 Other

总序号	分类号	区域码	名称	年代	位置
1245	6-001	12-136	东大寨萝卜山洞穴	不详	莱西市河头店镇东大寨村东

总序号	分类号	区域码	名称	年代	位置
1246	6-002	6-050	百福石洞	不详	城阳区惜福镇街道院后社区东

今古和声

青岛市第三次全国文物普查新发现辑录

A HARMORNIOUS SYMPHONY OF CULTURAL RELICS BETWEEN ANCIENT AND MODERN TIMES

A Collection of Newly Found Immovable Cultural Relics in Qingdao during the Third National Cultural Heritage Survey

中国文化遗产

China Cultural Heritage

编后记

Afterword

《今古和声——青岛市第三次全国文物普查新发现辑录》是我们与大家共同拥有的记忆，伴随着五年文物普查时光而逐步显现，历经数月的编纂，于今付梓，可喜可贺。

本书所辑录新发现不可移动文物的相关数据首先是建立在实地勘察与调查基础上的，编纂过程中，我们查阅了青岛市档案馆、图书馆、城建档案馆、房产档案馆及各区市档案馆、房管所等部门的大量资料，参照了相关史志、文献和其他专著，对部分数据进行了修正，在此恕不一一例举。本书载录的图片，多数为文物普查人员所拍摄，一部分专业摄影家也提供了宝贵的作品。编纂与校对过程中，多位专家学者提出了宝贵意见，而在文物普查过程中提供线索和咨询的人士更是不计其数。在此，话语已不足以表达我们的谢意。可以说，本书既是文物普查成果的结集，亦是社会各界文化遗产保护共识的凝聚，体现了我们这座城市的文化视野和文化气魄。本书出版过程中，得到文物出版社的鼎力支持。在此，编委会谨向为本书的编纂出版提供帮助的各界人士表示衷心感谢！

乘第三次全国文物普查的东风，以本书的刊露为契机，进一步推进青岛市文物保护及相关工作的开展，不断增益“文化青岛”建设，让我们的城市更具文化气度，是我们共同的祝愿。回顾过去的五年，文物普查岁月中始终伴随着这样的心愿，踏勘历史的每一步都是同一条道路的延伸，也都是同一个今古的交响。本书具体编纂的过程中，我们对文物普查的意义有了更高一层的理解，对其中的甘苦也有了更深一步的体证，而努力编好这本书，已不仅仅是不负五年光阴的问题，面对历史，我们深感责任重大，既有如履薄冰之感，亦常常被文化遗产所蕴含的生命精神所感动。虽然我们努力做得更好一些，但毕竟学养有限，致使相关内容的择取难免挂一漏万，相关问题的梳理和诠释亦难尽善尽美，恐多有舛误与疏漏之处，殷望大家法眼视之，不吝指正！第三次全国文物普查虽已完成，但是充满探索、发现与责任的文物普查精神不会终结。本着这一精神，我们将继续努力，不断加强文化遗产研究，进一步完善文化遗产的价值体系。

诚如意大利哲学家克罗齐所言“一切历史都是当代史”，历史是与每个人息息相关的事物，是每一个“此刻”的凝结，也是每一个“永恒”的流动。我们所身处其中的家园首先是一个历史文化整体，数千年岁月与一百年光阴并存于此刻，面对文化遗产，你所看到的应不仅仅是过去的存在之物，而且是生命，是生生不息而绵延无尽的文化。无论是古老茫昧的还是清晰如昨的，无论熟悉的还是陌生的，身边的还是远方的，所有文化遗产都是我们共同记忆的载体，都是生命力与创造力的表征，而我们对历史的每一次注视、触摸和沉思，无不意味着一条文化发现与文化自觉之路的开启。

今天，我们共同打开这本书，与历史和未来对话……

编委会

2011年12月

责任印制 张道奇
责任编辑 张晓曦
装帧设计 惟至文化传播有限公司
（E-mail: weizhiwenhua@sohu.com）

图书在版编目（CIP）数据

今古和声：青岛市第三次全国文物普查新发现辑录/青岛市文物局编. —北京：文物出版社，2011.12
ISBN 978-7-5010-3369-0

Ⅰ.①今… Ⅱ.①青… Ⅲ.①文化遗址—介绍—青岛市 Ⅳ.①K878

中国版本图书馆CIP数据核字（2011）第263019号

今古和声

青岛市第三次全国文物普查新发现辑录

青岛市文物局 编

文物出版社出版发行
（北京市东直门北小街2号楼 100007）
Http://www.wenwu.com
E-mail:web@wenwu.com
山东奥美雅印刷有限公司 印刷
2011年12月第1版 2011年12月第1次印刷
开本：889×1194 大1/16 印张：28
ISBN 978-7-5010-3369-0 定价：500.00元